本书的出版得到上海研究院出版经费资助

上海研究院
智库报告系列 丛书主编 李培林

社会转型中的
青少年教育与发展

YOUTH EDUCATION AND
DEVELOPMENT IN
SOCIAL TRANSITION

赵克斌／主　编

刘保中　张月云　李忠路／副主编

社会科学文献出版社
SOCIAL SCIENCES ACADEMIC PRESS (CHINA)

前　言

　　青少年时期是人的生命历程中变化最为明显的时期，这种变化不仅仅体现在生理上，更体现在心理和行为上。心理学家埃里克森认为，青少年阶段是认同建立和价值观念形成的重要时期。青少年处于从童年到成年的过渡期，对于这一具有特殊生理、心理和社会需求的群体来说，只有客观、准确、全面地把握他们教育发展的基本情况和生存环境，才能更深刻地认识他们的生活世界，理解他们独特的成长经历和生命体验。

　　青少年是国家的未来、民族的希望，其发展状况直接关系到国家的兴盛和社会的进步。当前世界各国都非常关注青少年的健康成长与教育发展。我们国家历来重视青少年的发展，党和国家在不同的历史时期出台了一系列法律法规来保障青少年群体的各项权益。中共中央、国务院印发的《中长期青年发展规划（2016～2025年）》涵盖青少年成长的诸多方面，从思想道德、教育、健康、婚恋、就业创业、文化、社会融入和社会参与、维护合法权益、预防违法犯罪、社会保障十个领域提出了切实可行的发展目标。各个地区、各个部门也根据当地青少年的实际情况，制定有利于青少年发展的规划文件，并通过建立相应的管理机制、开展青少年服务活动等来促进青少年德智体美劳的全面发展。

日前关注青少年教育发展的研究逐渐增多，研究趋于多元化，相关研究成果也日益丰富。青少年不是孤立存在的个体，国家、社会、学校、家庭、同辈关系等社会环境和社会关系都会对青少年的价值、态度和行为产生影响。当前中国社会正处于多重转型时期，急剧的社会变迁深刻影响着青少年的教育与发展。从传统到现代的嬗变、不同价值观念的碰撞使青少年群体面临更多不确定的成长因素，对青少年的社会认同与文化认同提出了更严峻的挑战。要充分认识青少年生命历程的特殊性，就必须在当代中国社会变迁的时空背景下理解和审视青少年的生活世界。

本书力图通过文献资料分析、典型案例剖析和统计数据分析等，呈现当前中国青少年教育发展的基本概况，分析青少年教育发展面临的社会问题，剖析影响青少年发展的主要因素，力求为制定科学合理、有针对性的社会政策提供参考，更好地促进青少年健康成长。本研究围绕"青少年教育与发展"主题，采用社会转型的分析视角，从基本现状、政策演变、典型案例和专题分析四个主要方面展开论述。第一章"青少年教育与发展状况"的主要内容包括青少年人口发展状况、青少年教育发展状况和青少年健康发展状况；第二章"青少年教育与发展政策"的主要内容包括国际青少年政策的历史演变与模式比较以及中国青少年政策的现状、问题与建议；第三章"青少年教育与发展案例"的主要内容包括国际和国内青少年教育发展的典型案例介绍及经验总结；第四章"青少年教育与发展专题"的主要内容包括青少年家庭背景与学业成绩，青少年家庭教养与亲子关系，青少年人际交往的现状、问题与对策，青少年家庭成员关系与同伴关系，以及中国流动儿童发展状况。

目 录
CONTENTS

第一章　青少年教育与发展状况

赵晓航[*]

一　青少年人口发展状况

（一）我国青少年的人口构成

根据 2015 年全国 1% 人口抽样调查资料，我国 6～17 岁青少年人口达 1.8 亿人，约占全国总人口的 13.1%，约占 0～17 岁人口的 66.4%。其中，城镇青少年占我国青少年人口总体的 46.9%，农村青少年占 53.1%。从 6～17 岁青少年的年龄分布来看，1998～2009 年各年度出生人口规模基本平稳，所占比例都在 6～17 岁人口的 8%～9% 左右。各年龄的人口性别比偏高，平均每 100 个女孩对应 118～119 个同龄男孩。其中 2000 年千禧龙年出生人口的性别比最高，男性比女性多 25.8%（见表 1－1）。根据性别比的城乡差异可以看出，城镇居民在生育时的性别选择偏好更为严重，最集中地出现在 2000 年，当年出生的男性比女性高出近四成（见表 1－2）。但 2005～2009 年

＊　赵晓航，香港中文大学社会学系博士研究生。

出生的农村青少年的性别比有所提高（见表 1 - 3）。这说明我国生育的性别干预相对严重，可以预见出生在 2000 年前后的男性会因为严重的同龄人性别失衡而在未来遭遇较大的婚配压力，形成"婚姻挤压"。

表 1 - 1　2015 年全国 6 ~ 17 岁青少年分年龄、性别的人口规模

年龄	男（人）	女（人）	合计（人）	性别比 （女 = 100）	占比（%）
6	8822933	7374133	16197066	119.65	8.92
7	8740600	7306333	16046933	119.63	8.84
8	8324267	7010133	15334400	118.75	8.44
9	8181867	6874333	15056200	119.02	8.29
10	8412667	7085067	15497733	118.74	8.53
11	8178933	6913133	15092066	118.31	8.31
12	7473200	6287400	13760600	118.86	7.58
13	7724400	6474467	14198867	119.31	7.82
14	8123133	6895667	15018800	117.80	8.27
15	7809267	6210067	14019333	125.75	7.72
16	8053733	6811200	14864933	118.24	8.19
17	8860133	7636400	16496533	116.02	9.08

资料来源：国家统计局人口和就业统计司（2016）。

表 1 - 2　2015 年城镇 6 ~ 17 岁青少年分年龄、性别的人口规模

年龄	男（人）	女（人）	合计（人）	性别比 （女 = 100）
6	3906867	3293933	7200800	118.61
7	3923600	3322067	7245667	118.11
8	3757333	3186933	6944266	117.90
9	3595200	3037800	6633000	118.35
10	3927267	3303733	7231000	118.87
11	3826800	3218600	7045400	118.90
12	3462133	2897267	6359400	119.50
13	3725067	3124667	6849733	119.21

续表

年龄	男（人）	女（人）	合计（人）	性别比 （女 = 100）
14	3975333	3373467	7348800	117.84
15	3538267	2560000	6098267	138.21
16	4114133	3388267	7502400	121.42
17	4709933	4075600	8785533	115.56

资料来源：国家统计局人口和就业统计司（2016）。

表 1-3　2015 年农村 6~17 岁青少年分年龄、性别的人口规模

年龄	男（人）	女（人）	合计（人）	性别比 （女 = 100）
6	4916067	4080200	8996267	120.49
7	4817000	3984267	8801267	120.90
8	4567000	3823200	8390200	119.45
9	4586667	3836533	8423200	119.55
10	4485467	3781333	8266800	118.62
11	4352200	3694533	8046733	117.80
12	4011000	3390133	7401133	118.31
13	3999267	3349800	7349067	119.39
14	4147800	3522200	7670000	117.76
15	4271000	3650067	7921067	117.01
16	3939600	3422933	7362533	115.09
17	4150200	3560800	7711000	116.55

资料来源：国家统计局人口和就业统计司（2016）。

（二）我国的少子化现象

自改革开放以来，伴随较为严格的计划生育政策的实施，我国的人口出生率在 1987 年达到顶点（23.3‰）后基本呈现逐步下降的态势，并在 2010 年达到最低点 11.9‰（见图 1-1）。较低的出生率会使未来的劳动力规模缩减，提高人口老龄化程度，加重社会负担。目前，我

国已处于严重少子化阶段。少子化是指生育率下降，造成幼年人口逐渐减少的现象。少子化代表未来人口可能逐渐变少，对于社会结构、经济发展等各方面都会产生重大影响。根据人口学统计标准，一个社会 0~14 岁人口占比 18%~20% 为"少子化"，15%~18% 为"严重少子化"，15% 以内为"超少子化"。从 2015 年全国 1% 人口抽样调查资料来看，我国人口中的 0~14 岁少儿比例仅为 16.52%[①]，为严重少子化国家。在各省份中，除江西、河南、广西、贵州、西藏、青海、宁夏、新疆等中西部欠发达地区外，其余省份都进入了少子化阶段。北京、天津、辽宁、黑龙江、上海等地的 0~14 岁少儿比例均在 10% 左右（见表 1-4）。

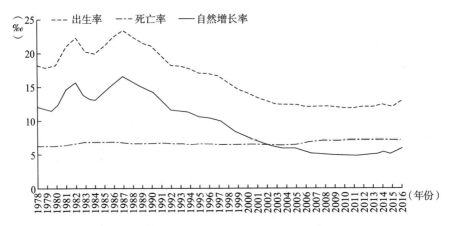

图 1-1 1978~2016 年我国的出生率、死亡率和自然增长率变化趋势

资料来源：国家统计局（2017）。

表 1-4 2015 年全国和各地区的 0~14 岁少儿比例

单位：%

地区	少儿比例	地区	少儿比例	地区	少儿比例
全国	16.52	浙江	12.91	重庆	15.60
北京	10.12	安徽	17.77	四川	15.88

[①] 我国国家统计局公布的 0~14 岁人口比例低于世界银行公布的 17.7%（World Bank, 2018）。

续表

地区	少儿比例	地区	少儿比例	地区	少儿比例
天津	10.13	福建	17.57	贵州	22.44
河北	18.23	江西	21.47	云南	19.12
山西	15.05	山东	16.35	西藏	23.57
内蒙古	13.07	河南	20.99	陕西	15.05
辽宁	10.61	湖北	15.18	甘肃	17.10
吉林	11.98	湖南	18.41	青海	20.06
黑龙江	10.57	广东	16.02	宁夏	20.09
上海	9.34	广西	22.62	新疆	21.82
江苏	13.56	海南	19.82		

资料来源：国家统计局人口和就业统计司（2016）。

通过对比世界银行公布的 2017 年部分国家和地区 0～14 岁少儿占总人口的比例可以看出，中国内地的 0～14 岁少儿占比低于美国、法国、澳大利亚和新西兰等西方发达国家，高于德国、意大利和加拿大等西方发达国家，与英国和俄罗斯基本持平，高于日本、韩国和新加坡等亚洲先进国家以及中国香港和澳门地区，低于印度、巴西和南非等发展中国家（见表1-5）。

表1-5 世界银行公布的 2017 年部分国家和地区 0～14 岁少儿比例

单位：%

国家/地区	少儿比例	国家/地区	少儿比例	国家/地区	少儿比例
中国内地	17.68	德国	13.07	新西兰	19.77
中国香港	11.49	法国	18.08	韩国	13.47
中国澳门	13.26	英国	17.71	新加坡	14.98
美国	18.91	意大利	13.52	印度	27.78
俄罗斯	17.61	加拿大	16.03	巴西	21.75
日本	12.89	澳大利亚	19.01	南非	28.98

资料来源：World Bank（2018）。

少儿抚养比是指0~14岁少儿与处于劳动年龄（15~64岁）人口的比值，它反映了抚育少年儿童的社会负担。发达地区由于较低的人口出生率和对外来务工人员的吸引而呈现较低的少儿比例和少儿抚养比（见表1-6）。自1982年以来，我国0~14岁少儿比例由33.6%下降到2016年的16.7%，少儿抚养比（0~14岁少儿人口数与15~64岁人口数之比）从54.6%下降到22.9%（见图1-2）。

2015年中国有4.1亿个家庭户，其中有0~17岁儿童的家庭户有1.85亿个，占45%。各省份有儿童的家庭比例呈现较大的差异。2015年上海仅1/4的家庭有儿童，北京和天津仅1/3；中西部省份以及少数民族人口集聚的省份有儿童的家庭比例较高，例如西藏超过60%的家庭有儿童（国家统计局人口和就业统计司，2016）。

表1-6　2015年全国和各地区的少儿抚养比

单位：%

地区	少儿抚养比	地区	少儿抚养比	地区	少儿抚养比
全国	24.54	浙江	18.43	重庆	24.30
北京	13.77	安徽	27.06	四川	24.63
天津	13.85	福建	25.62	贵州	35.35
河北	27.92	江西	33.25	云南	28.02
山西	21.39	山东	24.96	西藏	34.68
内蒙古	18.26	河南	33.13	陕西	21.83
辽宁	15.43	湖北	22.50	甘肃	24.87
吉林	17.06	湖南	28.51	青海	29.02
黑龙江	14.76	广东	22.01	宁夏	29.37
上海	13.19	广西	35.92	新疆	32.24
江苏	20.16	海南	29.19		

资料来源：国家统计局人口和就业统计司（2016）。

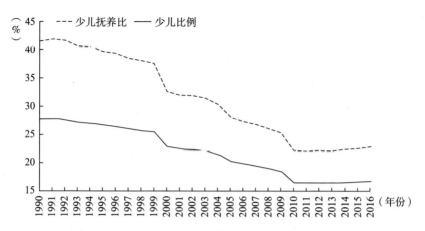

图 1-2　1990～2016 年我国的少儿比例与少儿抚养比

资料来源：国家统计局人口和就业统计司（2016）。

（三）"全面二孩"政策实施后的人口出生情况

为了应对我国日益严重的少子化问题和调整持续的低生育水平，2015 年 10 月 20 日，中国共产党十八届五中全会公报宣布全面放开二孩政策。2016 年 1 月 1 日《人口与计划生育法修正案》正式生效，这标志着我国长期以来以独生子女政策为主的人口计划生育政策的终结。我国自中华人民共和国成立以来的人口生育政策可以分为三个阶段：第一阶段为 1949～1979 年，我国计划生育政策酝酿形成、部分地区实施，以及"晚、稀、少"政策（晚育、延长生育间隔、少生）实施的阶段；第二阶段为 1980～2015 年，独生子女政策、部分农村地区"一孩半"政策（第一胎为女孩可生育第二胎）、"单独二孩"政策相继实施的阶段；第三阶段为 2016 年以来"全面二孩"政策实施的阶段。

在"全面二孩"政策实施的背景下，一些学者认为更为宽松的人口生育政策有望刺激家庭生育行为，有效提升新增人口规模。翟振武等（2016）利用 2014 年全国 1‰人口变动情况抽样调查汇总数据，预测"全面二孩"政策在 2016 年的目标育龄妇女约为 9100 万人。该研究的前提假定是："全面二孩"政策目标人群的二孩生育计划和"单独"家庭已育一孩的育龄妇女二孩生育计划在年龄分布上没有显著差异，两者服从较为一致的二孩生育计划的年龄分布模式。他们将通过调查得到的"单独"家庭已育一孩的育龄妇女二孩生育比例的年龄分布模式应用在目标人群的分年龄人数上，计算得出 2017～2021 年预计将累计新增出生人口数量约为 2541.6 万人，对应的总体平均二孩生育比例约为 28%（见表 1-7）。该研究将上述的估计过程设定为中方案，并按照 5% 的上下浮动范围分别拟合高方案和低方案的二孩生育计划年龄分布模式，即总体平均向上浮动 5% 为高方案（总体平均二孩生育比例约为 33%），总体平均向下浮动 5% 为低方案（总体平均二孩生育比例约为 23%）。之后，对即便未启动实施"全面二孩"政策仍可能超生二孩的目标人群的生育后果（由其带来的新增出生人口）进行扣减（假设年平均计划外生育婴儿占比为 10%）。如此一来，高、中、低方案测算结果显示，2017～2021 年预计将累计新增出生人口数量分别约为 2157.8 万人、1719.5 万人、1293.8 万人，平均每年将新增的出生人口数量分别约为 431.6 万人、343.9 万人、258.8 万人。结合不实施"全面二孩"政策情境下的人口预测结果可以计算得到，"全面二孩"政策启动实施之后，在不同方案下，2017～2021 年年度出生人口总量预计分别可达 1700 多万人至 2200 多万人（高方案）、近 1700 万人至 2100 多万人（中方案）和 1600 多万人至 2000 多万人（低方案）（见表 1-8）。

表 1-7　不同测算方案下的年度新增出生人口数量

单位：万人

年份	高方案	中方案	低方案
2017	425.2	339.9	253.2

续表

年份	高方案	中方案	低方案
2018	569.5	463.8	357.6
2019	498.2	402.8	307.7
2020	452.9	352.8	262.5
2021	212.1	160.2	112.8
合计	2157.9	1719.5	1293.8

资料来源：翟振武等（2016）。

表1-8　不同测算方案下的年度出生人口数量

单位：万人

年份	不实施"全面二孩"政策	高方案	中方案	低方案
2017	1770.0	2195.1	2109.9	2023.2
2018	1724.8	2294.3	2188.6	2082.4
2019	1674.5	2172.7	2077.3	1982.2
2020	1583.0	2035.9	1935.8	1845.5
2021	1528.9	1740.9	1689.1	1641.7

资料来源：翟振武等（2016）。

然而，从日后的真实数据看，我国的出生人口数量没有达到预期的规模。根据国家统计局公布的数据，我国2015年出生人口1655万人，人口出生率为12.07‰；2016年出生人口1786万人，人口出生率为12.95‰；2017年出生人口1723万人，人口出生率为12.43‰；2018年出生人口1523万人，人口出生率为10.94‰。在经历了2016年政策放开初期的"二孩热"后，2017年的出生人口规模随即下降，养育成本高、托育服务短缺、女性职业发展压力大是民众二孩生育意愿相对缺乏的重要原因。2018年的出生人口数量创1961年以来的新低，出生率达到1949年以来的最低水平，其中辽宁（6.39‰）、天津（6.67‰）、上海（7.2‰）、北京（8.24‰）、内蒙古（8.35‰）、江苏（9.32‰）和山西（9.63‰）等省份的人口出生率均在10‰以下①。此外，根据国家统计局公布的数据，2017年我国二孩出生数量首次多于一孩出生数量，占出生人口总数的51.2%②，2018年二孩出生数量仍然高于一孩出生数量③，这一方面是由于年轻育龄妇女数量相对较少，另一方面可能是由于年轻人的生育意愿相对较低。

（四）留守儿童与流动儿童

伴随社会经济水平的提高，劳动力的地区间流动日益普遍，父母外出和青少年本人外出造就了留守儿童和流动儿童两个庞大的青少年群体。在本小节，"留守儿童"指的是父母中至少有一方外出且年龄在0~17岁的儿童。"农村留守儿童"则指户籍所在地为农村地区的留守儿童。与留守儿童相对应的"流动儿童"是指居住地与户口所在地不属于同一街道或乡镇的0~17岁儿童。相关数据来自2000年以来的人口普查和1%人口抽样调查。

从留守儿童规模的变动趋势来看，全国0~17岁留守儿童从2000年的2904万人增加到2015年的6877万人，增长率为137%；农村留守儿童从2000年的2699万人增加到2015年的5493万人，增长率为104%。其中，2000~2005年全国留守儿童增速最快，其规模增加了4400多万人，增长率为152%，而农村留守儿童的增长率达117%；2005~2010年全国留守儿童规模减少了353万人，其中农村留守儿童仍然保持增长势头，增加了242万人，增长率为4.12%；而2010~2015年，全国留守儿童规模减少了96万人，农村留守儿童更是减少了610万人，开始呈现下降的趋势（见图1-3）。

---

① http://www.nbd.com.cn/articles/2019－03－21/1312465.html.
② http://www.stats.gov.cn/tjsj/sjjd/201801/t20180120_1575796.html.
③ http://www.nbd.com.cn/articles/2019－01－24/1294782.html.

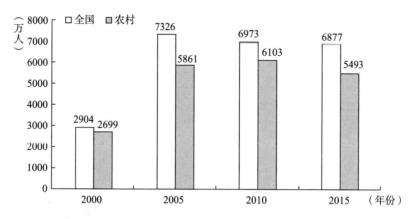

图 1 - 3　2000 ~ 2015 年我国留守儿童规模的变化趋势

资料来源：段成荣等（2017）。

我国农村留守儿童的年龄结构呈现日趋低龄化的态势。0 ~ 5 岁学龄前留守儿童和 6 ~ 11 岁小学适龄儿童所占比例较大，12 ~ 17 岁的初、高中留守儿童所占比例较小。具体来说，0 ~ 5 岁的学龄前农村留守儿童所占比例在 2000 ~ 2005 年有小幅降低，之后的 10 年大幅增长，到了 2015 年该比例已达到 40%；6 ~ 11 岁小学阶段的儿童 15 年来所占比例有所下降，但 2010 ~ 2015 年又有小幅增长，2015 年 0 ~ 11 岁儿童合计占全部农村留守儿童的大约 3/4；12 ~ 14 岁的初中学龄段留守儿童占比总体呈下降趋势，从 2000 年到 2015 年下降了近 6 个百分点；15 ~ 17 岁的高中阶段留守儿童在 2000 ~ 2005 年大幅增长之后，开始逐年降低，2015 年初、高中阶段的留守儿童加在一起的比例略高于 1/4（见表 1 - 9）。

表 1 - 9　我国农村留守儿童的年龄构成

单位：%

年龄	2000 年	2005 年	2010 年	2015 年
0 ~ 5 岁	30.0	27.1	38.4	40.3
6 ~ 11 岁	40.6	34.9	32.0	33.5

年龄	2000 年	2005 年	2010 年	2015 年
12～14 岁	19.4	20.8	16.3	13.8
15～17 岁	10.0	17.3	13.3	12.4
合 计	100.0	100.0	100.0	100.0

资料来源：段成荣等（2017）。

就居住安排而言，2015 年全部农村留守儿童中，父母均外出的，占比 48.1%；仅父亲外出的，占比 30.8%；仅母亲外出的，占比 21.2%。从各个年龄段来看，父母均外出的比例都是最高的（见表 1－10）。

表 1－10　2015 年我国农村留守儿童父母外出情况

单位：%

外出类型	0～5 岁	6～11 岁	12～14 岁	15～17 岁	0～17 岁
父母均外出	48.9	48.0	50.0	52.5	48.1
仅父亲外出	29.2	31.5	31.3	30.1	30.8
仅母亲外出	21.9	20.5	18.7	17.4	21.2
合 计	100.0	100.0	100.0	100.0	100.0

资料来源：段成荣等（2017）。

从 2000～2015 年流动儿童规模的变动趋势来看，近 15 年来，我国的流动儿童规模呈现持续上涨趋势，从 2000 年的 2363.5 万人增长到 2015 年的 4432.4 万人，增幅为 87.5%（见图 1－4）。结合留守儿童的规模可知，截至 2015 年，我国的留守儿童约占儿童总数（2.71亿人）的 25.4%；流动儿童约占儿童总数的 16.4%；因此，我国有大约 1.13 亿的 0～17 岁儿童（留守儿童与流动儿童人数之和）受到人口流动的影响，约占儿童总数的 42%。通俗地讲，在我国的 0～17岁儿童中，每 4 个人当中就有一个留守儿童，每 6 个人当中就有一个流动儿童。这造成了儿童和父母在居住空间上的分离。从儿童的抚养状况来看，2015 年 64.7% 的儿童与父母双方一起居住，19.6% 的儿童与父母中的一方一起居住，另有 15.7% 的儿童不与父母任何一方一起居住（国家统计局人口和就业统计司，2016）。

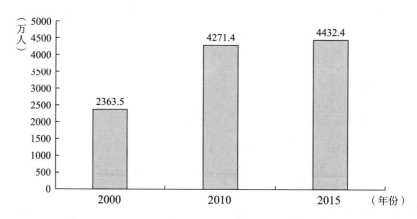

图 1 - 4 2000～2015 年我国流动儿童规模的变动趋势

资料来源：国务院人口普查办公室、国家统计局人口和就业统计司（2001，2011）；国家统计局人口和就业统计司（2016）。

从流动儿童的性别分布来看，2000 年，流动儿童的男女人数基本持平；2010 年，男性比女性高出 13.8%；2015 年，男性比女性高出 15.5%。这说明存在流动儿童性别差异持续扩大的可能（见图 1 - 5）。2015 年，就儿童的流动原因而言，最主要的两个原因分别是随同父母或其他亲属迁移和学习培训。其中，对流动男童来说，54.7% 的人属于随同迁移（1299 万人），28.8% 的人因学习培训而迁移（684 万人）；对流动女童来说，53.3% 的人属于随同迁移（1096 万人），30.8% 的人因学习培训而迁移（634 万人）。

从留守儿童和进城务工人员随迁子女的就学情况来看，2014～2015 年，留守儿童在小学和初中阶段的在校学生数都呈下降趋势（见表 1 - 11）；2014～2016 年，进城务工人员随迁子女在小学和初中阶段的在校学生数、招生数和毕业生数都呈上升趋势（见表 1 - 12）。

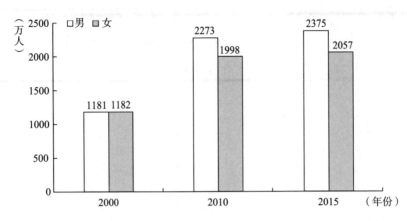

图1-5 2000~2015年分性别的流动儿童规模变动趋势

资料来源：国务院人口普查办公室、国家统计局人口和就业统计司（2001，2011）；国家统计局人口和就业统计司（2016）。

由此可以推测，农村留守儿童数量减少的部分原因是一些留守儿童跟随父母流动到城市学习生活。

表1-11 留守儿童就学情况

单位：人

年份	小学			初中		
	在校学生数	招生数	毕业生数	在校学生数	招生数	毕业生数
2014	14095310	2369596	1546447	6658856	2245206	1649284
2015	13836634	2394528	1567732	6355741	2147779	1655717

资料来源：国家统计局（2017）。

表1-12 进城务工人员随迁子女就学情况

单位：人

年份	小学			初中		
	在校学生数	招生数	毕业生数	在校学生数	招生数	毕业生数
2014	9555861	1755669	1080772	3391446	1180922	750392
2015	10135581	1835257	1169812	3535380	1199478	835043
2016	10367103	1836194	1300339	3580615	1264891	918719

资料来源：国家统计局（2017）。

二 青少年教育发展状况

（一）学校教育

2016 年我国的小学教育基本实现全覆盖，小学净入学率接近100%。不过，相较于 2006～2009 年，近年来小学升学率略有下降；近三年初中升学率略有下降；高中升学率在 2002 年后出现下降，在2007 年达到历史低点 70.3%，之后出现回升，2016 年高中升学率接近 95%。从整体上看，近年来，我国的小学净入学率、小学升学率和初中入学率基本平稳，高中升学率有所上升（见表 1-13、图 1-6）。此外，2017 年我国高等教育毛入学率（指进入包括本科、高职高专在内的高等教育阶段的人口占适龄人口的比例）达 45.7%[①]，高等教育在学人数（包括研究生、普通本专科、成人本专科、网络本专科、高等教育自学考试本专科等各种形式的高等教育在学人数）达 3779万人。对比 1978 年改革开放初期 2.7% 的高等教育毛入学率和 228 万人的高等教育在学规模可以看出，我国高等教育的普及程度具有明显的提升（教育部，2018）。

表 1-13 2001～2016 年小学学龄儿童净入学率和各级普通学校毕业生升学率

单位：%

年份	小学净入学率	小学升学率	初中升学率	高中升学率
2001	99.1	95.5	52.9	78.8
2002	98.6	97.0	58.3	83.5

[①] 我国教育部公布的高等教育毛入学率低于联合国教科文组织公布的 51.01%（UNESCO，2018）。

续表

年份	小学净入学率	小学升学率	初中升学率	高中升学率
2003	98.7	97.9	59.6	83.4
2004	98.9	98.1	63.8	82.5
2005	99.2	98.4	69.7	76.3
2006	99.3	100.0	75.7	75.1
2007	99.5	99.9	80.5	70.3
2008	99.5	99.7	82.1	72.7
2009	99.4	99.1	85.6	77.6
2010	99.7	98.7	87.5	83.3
2011	99.8	98.3	88.9	86.5
2012	99.9	98.3	88.4	87.0
2013	99.7	98.3	91.2	87.6
2014	99.8	98.0	95.1	90.2
2015	99.9	98.2	94.1	92.5
2016	99.9	98.7	93.7	94.5

资料来源：国家统计局（2017）。

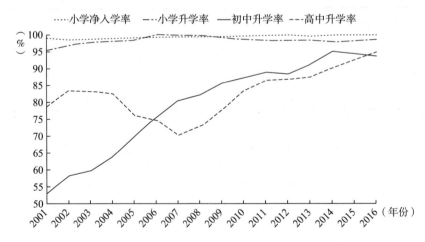

图 1 - 6 **2001～2016 年小学学龄儿童净入学率和各级普通学校毕业生升学率**

资料来源：国家统计局（2017）。

此外，根据联合国教科文组织公布的分性别中国高等教育毛入学率，自 2009 年以来我国女性的高等教育毛入学率持续高于男性，并且女性的性别优势逐渐扩大。2009 年女性的高等教育毛入学率高出男性不足 1 个百分点，2017 年女性的高等教育毛入学率高出男性近 10 个百分点（见表 1 - 14）。

表 1 - 14　联合国教科文组织公布的 2009～2017 年我国的高等教育毛入学率

单位：%

	2009 年	2010 年	2011 年	2012 年	2013 年	2014 年	2015 年	2016 年	2017 年
全体	22.40	24.05	25.29	28.04	31.46	41.28	45.35	48.44	51.01
男生	21.98	23.33	24.23	26.63	29.55	38.32	41.66	44.16	46.43
女生	22.84	24.82	26.44	29.57	33.57	44.57	49.48	53.26	56.17

资料来源：UNESCO（2018）。

生师比是衡量学校师资情况的重要指标，它反映了平均每一位教师教育多少学生。自 2005 年以来，我国的小学、初中和普通高中的生师比基本呈现下降态势，可以在一定意义上认为这三级学校的教育质量有所提高。普通高校的生师比基本稳定。中等职业学校的生师比在 2005～2010 年逐渐升高，在 2010 年之后逐渐下降，这是由于 2010 年教育部要求各省区市教育厅依据《中等职业学校设置标准》对中等职业学校进行检查评估和整改，从而提高了中等专业学校的办学质量（见表 1 - 15、图 1 - 7）。

表 1 - 15　2005～2016 年各级学校生师比

年份	小学	初中	普通高中	中等职业学校	普通高校
2005	19.43	17.80	18.54	21.34	16.85
2006	19.17	17.15	18.13	22.65	17.93
2007	18.82	16.52	17.48	23.13	17.28
2008	18.38	16.07	16.78	23.32	17.23

续表

年份	小学	初中	普通高中	中等职业学校	普通高校
2009	17.88	15.47	16.30	25.27	17.27
2010	17.70	14.98	15.99	25.69	17.33
2011	17.71	14.38	15.77	24.97	17.42
2012	17.36	13.59	15.47	24.19	17.52
2013	16.76	12.76	14.95	22.97	17.53
2014	16.78	12.57	14.44	21.34	17.68
2015	17.05	12.41	14.01	20.47	17.73
2016	17.12	12.41	13.65	19.84	17.07

资料来源：国家统计局（2017）。

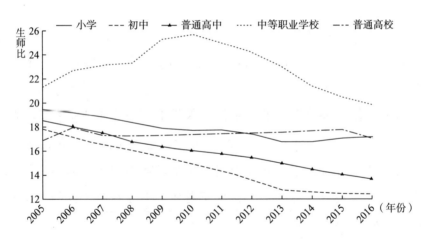

图 1 - 7　2005~2016 年各级学校生师比

资料来源：国家统计局（2017）。

根据教育部（2018）公布的《2017 年全国教育事业发展统计公报》（见表 1 - 16），2017 年全国共有各级各类学校 51.38 万所，各级各类学历教育在校生 2.70 亿人，专任教师 1626.89 万人。全国共有幼儿园 25.50 万所，在园儿童 4600.14 万人，专任教师 243.21 万人。全国共有小学 16.70 万所，另有小学教学点 10.30 万个，在校生 10093.70 万人，专任教师594.49万人。全国共有初中5.19万所，在校生4442.06万人，专任教师354.87万人。全国普通高中1.36万所，在校生2374.55万人，专任教师177.40万人。全国成人高中392所，在校生3.94万人，专任教师2421人。全国中等职业教育学校1.07万所，在校生1592.50万人，专任教师83.92万人。全国共有普通高等学校2631所（含独立学院265所），在校生3779万人，专任教师163.32万人。

表1-16　2017年我国各级各类学校数量、在校生规模、专任教师规模

学校类型	学校数量（万所）	在校生（万人）	专任教师（万人）
幼儿园	25.50	4600.14	243.21
小学	16.70	10093.70	594.49
初中	5.19	4442.06	354.87
普通高中	1.36	2374.55	177.40
成人高中	0.04	3.94	0.24
中等职业教育学校	1.07	1592.50	83.92
普通中专	0.33	712.99	30.16
职业高中	0.36	414.06	28.61
技工学校	0.25	338.21	19.88
成人中专	0.12	127.24	4.48
普通高等学校	0.26	3779	163.32

资料来源：教育部（2018）。

（二）家庭教育与课外教育

本小节利用2016年"中国家庭追踪调查"（China Family Panel Studies，CFPS）数据分析家长的教育期望、教育投资和教育督促等与家庭教育相关的内容；利用"中国教育追踪调查"（China Educational Panel Survey，CEPS）2013～2014年的数据分析青少年的课外教育情况。

CFPS 2016调查了0～15岁儿童的主要照料人对孩子的教育期望，

在 5804 名 0 ~ 15 岁儿童的主要照料人中，0.3% 的孩子家长认为孩子不必读书，0.3% 的孩子家长希望孩子小学毕业，2.3% 的孩子家长希望孩子初中毕业，13.7% 的孩子家长希望孩子高中毕业，4.8% 的孩子家长希望孩子获得大专学历，66.8% 的孩子家长希望孩子获得大学本科学历，3.8% 的孩子家长希望孩子获得硕士学位，7.9% 的孩子家长希望孩子获得博士学位。同时，家长对于孩子的教育期望呈现城乡差异和地区差异。就城乡而言，在 3183 名农村家长中，78.7% 的人认为孩子应该接受高等教育（大专及以上）；在 2552 名城市家长中，88.9% 的人认为孩子应该接受高等教育，并且城乡差异显著[$\chi^2(1)$ = 105.3，$p < 0.001$]。在地区方面，我们选取了上海、辽宁、河南、甘肃和广东等省份的省级代表性样本作为观察对象，在剔除了流动儿童（户籍不在居住地所在的区县）的家长后发现，上海（$N = 239$）和辽宁（$N = 405$）的家长对孩子的教育期望较高，分别为 96.2% 和 91.1%，河南（$N = 1340$）、甘肃（$N = 1180$）和广东（$N = 841$）依次为 81.6%、82.0% 和 81.9%，并且地区差异显著 [$\chi^2(4)$ = 52.4，$p < 0.001$]。从中可以看出，家长对孩子的教育期望受到经济发展水平和地域文化等方面的影响。

在教育投资方面，根据 CFPS 2016 数据，有 14.8% 的家庭在 2015 年为儿童（0 ~ 15 岁）的教育存钱（$N = 5808$），在这些为孩子教育存钱的家庭样本中，存款金额的均值是 11487 元，中位值是 5000 元（$N = 793$）。其中，城市的均值是 12568 元，中位值是 5000 元（$N = 445$）；农村的均值是 10134 元，中位值是 5000 元（$N = 337$）。有 74.2% 的家庭在 2015 年为儿童（3 ~ 15 岁）教育支出（$N = 3479$），支出的均值是 3194 元，中位值是 1950 元。其中，城市的均值是 4183 元，中位值是 2500 元（$N = 1449$）；农村的均值是 2450 元，中位值是 1300 元（$N = 1991$）。

在教育督促方面，根据 CFPS 2016 数据，有 32.4% 的主要照料人几乎每天要求儿童（4～15 岁）完成作业（$N = 3639$）。其中，城市有 35.1% 的家长这样做（$N = 1579$），农村有 30.2% 的家长这样做（$N = 2019$），并且城乡差异显著 $[\chi^2 (1) = 9.8, p < 0.01]$。有 21.4% 的主要照料人几乎每天检查儿童（4～15 岁）的作业（$N = 3582$）。其中，城市有 23.7% 的家长这样做（$N = 1558$），农村有 19.3% 的家长这样做（$N = 1984$），并且城乡差异显著 $[\chi^2 (1) = 10.0, p < 0.01]$。

CEPS 2013～2014 调查了初一和初三学生参加各类课外辅导班和兴趣班的情况（见表 1－17）。从全体样本来看，参加奥数班、普通数学班、语文或作文班、英语班和其他兴趣班（绘画、书法、声乐或乐器、舞蹈、棋类、体育）的学生比例依次为 2.2%、13.7%、8.7%、16.1% 和 22.2%。分性别来看，男生参加奥数班的比例显著高于女生，而女生参加普通数学班、英语班和兴趣班的比例显著高于男生，这一方面反映了男生可能在数学方面具有更高的禀赋，另一方面说明家庭的课外教育投资非但没有"重男轻女"的倾向，反而是女生更占优势，这可能是由于女生更愿意听从父母或老师的安排参加课外辅导班或兴趣班。从城乡（按户籍区分）差异来看，城市户口学生参加各类课外辅导班和兴趣班的比例都显著更高，这反映了家庭社会经济地位影响家庭对于学生课外教育的投资。此外，女生、城市户口学生未参加任何课外辅导班或兴趣班的比例显著低于男生、农村户口学生。

表 1－17　初一和初三学生参加课外辅导班和兴趣班的情况

单位：%，人

	奥数班	普通数学班	语文/作文班	英语班	兴趣班	都未参加	样本量
全体	2.16	13.65	8.74	16.14	22.24	62.32	10880
男生	2.64 *	12.39 *	8.48	14.81 *	21.01 *	64.03 *	5610
女生	1.65	14.99	9.01	17.55	23.56	60.49	5270

	奥数班	普通数学班	语文/作文班	英语班	兴趣班	都未参加	样本量
城市户口	3.27 *	20.12 *	13.44 *	26.24 *	29.80 *	49.24 *	3757
农村户口	1.57	10.23	6.26	10.81	18.25	69.21	7123

注：* 表示参加比例的性别或城乡（按户籍区分）差异的 Pearson 卡方检验显著性水平，$p \leq 0.001$。

资料来源：CEPS 2013 ~ 2014 数据。

（三）认知能力、记忆力和教育期望

本小节利用"中国教育追踪调查"（CEPS）2013 ~ 2014 年数据分析初一和初三青少年在认知能力和教育期望方面的性别与城乡（按户籍区分）差异，利用"中国家庭追踪调查"（CFPS）2014 年数据分析 10 ~ 15 岁青少年在语言能力和数学能力上的性别与城乡（按居住地区分）差异，利用 CFPS 2016 数据分析 10 ~ 15 岁青少年在字词即时记忆能力和字词延时记忆能力上的性别与城乡（按居住地区分）差异。

从 CEPS 2013 ~ 2014 所测量的认知能力（字词和数学综合能力）来看（见图 1 - 8），男生和女生的平均认知能力没有显著差异（$|t| = 1.61$，$p > 0.1$）；城市户口学生的平均认知能力显著高于农村户口学生（$|t| = 13.8$，$p < 0.001$）。从核密度图可以看出，城市户口学生处于高认知能力段的比例明显高于农村户口学生。这在一定程度上反映出，至少对初中生而言，教育结果的性别差异十分微弱；同时，农村户口学生在智力发展方面明显劣于城市户口学生，这在很大程度上是由城乡教育质量的巨大差距造成的。

从 CFPS 2014 所测量的青少年语言能力来看（见图 1 -9），平均而言，女生显著优于男生（$|t| = 3.11$，$p < 0.01$），城镇青少年显著优于农村青少年（$|t| = 8.84$，$p < 0.001$）；从数学能力来看（见

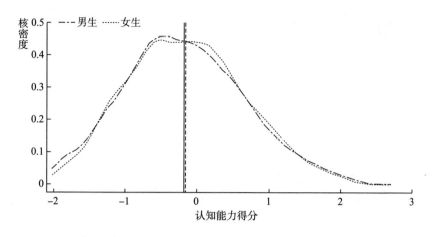

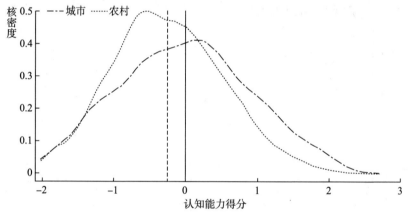

图 1 - 8　分性别、分户籍的初一和初三学生认知能力核密度

注：男生 N = 5650，女生 N = 5301；城市 N = 3788，农村 N = 7163。

资料来源：CEPS 2013 ~ 2014 数据。

图 1 - 10），女生在 0.1 的显著性水平上优于男生（| t | = 1.88，p = 0.061），城镇青少年显著优于农村青少年（| t | = 8.51，p < 0.001）。

从 CFPS 2016 所测量的字词即时记忆能力来看（见图 1 - 11），平均而言，男生和女生没有显著差异（| t | = 1.28，p > 0.1），城镇青少年显著优于农村青少年（| t | = 5.35，p < 0.001）；从字词延时

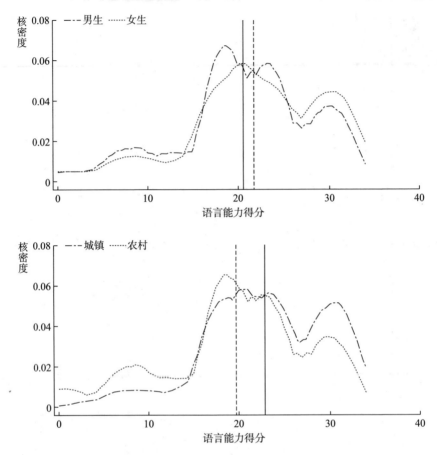

图 1-9 分性别、分城乡居住地的 10~15 岁青少年语言能力核密度

注：男生 $N = 932$，女生 $N = 828$；城镇 $N = 763$，农村 $N = 982$。

资料来源：CFPS 2014 数据。

记忆能力来看（见图 1-12），同样没有显著的性别差异（ $|t| = 0.069$， $p > 0.1$ ），且城镇青少年显著优于农村青少年（ $|t| = 2.27$， $p < 0.05$ ）。

综上所述，我们并没有发现女生相对于男生在认知能力或记忆力方面有任何劣势，女生的语言能力甚至显著优于男生；而农村青少年在各方面的认知能力和记忆力都显著处于劣势地位，这在很大程度上

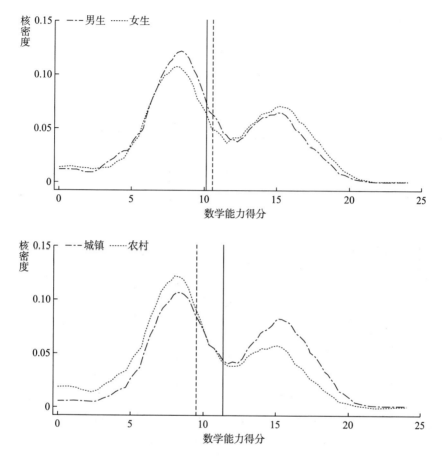

图 1-10 分性别、分城乡居住地的 10~15 岁青少年数学能力核密度

注：男生 $N=933$，女生 $N=828$；城镇 $N=764$，农村 $N=982$。

资料来源：CFPS 2014 数据。

是由他们所处学校、家庭环境的劣势导致的。

从 CEPS 2013~2014 数据中学生对本人的教育期望来看（见表 1-18），接近 80% 的学生认为自己应该接受高等教育（大专及以上），超过 60% 的学生期待拥有本科或研究生学历，近 1/3 的学生希望自己拥有硕士甚至博士学位。从性别差异来看，女生希望获得学士和硕士学位的比例都高于男生，而希望获得博士学位的比例略低于男生。这说明女生既有较高的学历期望，又在一定程度上受到性别观念的约

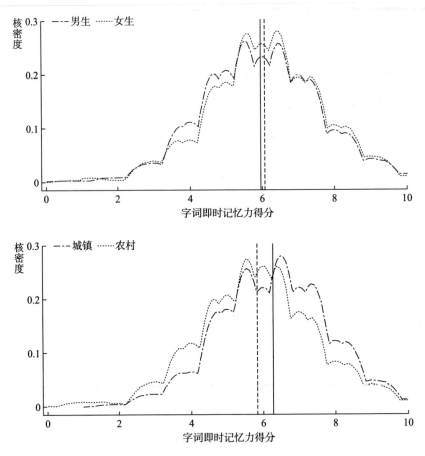

图1-11 分性别、分城乡居住地的10~15岁青少年字词即时记忆力核密度

注：男生 $N = 797$，女生 $N = 704$；城镇 $N = 623$，农村 $N = 874$。

资料来源：CFPS 2016 数据。

束。从城乡（按户籍区分）差异来看，农村户口学生的教育期望低于城市户口学生。从希望获得本科及以上学历的比例来看，女生中希望获得本科或本科以上学历的占比为67.3%，显著高于男生的56.1% [χ^2（1）=139.4，$p < 0.001$]；城市户口学生中希望获得本科或本科以上学历的占比为68.4%，显著高于农村户口学生的58.1% [χ^2（1）=107.4，$p < 0.001$]。

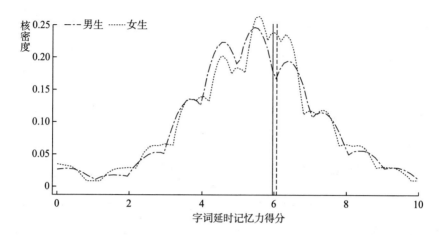

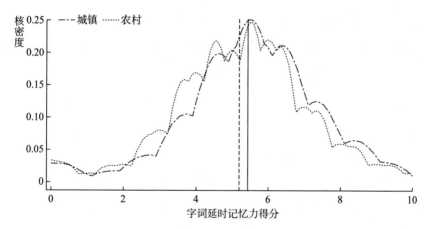

图 1-12 分性别、分城乡居住地的 10～15 岁青少年字词延时记忆力核密度

注：男生 $N = 775$，女生 $N = 686$；城镇 $N = 604$，农村 $N = 853$。

资料来源：CFPS 2016 数据。

表 1-18 初一和初三学生希望达到的学历水平

单位：%，人

	初中辍学	初中毕业	职高/技校	普通高中	大专	本科	硕士	博士	样本量
全体	0.52	3.12	7.43	9.73	17.58	29.48	15.13	17.01	10484
男生	0.75	4.08	8.40	12.28	18.38	26.16	12.07	17.89	5344
女生	0.29	2.12	6.42	7.08	16.75	32.94	18.31	16.09	5140

续表

	初中辍学	初中毕业	职高/技校	普通高中	大专	本科	硕士	博士	样本量
城市	0.44	2.54	6.00	7.93	14.68	31.05	18.36	18.99	3617
农村	0.57	3.42	8.18	10.67	19.11	28.66	13.43	15.96	6867

资料来源：CEPS 2013～2014 数据。

（四）家庭因素对青少年教育的影响

根据以往针对中国青少年的研究，我们认为，家庭社会经济地位和家庭结构对青少年的教育具有重要影响。从家庭社会经济地位来看，①社会经济地位较高的父母能够为儿童的学业提供更多资金投入。例如，学历和收入较高的父母有条件在孩子的课外补习上投入更多资金，从而有利于提高儿童的成绩（Zhang & Xie, 2016）。②社会经济地位较高的父母能够为儿童的学业提供更多非资金投入。比如，学历、认知能力和收入较高的父母对孩子有更高的学业期望，在孩子的学业上投入更多精力，并与孩子保持良好的沟通，从而有利于提高儿童的成绩（Liu & Xie, 2015）。从家庭结构来看，①相较于生活在完整家庭的儿童，单亲家庭儿童的学习努力程度更低，与单亲父亲一同生活的儿童会获得更少的家庭教育资金投入（张春泥，2017）。②兄弟姐妹会稀释儿童从家庭获得的教育资源，拥有更多兄弟姐妹的儿童从家庭获得的利于其教育的资源（经济投入、父母参与、家庭环境资源）更少，进而对他们的成绩产生消极作用（张月云、谢宇，2015）。③父母离家外出不利于儿童的教育。有研究指出，父亲或母亲长期外出会对农村儿童的数学成绩产生负面影响，一部分原因是缺乏父母的学业监督（Meng & Yamauchi, 2017）。④兄弟姐妹的外出务工可能在一定程度上有利于农村儿童的教育获得。有研究指出，兄弟姐妹的外出能够促进农村儿童更加顺利地完成学业，这可能是因为外出的年长同胞将有利资源输送回家（Lu，2012）。⑤流动儿童的教育可能受到不利影响。由于多数流动儿童在迁入地接受的教育质量不佳，随着迁移时间的延长，就读于打工子弟学校的流动儿童在学业成绩方面比迁入地本地儿童甚至迁出地儿童更差（Lai et al.，2014；Lu & Zhou，2013）。

三 青少年健康发展状况

（一）生理健康

本小节主要从身高体重、体质和健康行为三方面来展现青少年的生理健康情况。

青少年的身高、体重是衡量社会发展水平的重要指标，它们不仅反映了公民在童年时期的营养与健康状况，也能够在一定程度上用以预测青少年成年之后的生活质量。改革开放以来，我国的社会经济发展令世界瞩目，青少年的身高、体重也相应发生了变化。表1-19和表1-20分别展示了近年来我国青少年的平均身高、体重状况，相关数据源自国家体育总局2005年、2010年和2014年的《国民体质监测公报》。从身高和体重情况来看，2005年、2010年和2014年我国青少年的平均身高和体重在各年龄几乎都持续增长，这说明我国青少年的营养水平不断提升。

表1-19 2005年、2010年和2014年我国青少年平均身高统计

单位：厘米

年龄	男			女		
	2005年	2010年	2014年	2005年	2010年	2014年
7	124.2	125.5	126.6	122.6	124.1	125.1

续表

年龄	男			女		
	2005 年	2010 年	2014 年	2005 年	2010 年	2014 年
8	129.5	130.7	132.0	128.3	129.4	130.5
9	134.4	135.8	137.2	133.8	135.0	136.3
10	139.3	140.9	142.1	139.8	141.3	142.6
11	144.7	146.2	148.1	146.1	147.2	149.3
12	150.6	152.4	154.5	150.8	152.2	153.7
13	157.9	159.9	161.4	154.9	156.0	157.0
14	163.7	165.3	166.5	157.0	157.8	158.7
15	167.7	168.8	169.8	158.0	158.5	159.4
16	169.7	170.5	171.4	158.6	159.0	159.8
17	170.8	171.4	172.1	159.0	159.3	159.8
18	171.0	171.4	172.0	158.9	159.2	159.4
19	171.0	172.1	172.4	159.6	160.1	160.2

资料来源：国家体育总局（2005，2010，2015）。

表 1-20 2005 年、2010 年和 2014 年我国青少年平均体重统计

单位：千克

年龄	男			女		
	2005 年	2010 年	2014 年	2005 年	2010 年	2014 年
7	24.5	25.5	26.6	23.0	23.8	24.7
8	27.5	28.5	29.9	25.7	26.5	27.6
9	30.4	31.8	33.6	28.7	29.7	31.3
10	33.9	35.5	37.2	32.5	33.8	35.5
11	37.5	39.6	41.9	36.9	38.2	40.6
12	41.7	44.0	46.6	40.6	42.3	44.5
13	46.7	49.4	52.0	44.7	46.2	48.0
14	51.6	53.8	56.2	47.4	48.6	50.4
15	55.3	57.2	59.5	49.4	50.1	51.6
16	58.0	59.2	61.5	50.5	51.1	52.7
17	59.6	61.0	63.3	51.2	51.7	53.0

年龄	男			女		
	2005 年	2010 年	2014 年	2005 年	2010 年	2014 年
18	60.3	61.5	63.5	51.5	51.7	52.6
19	60.8	62.6	63.5	51.6	51.9	52.4

资料来源：国家体育总局（2005，2010，2015）。

接下来，我们对比了 1985 年和 2010 年我国青少年的身高，以及这种历时性变化的城乡差异和地区差异（东部地区包括北京、天津、辽宁、山东、江苏、上海、浙江、福建和广东等省份，西部地区包括内蒙古、广西、陕西、甘肃、宁夏、青海、新疆、四川、云南和贵州等省份），以反映我国青少年身高的地域不平等趋势。有关内容主要参考了 Xu 和 Hang（2017）根据全国学生体质与健康调研数据所进行的分析。

在青少年身高的城乡差异方面，首先，无论在城市还是农村，相较于 1985 年，2010 年时青少年的身高都有了明显的增长。其次，在 1985 年和 2010 年，青少年身高的城乡差距在 7～18 岁各年龄都是显著的。再次，相较于 1985 年，2010 年时青少年身高的城乡差距缩小（见表 1－21）。在青少年身高的地区差异方面，相较于 1985 年，2010 年时东、西部地区的差距扩大（见表 1－22），这种差距在农村尤为突出（见表 1－23）。

表 1－21　1985 年和 2010 年我国青少年身高对比

单位：厘米

性别	年龄	1985 年			2010 年			D1－D2
		城市	农村	D1	城市	农村	D2	
男	7	121.4	117.6*	3.8	126.9	124.1*	2.8	1.0
	8	125.9	122.1*	3.8	132.2	129.3*	2.9	0.9

续表

性别	年龄	1985 年			2010 年			
		城市	农村	D1	城市	农村	D2	D1 – D2
男	9	130.9	126.9*	4.0	137.4	134.2*	3.2	0.8
	10	135.5	131.5*	4.0	142.5	139.3*	3.2	0.8
	11	140.5	136.0*	4.5	148.1	144.4*	3.7	0.8
	12	145.3	140.6*	4.7	154.2	150.5*	3.7	1.0
	13	153.7	148.4*	5.3	161.7	158.1*	3.6	1.7
	14	160.1	154.4*	5.7	167.0	163.6*	3.4	2.3
	15	164.8	159.8*	5.0	170.0	167.5*	2.5	2.5
	16	167.7	163.9*	3.8	171.5	169.6*	1.9	1.9
	17	169.2	165.9*	3.3	172.2	170.5*	1.7	1.6
	18	169.7	166.8*	2.9	172.2	170.7*	1.5	1.4
	7 ~ 18			4.2			2.8	1.4
女	7	120.3	116.7*	3.6	125.5	122.8*	2.7	0.9
	8	125.1	121.2*	3.9	130.7	128.1*	2.6	1.3
	9	130.5	126.1*	4.4	136.6	133.5*	3.0	1.4
	10	136.3	131.3*	5.0	142.9	139.6*	3.2	1.8
	11	142.5	137.0*	5.5	149.2	145.3*	3.9	1.6
	12	147.6	142.5*	5.1	153.5	150.9*	2.6	2.5
	13	153.4	149.6*	3.8	157.1	154.9*	2.2	1.6
	14	155.7	152.3*	3.4	158.9	156.7*	2.2	1.2
	15	156.8	154.1*	2.7	159.3	157.8*	1.5	1.2
	16	157.8	155.1*	2.7	159.9	158.2*	1.7	1.0
	17	158.2	155.8*	2.4	160.0	158.6*	1.4	1.0
	18	158.2	156.1*	2.1	159.9	158.5*	1.4	0.7
	7 ~ 18			3.7			2.4	1.3

注：（1）D1、D2 分别表示 1985 年和 2010 年城市和农村青少年的身高差距；

（2）*表示城乡青少年身高差异的独立样本 t 检验的显著性水平（双侧），$p < 0.001$；

（3）1985 年，男生 $N = 205100$，女生 $N = 204846$；2010 年，男生 $N = 107687$，女生 $N = 107632$。

资料来源：Xu & Hang（2017）。

表 1-22 1985 年和 2010 年我国东、西部地区城市青少年身高对比

单位：厘米

性别	年龄	1985 年			2010 年			
		东部	西部	D1	东部	西部	D2	D2-D1
男	7	122.7	120.2*	2.5	128.5	125.9*	2.6	0.1
	8	127.1	124.6*	2.5	133.7	131.0*	2.7	0.2
	9	132.4	129.3*	3.1	139.3	136.5*	2.8	-0.3
	10	137.0	134.0*	3.0	144.6	141.2*	3.4	0.4
	11	142.2	138.9*	3.3	150.6	146.3*	4.3	1.0
	12	147.5	143.4*	4.1	157.8	151.5*	6.3	2.2
	13	156.3	151.4*	4.9	164.3	159.9*	4.4	-0.5
	14	162.1	158.2*	3.9	169.7	165.1*	4.6	0.7
	15	166.6	163.4*	3.2	172.0	168.8*	3.2	0.0
	16	169.1	166.5*	2.6	173.3	170.5*	2.8	0.2
	17	170.5	168.1*	2.4	173.6	171.7*	1.9	-0.5
	18	171.0	168.5*	2.5	173.7	171.4*	2.3	-0.2
	7~18			3.2			3.5	0.3
女	7	121.6	118.8*	2.8	127.3	124.0*	3.3	0.5
	8	126.5	123.8*	2.7	132.5	129.5*	3.0	0.3
	9	132.1	129.1*	3.0	138.7	135.2*	3.5	0.5
	10	137.8	134.7*	3.1	145.1	141.3*	3.8	0.7
	11	144.4	141.0*	3.4	151.7	147.1*	4.6	1.2
	12	149.6	145.8*	3.8	156.0	151.2*	4.8	1.0
	13	155.0	152.2*	2.8	158.9	155.8*	3.1	0.3
	14	157.0	154.7*	2.3	160.2	158.5*	1.7	-0.6
	15	158.0	156.0*	2.0	160.9	158.5*	2.4	0.4
	16	158.8	157.1*	1.7	161.2	159.2*	2.0	0.3
	17	159.3	157.6*	1.7	161.4	159.4*	2.0	0.3
	18	159.3	157.2*	2.1	161.2	159.2*	2.0	-0.1
	7~18			2.6			3.1	0.5

注：表中 D1、D2、* 的含义及样本规模同表 1-21。

资料来源：Xu & Hang (2017)。

表 1 – 23   1985 年和 2010 年我国东、西部地区农村青少年身高对比

单位：厘米

性别	年龄	1985 年			2010 年			D2 – D1
		东部	西部	D1	东部	西部	D2	
男	7	119.0	116.7*	2.3	126.5	122.1*	4.4	2.1
	8	123.4	121.1*	2.3	131.9	127.2*	4.7	2.4
	9	128.4	125.7*	2.7	136.9	131.9*	5.0	2.3
	10	133.0	130.4*	2.6	142.1	136.8*	5.3	2.7
	11	137.6	134.8*	2.8	147.3	142.2*	5.1	2.3
	12	142.4	139.4*	3.0	153.7	147.6*	6.1	3.1
	13	150.6	146.8*	3.8	161.4	154.8*	6.6	2.8
	14	156.2	153.1*	3.1	166.7	161.0*	5.7	2.6
	15	161.1	156.7*	2.4	169.9	165.4*	4.5	2.1
	16	164.9	163.0*	1.9	171.8	168.2*	3.6	1.7
	17	166.9	165.2*	1.7	172.5	169.2*	3.3	1.6
	18	167.7	166.1*	1.6	172.2	169.9*	2.3	0.7
	7 ~ 18			2.5			4.7	2.2
女	7	117.9	115.9*	2.0	125.5	120.8*	4.7	2.7
	8	122.5	120.1*	2.4	130.9	126.1*	4.8	2.4
	9	127.7	124.9*	2.8	136.6	131.2*	5.4	2.6
	10	132.8	130.1*	2.7	142.9	137.2*	5.7	3.0
	11	138.8	135.7*	3.1	148.9	143.0*	5.9	2.8
	12	144.5	141.2*	3.3	153.5	148.2*	5.3	2.0
	13	151.2	148.4*	2.8	157.1	152.7*	4.4	1.6
	14	153.4	151.4*	2.0	158.3	155.2*	3.1	1.1
	15	154.9	153.5*	1.4	159.3	156.4*	2.9	1.5
	16	155.8	154.6*	1.2	159.5	157.2*	2.3	1.1
	17	156.5	155.3*	1.2	160.0	157.6*	2.4	1.2
	18	156.9	155.6*	1.3	159.7	157.6*	2.1	0.8
	7 ~ 18			2.2			4.1	1.9

注：表中 D1、D2、* 的含义及样本规模同表 1 – 21。

资料来源：Xu & Hang (2017)。

随着我国社会经济的发展，青少年营养摄取水平大幅提升，而超重和肥胖问题也与日俱增。关于我国青少年超重和肥胖情况，我们主要参考了 Sun 等人（2014）根据全国学生体质与健康调研数据（7～18岁）所进行的分析。标准身高别体重（weight-for-height）被定义为依年龄和性别划分的同一身高人群第 80 百分位点的体重。超重（overweight）被定义为依年龄和性别划分的 110%～119.9% 的标准身高别体重；肥胖（obesity）被定义为大于等于 120% 的标准身高别体重。2010 年，我国 19.2% 的 7～18 岁青少年超重或者肥胖，其中 8.1% 的青少年为肥胖。城市青少年的超重或肥胖比例高于农村，男生高于女生，10～12 岁青少年高于其他年龄组青少年。城市男性青少年的超重和肥胖情况最为突出（见表 1-24）。

表 1-24　2010 年中国青少年超重与肥胖比例

单位：%

性别	年龄组	超重/肥胖			肥胖		
		城+乡	城市	农村	城+乡	城市	农村
男+女	7～18	19.2	22.6	16.2	8.1	10.1	6.4
	7～9	20.1	25.1	16.4	8.0	10.5	6.2
	10～12	24.9	29.0	21.7	11.0	13.3	9.1
	13～15	18.8	22.9	15.6	8.2	10.7	6.2
	16～18	14.9	17.6	11.5	6.2	7.8	4.1
男	7～18	23.4	28.3	19.0	10.9	13.3	8.2
	7～9	23.9	30.3	19.2	10.4	13.9	7.7
	10～12	29.1	34.7	24.7	14.2	17.5	11.7
	13～15	22.0	27.5	17.7	10.6	14.0	7.8
	16～18	20.1	24.3	14.7	9.0	11.5	5.8
女	7～18	14.5	16.1	12.9	5.1	6.0	4.2
	7～9	15.7	19.1	13.1	5.3	6.5	4.4
	10～12	20.0	22.4	18.2	7.2	8.6	6.1

续表

性别	年龄组	超重/肥胖			肥胖		
		城 + 乡	城市	农村	城 + 乡	城市	农村
女	13 ~ 15	15.3	17.8	13.2	5.6	7.0	4.4
	16 ~ 18	9.1	10.0	7.8	3.0	3.5	2.3

注：男生样本量 = 107621，女生样本量 = 107582。

资料来源：Sun et al.（2014）。

在体质方面，我们选取了 2005 年、2010 年和 2014 年国家体育总局《国民体质监测公报》中与心肺功能和运动能力有关的数据。除平均肺活量有一定提升外，我国青少年的其他各项体质指标均基本维持稳定或略有下降（见表 1 – 25 至表 1 – 32）。其中，男生在立定跳远、坐位体前屈、1000 米跑等项目的成绩上有所下降；女生在立定跳远、800 米跑等项目的成绩上有所下降。这说明我国青少年的体质在一定程度上呈降低态势，青少年在体能训练方面有待加强。

表 1 – 25　7 ~ 19 岁青少年平均静息心率

单位：次/分钟

年龄	男			女		
	2005 年	2010 年	2014 年	2005 年	2010 年	2014 年
7	88.3	88.1	87.9	88.8	88.6	88.6
8	87.4	87.2	86.9	88.0	87.6	87.3
9	86.4	86.2	86.6	87.3	87.0	86.9
10	86.0	86.0	85.9	86.6	86.8	86.8
11	85.6	85.5	85.6	86.9	86.6	86.4
12	84.5	84.3	84.4	85.6	84.8	84.7
13	83.4	83.1	83.2	84.3	83.5	83.6
14	82.5	81.8	82.5	83.6	82.8	83.2
15	81.6	80.7	81.0	82.8	81.7	82.3
16	80.3	79.6	80.2	82.0	81.4	81.5

续表

年龄	男			女		
	2005 年	2010 年	2014 年	2005 年	2010 年	2014 年
17	79.6	79.5	79.9	81.7	81.4	81.3
18	79.5	79.5	79.2	81.0	81.3	81.0
19	77.5	78.2	78.1	79.2	79.6	79.6

资料来源：国家体育总局（2005, 2010, 2015）。

表 1-26 7~19 岁青少年平均肺活量

单位：毫升

年龄	男			女		
	2005 年	2010 年	2014 年	2005 年	2010 年	2014 年
7	1044	1099	1150	935	1005	1037
8	1227	1282	1330	1090	1154	1185
9	1394	1468	1531	1241	1308	1359
10	1580	1661	1734	1403	1501	1564
11	1781	1868	1969	1596	1671	1783
12	2007	2102	2273	1729	1830	1976
13	2377	2477	2668	1909	1996	2133
14	2696	2830	3045	2008	2109	2262
15	3026	3164	3369	2110	2208	2345
16	3327	3413	3576	2229	2302	2424
17	3439	3555	3727	2255	2332	2451
18	3521	3602	3772	2284	2352	2431
19	3697	3853	3925	2412	2540	2574

资料来源：国家体育总局（2005, 2010, 2015）。

表 1-27 7~19 岁青少年 50 米跑平均成绩

单位：秒

年龄	男			女		
	2005 年	2010 年	2014 年	2005 年	2010 年	2014 年
7	11.2	11.1	11.1	11.8	11.7	11.6

续表

年龄	男			女		
	2005 年	2010 年	2014 年	2005 年	2010 年	2014 年
8	10.5	10.5	10.5	11.0	11.0	10.9
9	10.0	10.1	10.1	10.5	10.6	10.5
10	9.7	9.8	9.7	10.2	10.2	10.2
11	9.4	9.5	9.4	10.0	10.0	9.9
12	9.1	9.1	9.0	9.8	9.8	9.7
13	8.7	8.6	8.5	9.7	9.7	9.6
14	8.3	8.2	8.2	9.7	9.7	9.6
15	7.9	8.0	7.9	9.7	9.7	9.6
16	7.8	7.7	7.7	9.6	9.7	9.7
17	7.6	7.6	7.6	9.6	9.6	9.7
18	7.6	7.6	7.7	9.6	9.6	9.8
19	7.6	7.6	7.6	9.6	9.6	9.6

资料来源：国家体育总局（2005，2010，2015）。

表 1-28　7~19 岁青少年握力平均成绩

单位：千克

年龄	男			女		
	2005 年	2010 年	2014 年	2005 年	2010 年	2014 年
7	10.2	10.3	10.4	8.8	9.0	9.1
8	11.9	12.0	12.5	10.4	10.5	10.8
9	13.8	13.9	14.3	12.0	12.2	12.6
10	16.0	16.0	16.1	14.1	14.5	14.8
11	18.0	18.6	19.0	16.5	17.0	17.7
12	21.6	22.4	22.9	19.0	19.5	20.0
13	27.4	28.3	28.7	21.6	22.1	22.2
14	32.7	33.3	33.4	23.2	23.5	23.5
15	37.0	37.4	37.4	24.5	24.7	24.4
16	40.0	40.5	39.9	25.2	25.5	25.1
17	41.8	42.1	41.9	25.9	26.2	25.6

续表

年龄	男			女		
	2005 年	2010 年	2014 年	2005 年	2010 年	2014 年
18	42.7	43.1	43.0	26.4	26.5	25.9
19	42.5	43.0	42.6	26.1	26.5	26.1

资料来源：国家体育总局（2005, 2010, 2015）。

表1-29 7~19岁青少年立定跳远平均成绩

单位：厘米

年龄	男			女		
	2005 年	2010 年	2014 年	2005 年	2010 年	2014 年
7	124.0	126.2	122.3	113.9	117.0	114.3
8	135.7	137.2	133.1	126.0	126.7	124.4
9	146.1	145.2	141.0	135.2	136.0	131.9
10	154.3	153.9	148.4	142.9	143.7	139.9
11	162.6	161.7	156.9	150.4	150.1	147.1
12	171.9	173.0	169.4	154.8	155.2	152.3
13	187.4	188.5	185.6	159.5	158.8	156.7
14	200.5	201.7	198.9	160.7	160.8	159.5
15	211.6	213.0	212.2	163.0	163.3	164.5
16	220.8	223.1	219.9	166.4	166.0	166.0
17	225.7	227.1	224.2	167.1	167.4	166.5
18	227.9	229.2	225.8	167.6	167.8	166.2
19	228.0	226.9	222.8	168.3	166.4	165.5

资料来源：国家体育总局（2005, 2010, 2015）。

表1-30 7~19岁青少年坐位体前屈平均成绩

单位：厘米

年龄	男			女		
	2005 年	2010 年	2014 年	2005 年	2010 年	2014 年
7	7.0	6.7	6.2	10.2	10.4	10.2
8	6.6	6.5	6.0	9.9	10.1	10.3
9	6.0	5.8	5.3	9.2	9.5	9.7

续表

年龄	男			女		
	2005 年	2010 年	2014 年	2005 年	2010 年	2014 年
10	5.7	5.5	4.6	8.9	9.4	9.5
11	5.4	5.3	4.4	9.0	9.5	9.5
12	5.5	5.5	4.3	9.0	9.7	9.5
13	6.5	6.9	5.9	9.9	10.5	10.7
14	7.7	8.2	7.2	10.7	11.5	11.5
15	9.5	9.6	9.1	11.5	12.0	12.6
16	11.3	11.1	10.1	12.4	12.9	13.2
17	11.8	11.6	10.6	12.5	13.3	13.4
18	12.3	12.1	11.0	12.9	13.5	13.6
19	12.6	11.7	11.6	13.7	14.1	14.6

资料来源：国家体育总局（2005，2010，2015）。

表 1 - 31　7~12 岁青少年 50 米 ×8 往返跑平均成绩

单位：秒

年龄	男			女		
	2005 年	2010 年	2014 年	2005 年	2010 年	2014 年
7	135.9	135.6	135.7	140.7	139.1	139.4
8	129.5	130.4	130.9	133.9	134.8	134.8
9	125.9	126.8	126.8	130.5	131.0	130.6
10	120.8	122.9	122.3	125.4	126.6	125.6
11	118.2	118.9	117.8	122.9	122.9	121.4
12	114.2	114.9	114.1	122.9	121.1	120.6

资料来源：国家体育总局（2005，2010，2015）。

表 1 - 32　13~19 岁青少年 1000 米跑（男子）/800 米跑（女子）平均成绩

单位：秒

年龄	男			女		
	2005 年	2010 年	2014 年	2005 年	2010 年	2014 年
13	298.2	297.5	300.4	268.7	269.5	266.5

续表

年龄	男			女		
	2005 年	2010 年	2014 年	2005 年	2010 年	2014 年
14	284.0	281.9	281.8	265.8	265.4	261.3
15	271.6	271.2	269.6	261.5	259.9	257.6
16	263.4	262.7	265.7	258.5	257.3	260.7
17	260.6	259.8	264.5	259.3	258.5	261.9
18	256.5	256.9	263.7	256.9	256.8	261.3
19	254.0	255.1	260.5	251.0	253.5	253.1

资料来源：国家体育总局（2005，2010，2015）。

在健康行为方面，根据 CFPS 2014 年和 2016 年的数据，10~17 岁青少年 2014 年平均每周锻炼 4.9 小时（$S.D.=6.0$，$N=1640$），2016 年平均每周锻炼 5.6 小时（$S.D.=7.3$，$N=1440$），2016 年的平均锻炼时间显著长于 2014 年（$|t|=2.93$，$p<0.01$）。同时，10~17 岁青少年 2014 年平均每周看电视 11.5 小时（$S.D.=11.2$，$N=2551$），2016 年平均每周看电视 8.9 小时（$S.D.=9.8$，$N=2291$），2016 年看电视的平均时间显著少于 2014 年（$|t|=8.8$，$p<0.001$）。10~17 岁青少年 2014 年平均每周上网 8.4 小时（$S.D.=11.2$，$N=1271$），2016 年平均每周上网 9.3 小时（$S.D.=12.0$，$N=1377$），两年间无显著差异。整体看来，我国青少年"久坐不动"的生活方式有所改善。另外，根据 CFPS 2016 数据，在 10~15 岁的青少年中，0.5% 的人有过抽烟经历（$N=1694$）；10.0% 的人有过喝酒经历（$N=1694$），在这些儿童中，16.6% 的人喝酒频率为每月两三次或更频繁，16.6% 的人几乎每月一次。

（二）心理健康

Houri 等人（2012）调查了中国长春市（$N=390$）、日本米子市和鸟取市（$N=632$）以及韩国原州市（$N=377$）等社会经济发展水平类似的亚洲国家城市的初中三年级学生心理健康情况（见表1-33）。研究发现，三个国家的受访者在躯体症状（偶尔的呼吸困难、失眠、不正常心跳、疲劳、头痛）、抑郁程度、人际关系、无力感、冲动、心理恢复能力、朋友关系和幸福感等方面存在显著差异。其中，中国学生的抑郁程度高于日本和韩国学生，躯体症状和朋友关系介于日本和韩国学生之间，而在其他方面心理健康程度均优于日本和韩国学生。

表1-33　中、日、韩初三学生心理健康情况

心理指标	日本			韩国			中国		
	男生	女生	全体	男生	女生	全体	男生	女生	全体
躯体症状[1]	2.40	2.64	2.52	2.52	2.86	2.72	2.51	2.70	2.61
抑郁程度[1]	2.37	2.84	2.60	2.39	2.84	2.64	2.53	3.05	2.80
人际关系[1]	2.69	3.00	2.84	2.74	2.63	2.68	2.57	2.48	2.52
无力感[1]	2.59	3.03	2.81	2.47	2.58	2.53	2.33	2.30	2.31
冲动[1]	2.36	2.78	2.57	2.97	3.23	3.12	2.35	2.74	2.55
心理恢复能力[2]	3.13	2.92	3.03	3.20	3.07	3.12	3.77	3.66	3.71
朋友关系[2]	3.62	3.74	3.68	3.90	4.04	3.98	3.96	3.94	3.95
幸福感[2]	60.69	62.79	61.72	69.46	62.54	65.53	83.61	80.74	82.08

注：[1]分数越高表示心理健康水平越低；[2]分数越高表示心理健康水平越高。
资料来源：Houri et al. (2012)。

2012年和2016年的CFPS利用包含20个题目的美国流行病研究中心抑郁量表（Center for Epidemiologic Studies Depression Scale）即CES-D 20量表测量了10~15岁青少年的抑郁程度（Radloff, 1977）。CES-D 20量表测量了受访者过去一周内产生以下情绪的频率：（1）我因一些小事而烦恼；（2）我不想吃东西，我的胃口不好；（3）我觉得沮丧，即使有家人和朋友的帮助也不管用；（4）我觉得自己不比别人差

（反向题）；（5）我在做事时很难集中精力；（6）我感到情绪低落；（7）我觉得做任何事都很费劲；（8）我对未来充满希望（反向题）；（9）我觉得一直以来都很失败；（10）我感到害怕；（11）我的睡眠不好；（12）我感到愉快（反向题）；（13）我讲话比平时少；（14）我感到孤独；（15）我觉得人们对我不友好；（16）我生活快乐（反向题）；（17）我哭过或想哭；（18）我感到悲伤难过；（19）我觉得别人不喜欢我；（20）我觉得生活无法继续。回答包括"几乎没有（不到一天）"、"有些时候（1~2天）"、"经常有（3~4天）"以及"大多数时候有（5~7天）"，依次记为1、2、3、4分。量表最终累加得分的值域为20~80分，得分越高表明越抑郁。2012年，10~17岁青少年的平均得分为31.8分（$S.D. = 6.6$，$N = 2332$），22.9%的10~17岁青少年为轻度抑郁（36~46分），2.9%的10~17岁青少年为临床抑郁（47分及以上）（判断标准参见Zich et al.，1990）；2016年，10~17岁青少年的平均得分为30.5分（$S.D. = 6.8$，$N = 403$，该年度调查随机抽取部分样本进行测试），19.9%的10~17岁青少年为轻度抑郁，2.2%的10~17岁青少年为临床抑郁。同时，两年得分差异显著，相较于2012年，2016年我国10~17岁青少年的抑郁程度显著降低（$|t| = 3.33$，$p < 0.001$）。此外，我们还对比了2012年和2014年CFPS收集的10~15岁青少年的幸福感水平（0~10分，分数越高越幸福）。其中，2012年的平均得分为7.8分（$S.D. = 2.1$，$N = 1756$），2014年的平均得分为8.2分（$S.D. = 1.9$，$N = 1759$）。相较于2012年，10~15岁青少年2014年的幸福感有了显著提升（$|t| = 6.38$，$p < 0.001$）。

CEPS 2013~2014对初一和初三学生的心理健康进行了测量，我们对比了青少年产生负面情绪的频率在性别、城乡（按户籍区分）和年级等方面的差异（见表1-34）。CEPS 2013~2014询问了受访者在过去一周内产生"沮丧"、"抑郁"、"不快乐"、"生活没意思"和 "悲伤"等情绪或想法的频率，1 表示"从不"，2 表示"很少"，3 表示"有时"，4 表示"经常"，5 表示"总是"。我们发现，农村户 口学生、初三学生比城市户口学生、初一学生更为频繁地产生所有的 负面情绪，女生比男生更容易感到沮丧、不快乐和悲伤，男生比女生 更容易感到生活没意思。这说明学业压力和较低的家庭社会经济地位 会对青少年的心理健康产生不利影响。

表 1-34   初一和初三学生产生不良情绪的频率

	沮丧	抑郁	不快乐	生活没意思	悲伤	样本量
全体	2.28	2.03	2.35	1.76	2.11	10600+
男生	2.19***	2.04	2.30***	1.79**	2.06***	5400+
女生	2.38	2.02	2.41	1.73	2.17	5200+
城市	2.24**	1.98***	2.29***	1.73*	2.08**	3600+
农村	2.30	2.06	2.38	1.78	2.13	6900+
初一	2.21***	1.94***	2.29***	1.70***	2.09**	5400+
初三	2.36	2.13	2.42	1.82	2.14	5200+

注：根据性别、城乡户籍和年级分组的独立样本 t 检验显著水平（双侧），$* p < 0.05$，$** p < 0.01$，$*** p < 0.001$。

资料来源：CEPS 2013～2014 数据。

（三）死亡原因

本小节关注 0～19 岁城乡居民的死亡原因。首先，我们对比了城 镇男性、城镇女性、农村男性和农村女性四个组别的疾病别死亡率 （表 1-35 至表 1-38）。可以看出，各组别同一年龄组内致死的前四 位原因基本一致。对 0 岁组而言，起源于围生期的情况（早产、出生 后窒息）是致死率最高的原因，此外，先天畸形、变形和染色体异 常，隶属于"损伤和中毒"的意外机械性窒息（比如因异物堵塞呼吸道或意外压迫等导致的窒息），以及呼吸系统疾病（主要是肺炎）等都是致死率较高的原因。在其他年龄组，溺水和机动车辆交通事故（隶属于"损伤和中毒"），先天畸形、变形和染色体异常，肿瘤（主要是白血病、脑及神经系统恶性肿瘤），神经系统疾病（主要是脑膜炎）和循环系统疾病（主要是心脏病）致死率相对较高。其中，溺水、机动车辆交通事故在 1～19 岁青少年特别是农村男性中的致死率极高，这体现了提高青少年和家长的安全意识的紧迫性与必要性。

表 1-35　2016 年 0～19 岁城镇男性疾病别死亡率

单位：1/10 万

疾病类型	0 岁	1～4 岁	5～9 岁	10～14 岁	15～19 岁
传染病和寄生虫病	9.45	1.53	0.59	0.52	0.22
肿瘤	5.11	4.25③	4.03②	3.23②	4.01②
血液、造血器官及免疫疾病	2.81	1.06	0.18	0.10	0.18
内分泌、营养和代谢疾病	5.11	0.30	0.27	0.21	0.29
精神和行为障碍	0.26	0.00	0.05	0.16	0.26
神经系统疾病	10.99	3.13④	1.86③	2.03③	1.77④
循环系统疾病	6.13	0.83	0.59	0.94	2.39③
呼吸系统疾病	36.54③	2.60	1.00	0.36	0.59
消化系统疾病	6.90	0.83	0.09	0.16	0.22
肌肉骨骼和结缔组织疾病	0.26	0.12	0.05	0.16	0.22
泌尿生殖系统疾病	0.77	0.24	0.18	0.21	0.48
起源于围生期的情况	251.18①	1.24			
先天畸形、变形和染色体异常	108.85②	5.19②	1.09④	1.20④	0.85
诊断不明	8.18	1.12	0.23	0.42	0.40
其他疾病	4.09	0.47	0.23	0.26	0.22
损伤和中毒	23.25④	17.29①	9.83①	11.82①	15.59①
溺水	0.51	8.14	4.12	4.69	3.16
机动车辆交通事故	2.30	3.48	2.81	2.97	6.84

注：①～④标出了各年龄组的前四位死因，下同。

资料来源：国家卫生和计划生育委员会（2017）。

表 1 - 36　2016 年 0～19 岁城镇女性疾病别死亡率

单位：1/10 万

疾病类型	0 岁	1～4 岁	5～9 岁	10～14 岁	15～19 岁
传染病和寄生虫病	8.58	1.31	0.55	0.00	0.28
肿瘤	6.21	3.11③	2.57②	2.89②	2.29②
血液、造血器官及免疫疾病	2.37	0.48	0.15	0.30	0.16
内分泌、营养和代谢疾病	3.25	0.28	0.05	0.00	0.04
精神和行为障碍	0.00	0.00	0.00	0.00	0.08
神经系统疾病	9.47	2.55	1.36③	1.63③	0.75④
循环系统疾病	6.21	0.83	0.76	1.02	1.30③
呼吸系统疾病	20.41④	2.62④	1.01	0.36	0.59
消化系统疾病	4.44	0.41	0.15	0.12	0.04
肌肉骨骼和结缔组织疾病	0.30	0.07	0.05	0.42	0.16
泌尿生殖系统疾病	0.30	0.28	0.05	0.30	0.24
起源于围生期的情况	190.49①	0.55			
先天畸形、变形和染色体异常	84.01②	4.35②	1.06④	1.15④	0.63
诊断不明	5.03	1.17	0.25	0.30	0.55
其他疾病	5.03	0.69	0.20	0.24	0.08
损伤和中毒	23.96③	12.49①	6.46①	7.11①	5.93①
溺水	2.37	3.80	1.72	1.93	0.91
机动车辆交通事故	2.66	4.55	2.27	2.77	1.82

资料来源：国家卫生和计划生育委员会（2017）。

表 1 - 37　2016 年 0～19 岁农村男性疾病别死亡率

单位：1/10 万

疾病类型	0 岁	1～4 岁	5～9 岁	10～14 岁	15～19 岁
传染病和寄生虫病	10.02	1.96	0.75	0.55	0.68
肿瘤	3.73	3.78④	3.68②	4.78②	5.82②
血液、造血器官及免疫疾病	2.82	0.82	0.38	0.19	0.21
内分泌、营养和代谢疾病	4.06	0.33	0.12	0.15	0.27
精神和行为障碍	0.00	0.00	0.05	0.02	0.14
神经系统疾病	7.45	2.94	1.80③	2.30③	2.77④

续表

疾病类型	0 岁	1～4 岁	5～9 岁	10～14 岁	15～19 岁
循环系统疾病	3.48	0.69	0.58	1.21	3.99③
呼吸系统疾病	40.33③	4.86②	1.17	1.02	0.89
消化系统疾病	9.69	1.23	0.22	0.15	0.25
肌肉骨骼和结缔组织疾病	0.17	0.02	0.07	0.30	0.43
泌尿生殖系统疾病	0.66	0.27	0.18	0.15	0.60
起源于围生期的情况	187.25①	1.39			
先天畸形、变形和染色体异常	76.94②	4.37③	1.28④	1.49④	1.57
诊断不明	5.13	1.06	0.13	0.28	0.48
其他疾病	5.80	0.59	0.48	0.79	0.43
损伤和中毒	31.06④	24.58①	13.87①	20.70①	30.34①
溺水	2.07	10.79	6.39	10.16	7.56
机动车辆交通事故	3.81	6.07	3.85	5.12	13.74

资料来源：国家卫生和计划生育委员会（2017）。

表 1-38　2016 年 0～19 岁农村女性疾病别死亡率

单位：1/10 万

疾病类型	0 岁	1～4 岁	5～9 岁	10～14 岁	15～19 岁
传染病和寄生虫病	10.10	2.00	0.70	0.38	0.51
肿瘤	2.69	3.60③	2.89②	3.87②	4.23②
血液、造血器官及免疫疾病	1.79	0.40	0.33	0.38	0.29
内分泌、营养和代谢疾病	2.29	0.38	0.11	0.20	0.26
精神和行为障碍	0.00	0.03	0.06	0.00	0.15
神经系统疾病	4.68	2.68	1.13③	1.72③	0.97
循环系统疾病	2.79	0.50	0.41	0.94	1.98③
呼吸系统疾病	28.38③	3.48④	0.74	0.78	0.48
消化系统疾病	6.97	0.90	0.11	0.23	0.26
肌肉骨骼和结缔组织疾病	0.10	0.05	0.00	0.30	0.44
泌尿生殖系统疾病	0.40	0.10	0.22	0.38	0.35

续表

疾病类型	0 岁	1～4 岁	5～9 岁	10～14 岁	15～19 岁
起源于围生期的情况	135.44①	1.13			
先天畸形、变形和染色体异常	68.02②	3.88②	1.11④	1.31④	1.01④
诊断不明	3.88	0.83	0.17	0.20	0.20
其他疾病	4.18	0.70	0.26	0.33	0.31
损伤和中毒	26.39④	16.93①	7.07①	8.57①	10.11①
溺水	1.20	6.78	2.26	2.96	1.67
机动车辆交通事故	3.59	5.23	2.52	2.78	3.86

资料来源：国家卫生和计划生育委员会（2017）。

接下来，我们关注青少年的自杀率，因为自杀行为往往与抑郁等不健康的精神状态有关（Zhao & Zhang, 2015）。从 2012～2016 年的变动可以看出（见表 1-39 和表 1-40），不同年份的青少年自杀率有一定波动，但规律不明显。从年龄别自杀率的变动趋势可以看出，随着年龄的增长，青少年的自杀率呈现上升趋势。从性别差异可以看出，男生的自杀率高于女生。从城乡差异可以看出，农村青少年的自杀率高于城镇青少年。

表 1-39　2012～2016 年 5～19 岁城镇青少年自杀率

单位：1/10 万

年份	男			女		
	5～9 岁	10～14 岁	15～19 岁	5～9 岁	10～14 岁	15～19 岁
2012	0.23	0.61	1.61	0.25	0.84	1.20
2013	0.06	1.52	1.79	0.13	0.38	1.87
2014	0.05	1.06	2.21	0.05	0.84	1.60
2015	0.05	1.14	1.62	0.11	1.00	0.97
2016	0.05	1.25	1.58	0.00	0.66	1.54

资料来源：国家卫生和计划生育委员会（2013, 2014, 2015, 2016, 2017）。

表1-40 2012~2016年5~19岁农村青少年自杀率

单位：1/10万

年份	男			女		
	5~9岁	10~14岁	15~19岁	5~9岁	10~14岁	15~19岁
2012	0.13	0.83	2.64	0.15	0.49	2.35
2013	0.13	1.09	3.34	0.13	1.08	2.68
2014	0.03	0.93	2.89	0.04	0.85	2.26
2015	0.03	1.10	3.44	0.02	0.63	2.10
2016	0.00	1.13	2.73	0.06	0.56	2.31

资料来源：国家卫生和计划生育委员会（2013，2014，2015，2016，2017）。

（四）家庭因素对青少年健康的影响

根据以往针对中国青少年的研究，我们认为，家庭因素对青少年的健康具有一定影响。家庭社会经济地位影响青少年健康。①家庭经济状况较好的儿童身高更高，这在一定程度上是因为这些儿童更有可能拥有健康保险、获得健康服务，摄取更多营养，他们的家庭卫生条件也更好（Goode，Mavromaras，& Zhu，2014）；家庭经济状况较好的儿童遭受身体损伤（如交通事故受伤、动物咬伤、跌伤、割伤、钝器致伤、溺水）的可能性更低（Fang et al.，2014）。②社会经济地位较低家庭的儿童心理健康水平较低。社会经济地位较低的父母往往较少陪伴孩子、亲子关系也不佳，这些都会对儿童的心理健康产生消极影响（Ge，2018）。③青少年时期较低的原生家庭社会经济地位会制约成年期的个人社会经济地位，从而不利于成年后的健康水平（Shen & Zeng，2014）。家庭结构影响青少年健康。①虽然尚无研究证明在我国父母离异会对儿童的健康产生显著的不良影响，但父母关系较差的儿童心理健康水平较低。有研究指出，单亲家庭儿童的心理健康相较于完整家庭的儿童没有显著差异，但生活在父母频繁争吵的完整家庭中的儿童心理健康水平更低（张春泥，2017）。②较多的兄弟姐妹不利于儿童健康。有研究指出，兄弟姐妹较多的农村儿童身高更矮，但兄弟姐妹数量对家庭经济状况较好儿童的不利影响较弱（Zhong，2017）。③父母离家外出不利于儿童的身心健康。父亲或母亲长期外出不利于农村儿童的身体发育，他们在身高、体重方面比农村非留守儿童更差（Meng & Yamauchi，2017）；父母外出也会提高儿童的抑郁水平（Wu，Lu，& Kang，2015）。

四　本章小结

本章从人口、教育和健康三方面概述了当今中国青少年的发展情况，主要内容概括如下。

（1）我国 6～17 岁青少年人口达 1.8 亿人，约占全国总人口的 13.1%，约占 0～17 岁人口的 66.4%。其中城镇青少年占青少年整体的 46.9%，农村青少年占 53.1%。各年龄的人口性别比普遍偏高，平均每 100 个女孩对应 118～119 个同龄男孩。其中 2000 年千禧龙年出生人口的性别比最高——截至 2015 年年末，出生于 2000 年的城镇男性比女性多出近 40%。这说明生育的性别干预十分严重，可以预见出生于该时期前后的男性会因为严重的同龄人性别失衡而在未来遭遇巨大的婚配压力，形成婚姻挤压。

（2）我国的少子化问题日益突出。自 1982 年以来，我国 0～14 岁少儿占总人口的比重由 33.6% 下降到 2016 年的 16.7%，少儿抚养比（0～14 岁少儿人口数与 15～64 岁人口数之比）从 54.6% 下降到 22.9%。2015 年中国有 4.1 亿个家庭户，其中有 0～17 岁儿童的家庭户有 1.85 亿个，占 45%。各省份有儿童的家庭比例呈现较大的差异。

2015 年上海仅 1/4 的家庭有儿童，北京和天津仅 1/3；中西部省份以及少数民族人口集聚的省份有儿童的家庭比例较高，例如西藏超过 60% 的家庭有儿童。2017 年中国内地的 0~14 岁少儿占比低于美国、法国、澳大利亚和新西兰等西方发达国家，高于德国、意大利和加拿大等西方发达国家，与英国和俄罗斯基本持平，高于日本、韩国和新加坡等亚洲先进国家以及中国香港和澳门地区，低于印度、巴西和南非等发展中国家。

（3）我国的低生育率问题依然严峻。在 2015 年末推行"全面二孩"政策以来，我国的出生人口数量没有达到每年 1800 万人的预期规模，出生人口和出生率在经历 2016 年的小幅上升后出现回落。中国 2015 年出生人口 1655 万人，人口出生率为 12.07‰；2016 年出生人口 1786 万人，人口出生率为 12.95‰；2017 年出生人口 1723 万人，人口出生率为 12.43‰；2018 年出生人口 1523 万人，人口出生率为 10.94‰。2018 年出生人口数量创 1961 年以来的新低，人口出生率为 1949 年以来的最低值。2017 年和 2018 年的二孩出生数量都高于同期一孩出生数量，这一方面是由于年轻育龄妇女数量相对较少，另一方面可能是由于年轻人的生育意愿相对较低。

（4）我国的 0~17 岁留守儿童和流动儿童的规模增长迅速：留守儿童数量由 2000 年的 2904 万人增长到 2015 年的 6877 万人；流动儿童由 2000 年的 2363.5 万人增长到 2015 年的 4432.4 万人。截至 2015 年，在我国每 4 个儿童中就有一个留守儿童，每 6 个儿童中就有一个流动儿童，大约 1.13 亿的儿童受到人口流动的影响，约占儿童总数（2.71 亿人）的 42%。其中，备受社会关注的随迁儿童有大约 2400 万人，农村留守儿童约 5500 万人。从儿童的抚养状况来看，2015 年 64.7% 的儿童与父母双方一起居住，19.6% 的儿童与父母中的一方一起居住，另有 15.7% 的儿童不与父母任何一方一起居住。

（5）在学校教育方面，截至 2016 年，我国的小学净入学率为 99.9%，小学升学率为 98.7%，初中升学率为 93.7%，高中升学率为 94.5%。2017 年高等教育毛入学率（指进入包括本科、高职高专在内的高等教育阶段的人口占适龄人口比例）达到 45.7%。自 2005 年以来，我国的小学、初中和普通高中的生师比基本呈现下降态势，即这三级学校的教育质量有所提高。普通高校的生师比基本稳定。中等职业学校的生师比在 2005～2010 年逐渐升高，在 2010 年之后逐渐下降。2016 年，我国小学、初中、普通高中、中等职业学校、普通高校的生师比依次为 17.12、12.41、13.65、19.84 和 17.07。从进城务工人员随迁子女和留守儿童的就学情况来看，2014～2016 年，进城务工人员随迁子女在小学和初中阶段的在校学生数、招生数和毕业生数呈上升趋势；2014～2015 年，留守儿童在小学和初中的在校学生数呈下降趋势。

（6）在家庭教育方面，2016 年"中国家庭追踪调查"数据显示，在 0～15 岁儿童的家长中，88.9% 的城市儿童家长和 78.7% 的农村儿童家长认为孩子应该接受高等教育；2015 年城市儿童家长平均为孩子的教育存款 12568 元，农村儿童家长平均为孩子的教育存款 10134 元；城市儿童家长平均为孩子的教育支出 4183 元，农村儿童家长平均支出 2450 元。在 4～15 岁儿童的家长中，35.1% 的城市儿童家长和 30.2% 的农村儿童家长几乎每天要求孩子完成作业，23.7% 的城市儿童家长和 19.3% 的农村儿童家长几乎每天检查孩子的作业。城市儿童家长在教育期望、教育投资和教育督促等方面显著优于农村儿童家长。

（7）各项教育指标的性别差异不明显，农村青少年明显处于劣势地位。从性别差异来看，根据"中国家庭追踪调查"和"中国教育追踪调查"的有关数据，女生在认知能力、记忆力和教育期望等方面并不劣于男生，甚至在语言能力和希望获得本科或本科以上学历的比例方面都显著优于男生；"中国教育追踪调查"2013～2014数据显示，女生参加课外辅导班和兴趣班的比例显著高于男生；根据联合国教科文组织公布的数据，近年来女性在获得高等教育的比例方面优于男性，并且女性的优势逐步扩大，2017年女性的高等教育毛入学率高出男性近10个百分点。从城乡差异来看，根据"中国家庭追踪调查"和"中国教育追踪调查"的有关数据，农村青少年在认知能力、记忆力和教育期望等方面明显低于城市青少年，但超过半数的农村青少年希望获得本科或本科以上学历。

（8）在青少年的生理健康方面，根据国家体育总局2005年、2010年和2014年公布的《国民体质监测公报》，我国7～19岁男生和女生的身高、体重在各年龄都有所提高。但《国民体质监测公报》中与青少年心肺功能和运动能力有关的数据显示，除平均肺活量有一定提升外，我国青少年的其他各项体质指标均基本维持稳定或略有下降。其中，男、女生的立定跳远成绩有所下降，而男生还在坐位体前屈、1000米跑等项目的成绩上有所下降。此外，虽然我国青少年的身高、体重等与营养有关的指标有所改善，但通过对比1985年和2010年的全国学生体质与健康调研数据发现，青少年身高的地区差异（东、西部差距）拉大，同时青少年超重或肥胖的比例升高，2010年19.2%的7～18岁青少年处于超重或者肥胖状态。

（9）在青少年的健康行为方面，通过对比"中国家庭追踪调查"2014年和2016年的数据发现，10～17岁青少年2014年平均每周锻炼4.9小时，2016年平均每周锻炼5.6小时，2016年的平均锻炼时间显著长于2014年。同时，10～17岁青少年2014年平均每周看电视11.5小时，2016年平均每周看电视8.9小时，2016年看电视的平均时间显著少于2014年。10～17岁青少年2014年平均每周上网8.4小时，2016 年平均每周上网 9.3 小时，两年间无显著差异。整体看来，我国青少年"久坐不动"的生活方式有所改善。另外，根据"中国家庭追踪调查"2016 年数据，在 10～15 岁的青少年中，0.5% 的人有过抽烟经历；10.0% 的人有过喝酒经历，在这些儿童中，16.6% 的人喝酒频率为每月两三次或更频繁，16.6% 的人几乎每月一次。

（10）在青少年的心理健康方面，通过对比"中国家庭追踪调查"2012 年和 2014 年的数据发现，10～17 岁青少年的幸福感有显著提升，幸福感水平从 2012 年的平均得分 7.8 分提高到 2014 年的 8.2 分。但是，10～17 岁青少年的平均抑郁水平并没有显著好转，根据 CES－D 20 量表的测量结果，我国大约有 1/5 的 10～17 岁青少年属轻度抑郁，2.2% 的 10～17 岁青少年属临床抑郁。同时，根据"中国教育追踪调查"2013～2014 的有关数据，农村户口学生、初三学生比城市户口学生、初一学生更为频繁地产生所有的负面情绪，即更频繁地感到沮丧、抑郁、不快乐、生活没意思、悲伤；女生比男生更容易感到沮丧、不快乐和悲伤，男生比女生更容易感到生活没意思。

（11）在青少年的死亡原因方面，国家卫生和计划生育委员会数据显示，2016 年，在不满 1 岁的儿童当中，起源于围生期的情况（早产、出生后窒息等）是致死率最高的原因，此外，先天畸形、变形和染色体异常，意外的机械性窒息，以及呼吸系统疾病（主要是肺炎）等都是致死率较高的原因。在其他年龄组，溺水和机动车辆交通事故，先天畸形、变形和染色体异常，肿瘤（主要是白血病、脑及神经系统恶性肿瘤），神经系统疾病（主要是脑膜炎）和循环系统疾病（主要是心脏病）等致死率较高。其中，溺水和机动车辆交通事故在 1～19 岁青少年中是致死率最高的原因。以 15～19 岁农村男性青少年为例，2016 年，溺水死亡人数比因肿瘤（该人群致死率最高的疾病大类）死亡的人数多 30%，溺水死亡率为 7.6/10 万；因机动车辆交通事故死亡的人数是因肿瘤死亡人数的 2.4 倍，机动车辆交通事故死亡率为 13.7/10 万。从自杀率来看，15～19 岁农村男性青少年的自杀率高于其他青少年人群，为每十万人中约有 2.7 人自杀身亡。

第二章　青少年教育与发展政策

刘瑞平*

一　国际青少年政策的历史演变与模式比较

（一）国际青少年政策的历史演变

联合国及相关国际组织为保护青少年的权利开展国际合作，共同努力促进青少年健康发展，制定了较为全面的青少年政策，对青少年工作的发展起到了极大的推动作用。联合国及其机构、地区性的国际组织欧盟等已经建立了完善、系统化的青少年政策体系。国际青少年政策一般以两个主体来制定：一个主体是儿童，主要是未满 18 周岁的儿童，我国习惯上称之为未成年人；另一个主体是青年，联合国在 1985 年将青年的年龄范围定义为 15 ~ 24 岁。

1. 联合国青少年政策发展历程

国际上青少年政策体系建立的最初倡导者以及后续过程中不断努

*　刘瑞平，北京大学社会学系博士研究生。

力的代表是联合国，其发布了具有全球性影响力的青少年政策。学者把联合国青少年政策历史发展过程分为三个阶段，虽然每个阶段的命名不同，但是阶段的起止时间点是一样的，这三个阶段分别是1965～1984年、1985～1995年和1996年至今（中国青年政治学院"中国青少年政策研究"课题组，1999；李鹏，2009），每个阶段都以对世界做出重要贡献的青年政策为标志。本书将联合国青少年政策发展过程分为正式起步阶段（1965～1984年）、初步建立阶段（1985～1995年）、发展完善阶段（1996年至今）。

第一，正式起步阶段（1965～1984年）。

联合国青年政策的正式开始是以1965年为起点，因为1965年12月7日举行的第二十届联合国大会第1390次会议通过了第2037号决议，即《关于在青年中培养民族间和平、互相尊重及彼此了解等理想之宣言》（以下简称《宣言》）。《宣言》明确了青年的弱势地位和所发挥的重要作用，提出青年是人类所遭遇灾难中受害最大、牺牲最多的群体，也是为各国人民物质及精神进步做出重要贡献的群体。《宣言》规定了成员国在对待和处理青年问题上所要遵循的六大原则：①应该培养青年和平、公道、自由、互相尊重及彼此了解的精神，以促进全人类及所有国家之平等权利、经济和社会进步；②家庭和学校等教育手段应该培养青年和平、人道、自由、团结以及其他一切促进各民族亲善的理想，并应使青年明确联合国为维持和平、增进国际谅解合作所担任的职责；③应培养青年明确全人类的尊严与平等，不分种族、肤色、信仰等，并使青年尊重基本人权和民族自决的权利；④鼓励和支持用教育、文化、体育等多种方式促进青年建立友谊；⑤要求各国国内、国际青年组织应在国际和平安全、尊重国家平等权利的基础上建立友好关系，殖民主义、种族歧视及其他违反人权现象要彻底废除，青年组织应在各自工作范围内采取相应措施，无歧视地教育青年一代；⑥青年教育的主要目的之一是开发其全部能力，培养其高尚品质，家庭也应担负起重要责任。①

《宣言》尽管在内容方面还是极为模糊和有限的（中国青年政治学院"中国青少年政策研究"课题组，1999），仅规定了培养青年高尚品质这一个领域的相关原则，但这是联合国历史上乃至人类历史上首次针对青年群体制定的政策决议，是国家间在青年问题方面的第一次合作，肯定了青年的社会地位和历史作用，强调了其重要历史作用，青年第一次被认作一个特殊的、重要的群体，为社会所重视（李鹏，2009），也明确了国家、社会组织、家庭等主体在培养青年中的一些责任，尤其强调了家庭的责任。

1970年联合国制定的《第二个联合国发展十年国际发展策略》中明确规定："儿童福利应予以照顾；确保青年充分参与发展过程。"1980年及之后联合国每次制定的十年国际发展策略中涉及青少年的政策，要求都更为全面具体，包括一些促进青少年发展的福利，并提供教育、营养、卫生保健、就业等方面的服务。

1979年12月17日，第三十四届联合国大会通过了第34/151号决议，将1985年定为国际青年年，其主题为"参与、发展、和平"，反映了世界青年群体的共同诉求，并希望引起全球各国对青年问题的关注。广泛开展国际青年年活动，调动了世界各国青年参与国家事业建设的主动性和创造性，为促进社会经济发展和维护世界和平做出了贡献。

第二，初步建立阶段（1985～1995年）。

该阶段联合国的青少年政策开始涉及青少年的具体工作方面，制

---

① 资料来源于联合国官网，http://www.un.org/chinese/documents/instruments/docs_ch.asp? year=1969。

定倡导性的政策纲领和具有国际约束力的法律，从各个领域全方位地加大对青少年权益的保护力度。在青少年的社会保障方面，联合国制定了《关于进一步规划及推进青年领域工作的行动纲领》、《关于儿童保护和儿童福利，特别是国内和国际寄养和收养办法的社会和法律原则宣言》、《在非常状态和武装冲突中保护妇女和儿童宣言》、《儿童权利公约》、《儿童生存、保护和发展世界宣言》和《执行90年代儿童生存、保护和发展世界宣言行动计划》等。

其中，联合国大会于1985年11月13~15日第40/14号决议批准了《关于进一步规划及推进青年领域工作的行动纲领》，该纲领分为序言、背景、目标、战略和青年状况等部分，强调了对青年发展的政策干预，提出了国际、国家和地区性的长远行动目标方案。该纲领提倡各国根据本国历史、条件及其青年问题制定青年政策，将青年政策与计划作为国家发展规划的重要组成部分，尤其要重视青年的教育、就业、医疗、住房、卫生保健与社会服务等方面的政策与活动；加强国内各部门的合作；鼓励国际、国内和地区之间的青年组织交流，促进青年广泛的社会参与；鼓励青年积极参加国内文化生活，开发其潜力。该纲领还大致规定了国际青年政策体系包括的内容，即教育培训、卫生社会与心理服务、就业安排、咨询保护与社会支持、体育娱乐与文化活动、惩戒庇护等（江广平，2008）。该纲领首次明确地把青年的年龄范围定义为15~24岁，这为以后开展活动和实施政策明确了统一的工作对象，也使全球各国的青年状况具有了可比性。当然，联合国也鼓励各个国家依据本国的国情来对青年群体进行不同的界定。另外，该文件也关注了城市青年、农村青年、残疾青年、违法青年等特殊青年群体，为解决特殊青年群体所面临的问题提供了具体的建议和措施。《儿童权利公约》是1979年开始起草工作，历经十年，直到1989年才最终完成。具有国际法律效力的《儿童权利公约》

于 1989 年第四十四届联合国大会第 44/25 号决议一致通过，截至 2015 年 10 月，缔约国为 196 个，成为联合国历史上加入国家最多的国际公约。这表明，保障儿童权利已成为国际社会的一致行动。公约规定了儿童的年龄在 18 岁以下，规定应该把儿童最大利益原则作为一切儿童工作的首要考虑，详细规定了儿童享有的基本权利以及缔约国、家庭、社会在维护儿童权利中应尽的义务和责任。该公约涉及内容广泛，几乎涵盖了有关儿童权益保护的所有方面，考虑到了特殊儿童的权利保护方面，也对跨国儿童权益保护方面进行了规定，例如跨国收养儿童问题。

在这一阶段，联合国制定了一些关于青少年司法保护的重要国际公约，主要有《联合国少年司法最低限度标准规则》（简称《北京规则》）、《联合国预防少年犯罪准则》（简称《利雅得准则》）等。1985 年通过的《联合国少年司法最低限度标准规则》包括总则、调查和监控、审判和处理、非监禁待遇、监禁待遇，以及研究、规划、政策制定和评价六个部分，每部分的每条规定下面都附带较长内容的说明，明确该条规则的特殊情况、具体内容及规定目的等。在规则中，提出了青少年司法保护的一些具体措施，例如借鉴有些司法制度利用法院或委员会附设的专门社会机构和人员所制定的社会调查报告，来了解青少年的社会和家庭背景、学历、教育经历等有关事实，而主管当局在对犯罪青少年做出判决前，借助社会调查报告对案件做出明智的判决，把研究作为规划、政策制定和评价的基础。1991 年 8 月 27 日至 9 月 7 日联合国第八届预防犯罪和罪犯待遇大会通过《联合国预防少年犯罪准则》。该准则确定了六项基本原则，提出了应该由各级政府制定的九项预防措施。准则规定了预防政策的重点是促使所有儿童和青少年走向社会化和达到融合，可以通过家庭、社区、同龄人、学校、职业培训和工作环境以及通过各种自愿组织达到这一目标，也规定了社会应对儿童和青少年适当的个人发展给予应有的尊重，并应在其社会化和融合的过程中把他们视为完全的、平等的伙伴。儿童和青少年的社会化进程是准则的核心部分，共用三十四项条文来规定家庭、教育、社区、大众传播媒介等主体在预防少年犯罪中应负的责任以及应采取的具体措施。另外，准则还从社会政策、立法和少年司法工作、研究政策制定和协调方面做出了应对预防少年犯罪的规定。该准则重视青少年的社会参与，强调预防青少年犯罪不应该只看到青少年个体自身原因，还应该重视犯罪青少年所处的环境，认为预防青少年犯罪是全社会各个主体的共同责任。

第三，发展完善阶段（1996年至今）。

1996年3月13日，第五十届联合国大会通过《到2000年及其后世界青年行动纲领》（简称《行动纲领》），这标志着关于青年（青少年）的明确而具体的国际政策正式出台（中国青年政治学院"中国青少年政策研究"课题组，1999）。《行动纲领》列举了十个优先考虑的问题——教育、就业、贫穷与饥饿、健康、环境、吸毒、青少年犯罪、闲暇活动、女孩与青年妇女，以及青年充分和有效地参与社会生活与决策。《行动纲领》针对所列举的一些问题与需要提出了具体的行动建议（安吉尔，2002），在执行手段方面，提出应根据国家的优先次序、资源和历史经验，将《行动纲领》的各项行动提议变成具体的计划、指标和法律，明确国家、区域和国际三级政策执行框架和职责。《行动纲领》是迄今为止关于青年问题的第一个全面系统的国际性纲领文件，为世界各国青年政策的制定提供了参考框架，为青年各领域的状况改善做出了巨大贡献。概言之，《行动纲领》是国际社会首次将青年对世界发展的主体性重新加以定义，明确了青年的社会地位，把青年作为推动世界各国社会经济发展的动力主体，强调青年问题直接影响当前的社会稳定和后代人的福祉和生活，将青年问题上升到社会发展的战略高度，把青年群体视为 21 世纪人类社会发展的重要推动力量。《行动纲领》认识到了青年对社会的巨大推动作用，提出了解决青年问题的具体措施，不仅在理论上出现了许多创新，而且在青年问题实践方面提出了许多切实可行的方案。①

1998 年在葡萄牙里斯本的"世界青年事务部长级会议"上通过了《关于青年政策和方案的里斯本宣言》（简称《里斯本宣言》），标志着国际青年政策运动深化发展。《里斯本宣言》在以往倡议各国认识青年问题，拟定和执行有利于青年男女的战略、政策、方案，以及采取的各种行动等方面所取得的已有成就的基础上，对国际青年年的主题——"参与、发展、和平"以及《行动纲领》的有关战略和政策原则做了进一步具体化和明确化。《里斯本宣言》对国家青年政策实施的未来行动做出了 9 项承诺，主要内容包括：加强国家青年政策的重视程度和执行力度；拟定国家青年政策要根据本国国情；政策和方案要提高青年的生活标准；考虑青年需求，鼓励青年参与政策制定协商；增强青年联盟和网络的能力建设；加强国家和地方两级所有主要相关者的合作；政策内容要采用可衡量且有时限的目标和指标；支持双边、次区域、区域和国际交流；把国家青年政策纳入主流。另外，该宣言还对青年在参与、发展、和平、教育、就业、健康、吸毒和滥用药物等领域的行动策略进行了具体规定。在《里斯本宣言》所关注到的各个领域中，都反复强调政策执行中的青年男女平等，发挥家庭、社区、学校、媒体等主体的作用，促进青年有利发展，同时也关注到农村及偏远地区青年、生活贫困的青年、处于不安和暴力环境的青年、身体伤残和心理残疾的青年、失业青年、越轨青年、迁移的

---

① 载自共青团权益工作网《联合国及相关国际组织与我国有关青少年权益保护的法律、法规》，http://12355.gqt.org.cn/xgll/201006/t20100628_383209.htm。

青年等特殊青年群体，提出了更有针对性的具体政策方案。

2000 年 9 月联合国首脑会议上由 189 个国家签署的《联合国千年发展目标》（Millennium Development Goals，MDGs），制定了一系列有时间限制、能够测量的目标，以解决极端贫困、疾病和环境恶化等问题，致力于提升世界各国人民福祉。MDGs 共包含消灭极端贫穷和饥饿、普及小学教育、促进男女平等并赋予妇女权利、降低儿童死亡率、改善产妇保健、与艾滋病毒/艾滋病疟疾和其他疾病作斗争等八项总目标，总目标下又包含了 21 项具体的子目标，这些具体目标中很多涉及青少年群体的问题，如所有人包括妇女和青年人都享有充分的生产就业和体面工作的权利；确保不论男童还是女童都能完成全部初等教育课程，最好到 2005 年在小学教育和中学教育中消除两性差距，最晚也应于 2015 年在各级教育中消除此种差距；5 岁以下儿童的死亡率降低 2/3；产妇死亡率降低 3/4；遏止并开始扭转艾滋病毒/艾滋病的蔓延等。截至 2015 年，虽然 MDGs 中仍有一些目标尚未实现，但确实在各个目标上取得了有目共睹的巨大成就，尤其在解决青少年问题方面，对维护青少年的权益、改善青少年的生存处境、促进青少年的健康成长、提高青少年的能力等方面发挥了重要作用。

联合国的青少年政策坚持以"积极性福利"和"预防"为导向，政策内容广泛，提供了青少年权利保护的框架，各国根据本国国情制定具体政策，注重青少年参与的主体性，倡导各国加强立法，在国家、州/省和地方政府以及社会组织之间开展密切的跨学科协调和交流，加强国际合作。通过向青少年提供广泛的社会服务，包括教育、经济安全、就业、特殊群体照顾与服务等方面，来促进他们充分地参与社会，开发他们为社会政治经济发展做出贡献的潜能（陆士桢、王玥，2010）。

2. 世界卫生组织和青少年健康政策

青少年健康问题日益成为全球公共卫生领域关注的焦点，为解决危害青少年健康的暴力、有害物质滥用、艾滋病、肥胖等问题，世界卫生组织出台一系列国际健康政策。

1999 年，世界卫生组织、联合国人口活动基金会、联合国儿童基金会发布了联合调查报告，即《青少年的健康与成长》，该报告提出，世界卫生组织、联合国人口活动基金会和联合国儿童基金会三方形成了促进青少年健康和成长的一个共同目标，即保证青少年能够获得信息、技能培训和卫生服务，并生活在一个满足他们健康和发展需要的支持环境中；报告制定了青少年健康规划的目标和指导思想、主要干预行动、干预地点、干预成功的关键、规划面临的调整等。

2002 年，世界卫生组织西太平洋区域根据本区域实际情况，制定了《青少年健康与发展政策：决策者指南》，要求决策者将青少年性与生殖健康需求和权利同国家生殖健康、青少年健康发展政策相结合，将生殖健康教育和生活技能教育纳入学校课程，加强多部门之间的合作和交流，促进青少年生殖健康发展，确保青少年能够获得高质量和全面的生殖健康服务（许洁霜、钱序，2013）。

2003 年，世界卫生组织制定了《促进儿童和青少年健康与发育的战略方向》，战略的主要内容包括：需要有一种整体化的和全面的战略来改善儿童和青少年健康和发育的理论依据，需要扩大面向所有儿童和青少年健康的主要工作领域，需要与成员国及合作伙伴一起实施战略指导等。

2012 年，世界卫生组织发布了《青少年工作指南：基层卫生工作者参考手册》，该手册主要包括三个部分内容：一是青少年和卫生工作者之间的临床互动；二是服务流程、沟通技巧和常见问题（包括发育、月经、妊娠、外生殖器、HIV 和其他问题）；三是提供给青少年及其父母或其他陪同成年人的信息（包括健康饮食、体力活动、性行为、情绪健康、吸烟、饮酒和使用其他物质、意外伤害、暴力和虐待）。本手册，为初级卫生保健服务工作者在如何处理青少年问题或所关心的健康和发育问题方面，提供了相近的指导步骤。

2015 年，世界卫生组织发布了《妇女、儿童和青少年健康全球战略（2016～2030）》，该战略指出，促进青少年健康的十预措施包括健康教育、支持性养育、营养、免疫、社会心理支持、预防伤害暴力、有害做法和物质的滥用、性和生殖保健信息和服务、管理传染病和非传染性疾病。该战略提出通过卫生系统和多部门干预措施来形成促进性环境。所有干预措施的提供应根据各国国情，包括卫生需求、相关产品的供应和法律来考虑。另外，该战略总结了青少年所面临的挑战，并针对 2015 年以后时代（2016～2030 年）的挑战更新了以往的全球战略。新全球战略的主要内容包括：愿景、指导原则、总目标（生存——终结可预防的死亡、繁荣——确保健康和福祉、变革——扩大促进性环境）和具体目标。新战略通过推动建立促进健康的环境，来改变社会，使各个地方的妇女、儿童和青少年都能够实现最高标准的健康和幸福权利。同年，世界卫生组织发布了一个政策简报，即《创建适合青少年特点的卫生工作队伍》。该简报提出每一位卫生保健提供者都必须能适合青少年的特点，以提高青少年卫生服务质量。

因为儿童遭受身体、心理或性暴力的现象严重，2016 年世界卫生组织发布《INSPIRE：消除针对儿童的暴力行为的七项策略》（简称 INSPIRE 七项策略）。INSPIRE 是一套技术措施，面向致力于防止和消除有针对儿童和青少年暴力行为的所有人——从政府到普通大众，从民间社会到私营部门都可使用。其突出强调了七项策略，包括：落实和执行法律、规范和价值观、安全的环境、支持父母和照护者、改善收入和经济状况、应对和支持服务、教育和生活技能。

世界卫生组织从全球青少年健康战略出发，既考虑到了不发达地区青少年的营养、暴力、生殖健康等问题，也考虑到了发达地区青少年的肥胖、有害物质滥用等问题，不仅制定了宏观的政策框架和体系，也出台了针对专项问题的、可操作性的具体行动指南和技术性、专业性的措施。

3. 欧盟地区的青年政策

欧盟青年政策正式建立于20世纪末，1985年在法国斯特拉斯堡举行了第一次欧洲委员会"为了青年"的部长会议。在1993年4月14日举行的维也纳会议上，欧洲负责青年事务的部长开始努力制定欧洲青年政策，确定其总体目标为使青年了解欧洲社会的价值，创造能导向青年社会参与的条件，推进不同文化间的青年交流，鼓励其参与政策，促进其容忍精神等（张帆，1995）。1998年在布加勒斯特举行了第四届欧洲青年事务部长会议，会议对欧洲青年政策的基本内容达成了共识，即完善青年发展政策、帮助青年人应对挑战和实现他们的目标、培育青年民主的公民身份，强化其社会责任感、激励青年社会参与的积极性、增进促进欧洲青年流动的措施和途径（威廉姆森等，2012）。

1999年12月，欧盟开始制定《青年白皮书》。2001年11月，欧盟执行委员会发布了《青年白皮书》。《青年白皮书》确定了关于青年的四个主题：参与、信息、志愿服务以及对青年更多的了解和更好的理解。然而一些人认为这些主题并非处于世纪之交的青年所面临的主要问题，不是最迫切的问题，尤其是对于那些处于弱势地位、受到社会排斥和处于社会边缘的青年群体来说（威廉姆森等，2012）。虽然《青年白皮书》引起了一些争议，但是《青年白皮书》的发布，使更广泛范围内的欧洲会议认识到关心青年的重要性（威廉姆森、董艳春，2011）。《青年白皮书》把对青年问题的关注提上了日程，并为以后能够采取实际行动确定了一系列的共同目标。这体现了对青年关怀的政治承诺。

欧盟的另一个关于青年政策的重要发展是 2005 年中期制定的《欧洲青年公约》。这一公约是依据瑞典、意大利、法国、西班牙国家的政治领导人所倡导的里斯本战略而制定的。以对里斯本战略的中期评估为基础的《欧洲青年公约》强化了对于青年的聚焦。它强调给青年更多的机会和平台以培养他们参与竞争、成长和社会融合的技能。同时它强调里斯本战略需要青年的支持才能成功，而且为了实现这一点，鼓励成员国制订行动计划来支持青年走向成功（威廉姆森等，2012）。

在尊重各成员国对制定青少年政策的全面权利的基础上，为了给青少年在教育和就业市场方面提供更多平等的机会，鼓励年轻人积极参与社会，欧盟各国部长提出并同意了涵盖 2010～2018 年的青少年政策合作框架，即"欧盟青年战略"。这些目标是通过双重途径实现的，一方面针对青少年的具体倡议，鼓励非正规学习、参与、志愿活动、青年工作；另一方面在制定、执行和评价其他领域的政策和行动时，确保将青年问题的跨部门举措纳入考虑范围。考虑到主流的跨部门举措对青少年的影响，例如对青少年在教育、就业、健康和福利等方面的影响。欧盟青年战略建议在以下八个领域采取行动。

（1）就业与创业领域，主要目标是解决青年人在就业战略中的关切问题，寻找和投资给予技能培训的雇主，开发职业指导和咨询服务，促进工作和在国外培训的机会，支持优质的实习者/学徒，改善育儿服务质量和分担家庭责任，鼓励创业。在欧盟 2020 年增长和就业战略的背景下，增加青年就业是欧盟就业政策的核心。委员会为帮助解决青年失业问题而采取的具体步骤包括：针对青少年的全面教育和就业措施的青年活动旗舰计划（the Youth on the Move Flagship Initi-ative）（2010）和青年就业一揽子计划（the Youth Employment Package）（2012）、青年就业倡议（the Youth Employment Initiative）（2013）、呼吁为欧洲青少年失业共同努力的青年失业行动（2013）、于 2016 年 12 月成立的欧洲团结组织等。

（2）社会融入领域，主要目标是充分认识青年工作和青年中心的全部潜力，鼓励跨部门采取措施解决青少年在教育、就业和社会融合等方面的社会排斥问题，支持发展跨文化意识和消除偏见，为保障青年人的权利提供信息和教育，解决无家可归、住房和贫穷等问题；改善融合、健康和社会服务的质量，促进对青年家庭的支持等。具体的措施包括欧洲青年政策知识中心（the European Knowledge Centre for Youth Policy）（与欧洲理事会合办）、伊拉斯谟＋项目（the Erasmus＋Programme）等。

（3）参与民主社会领域，主要目标是建立与青年群体对话机制，并帮助他们参与制定国家政策，支持青年组织（包括地方和国家青年理事会），促进青年群体在政治、青年组织和其他民间社会组织中的参与等。具体的措施包括鼓励青年人参与制定欧盟青年政策的结构化对话，为青年提供参与跨境项目和活动机会的伊拉斯谟＋项目，允许青年人自愿参与为欧洲周边社区和人民造福的项目的欧洲团结组织。

（4）教育与培训领域，主要目标是确保所有青年人都能平等接受高质量的教育和培训，发展青年工作和其他非正规学习机会，提供正规教育和非正规学习之间的联系，改善教育、培训和就业市场之间的转变，减少早期离校现象。

（5）健康与福利领域，主要目标是促进青年人的精神和性健康，鼓励他们积极参加体育运动、身体活动和拥有健康的生活方式，预防和治疗损伤、进食障碍、成瘾和药物滥用，开展营养教育，促进学校、青年工作者、卫生专业人员和体育组织之间的合作，使青少年对医疗设施更易于获得，提高青少年对体育如何促进团队合作、跨文化学习和责任感的认识。

（6）志愿活动领域，主要目标是提高青年人对志愿活动价值的认识，为青年志愿者提供丰富的工作机会以及良好的工作条件，促进代际团结，开展和开拓跨国志愿服务。

（7）青年与世界领域，主要目标是提高青年人对全球问题的认识，为青年人提供在全球问题方面与决策者交换意见的机会，通过对话增强世界各地青年的相互了解，鼓励青年人自愿参加环保项目（绿色志愿服务），并在日常生活中采取环保措施（回收、节约能源、使用混合动力汽车等），增加欧洲以外的青年在创业、就业、教育和志愿工作等方面的机会，促进不同大陆青年工人之间的合作与交流，鼓励青年人在发展中国家进行志愿工作或在本国开展工作。

（8）创新与文化领域，主要目标是支持青年人创造力的发展，增加文化和创意工具的获取，开发新技术，提高年轻人的创造力和创新能力，增强人们对文化、艺术和科学的兴趣，提供让年轻人发挥创造力和兴趣的空间，促进文化、教育、保健、社会融合、媒体、就业和青年之间的政策和方案之间的长期协同，以提升他们的创造力，促进青年工作者在文化、新媒体和跨文化技能等方面的专门培训等。①

为了评估欧盟青年战略的实施效果和目标进展状况，确定未来工作的优先次序，欧盟每三年发布一份《欧洲青年公约》。目前已经发布了两份，分别是 2012 年和 2015 年报告。报告中，对以上八个领域所取得的进展进行了统一的指标化测量，并提出了未来三年需要优先解决的问题。

---

① 资料载自欧盟网站，https://ec.europa.eu/youth/policy/youth-strategy_en。

另外，欧盟在青少年就业、网络环境等方面制定了相关的法律。例如在青少年就业方面，欧盟以国际劳工公约和建议书为基准，把青少年作为劳动保护的重点群体，制定了《青少年工作保护指令》。指令对青少年参与市场劳动的最低受雇年龄、夜间工作、健康检查、危害工作的特殊规定、训练设施、就业协助等重要方面做出了具体规定（贾锋，2013）。

与联合国和世界卫生组织的青少年政策相同，欧洲既关注非发达地区青少年的基本需求问题，又关注发达国家的发展问题，其内容丰富多样。而暴力安全与饥饿等基本需求不再是欧盟各国青少年所面临的主要问题，因此，欧盟青少年的政策内容主要是关注青少年的发展问题，如教育、就业、社会参与、文化创造等，主要为提高青少年的福利、为其发展提供更多的服务政策。

（二）主要发达国家青少年政策的模式比较

1. 德国

德国在各个领域中的法制比较健全，政府特别重视青少年工作，依据强有力的法律保障制定和实施青少年政策，并且建立了专门针对青少年群体的政策机构和青少年联合会等非正式组织，青少年政策对青少年的保护涉及多个方面。

（1）青少年法律机制。为切实保证儿童和青少年政策的实施并使其符合法律，德国政府通过立法程序来保障青少年权益，促进青少年发展。德国对儿童和青少年早期的保护是通过教会或慈善组织资助建立儿童收养所来收留孤儿的形式实现的，但当时尚未有维护青少年权益、为青少年提供教育咨询等其他服务的功能。1897年，德国成立旨在保护儿童免遭体罚和虐待的组织。1922年德国颁布以儿童和青少年为对象的第一部独立法律，即《帝国青少年福利法》。"二战"

后，为解决青少年相关问题，青少年福利局、州立青少年福利局以及青少年福利委员会等机构相继成立；随着 20 世纪 60 年代进步主义教育运动的兴起，德国开始对青少年进行主动关怀式的保护，明确责任主体，改善弱势青少年群体生活境遇，为以后制定保护青少年的相关法律奠定了理念基础和基本原则。与此同时，为了对青少年的家庭教育提供保障和支持，政府出台《青少年教育培训法》；出台《儿童与青少年救助法》，将社会教育作为社会责任纳入儿童和青少年救助的重要内容（王晨，2017）。目前德国已经形成了完善的青少年法律保障机制。

德国的一般性法律，如《民法》、《刑法》、《联邦社会福利事业法》和《就业促进法》，这些法律都有涉及青少年的一些权利保障。另外，还有一系列专门针对特殊儿童和青少年权利保护的法律法规。《儿童与青少年福利事业法》规定青少年的年龄为 14 岁以上未满 18 岁，这部法律为德国境内的儿童和青少年福利事业提供了法律基础。德国重视公共领域事物对青少年的影响，为了保障青少年的健康成长，出台了《传播危害青少年读物和媒体内容法》，旨在保护青少年免受媒体不良信息的毒害；制定《公共场所青少年保护法》以规范青少年在餐馆进餐和消费酒精饮料时可能遇到的问题。2002 年，以上两部法律被合并为《青少年保护法》，2013 年开始生效实施。2009 年，又出台了《反对因特网儿童色情法》，这些法律主要限制青少年吸烟、喝酒等行为以及进入一些娱乐场所的年龄，净化网络环境，防止儿童、青少年受到网络不良信息的危害。在青少年就业方面，出台了《青少年劳动保护法》，旨在保护青少年在就业岗位上免受苛责，消除安全隐患；另外，《就业促进法》确保和强制劳动部开展青少年职业培训工作。《民役法》规定义务服兵役和民役者的应征年龄、申请情况以及民役期限等。

（2）青少年社会教育。德国于 19 世纪中期最早使用了"社会教育"这一概念，"其先期倡导者 Diesterweg 提出，社会下层阶级应该得到物质上和精神上的帮助，这是最初的社会教育"（王亚芳，2011）。德国的社会教育思想最主要的实践领域是儿童与青少年福利和服务领域，通过制定《儿童与青少年专业工作法》在制度上保障了社会教育理念与目标的实现（王亚芳，2011）。《儿童与青少年专业工作法》的前身是 1922 年的《帝国青少年福利法》，1961 年更名为《青少年福利法》，1991 年修订为《儿童与青少年专业工作法》，编入《社会法典》第八部。《儿童与青少年专业工作法》的实施把对儿童和青少年的工作重心从监督、干预转向预防，将服务对象从特殊儿童和青少年扩展到大众儿童和青少年，从面向儿童和青少年个体工作转向兼顾其家庭和社会环境的工作，并从社会教育视角来促进儿童和青少年的发展（张威，2017）。

值得指出的是，为了促进儿童和青少年的健康全面成长，《儿童与青少年专业工作法》的服务对象不再仅仅针对儿童和青少年个体，而是确定为儿童和青少年个体和家庭。以家庭为主体的服务主要分为家庭支持性帮助和家庭补充性帮助。家庭支持性帮助的主要内容是，为家庭提供教育咨询服务，提高家庭获取其他机构和群体支持的能力；对单亲家庭提供支持，就伴侣、分居和离婚等问题提供咨询；为儿童和青少年的教育和发展问题提供咨询服务等。家庭补充性帮助主要包括青少年教育咨询、克服生活困境问题，旨在促进青少年的社会融入，实现自我负责的生活方式（王亚芳，2011）。

（3）青少年的就业政策。青少年在德国劳动就业市场中受到特殊保护。19 世纪，德国为青少年劳动保护立法，规定禁止使用童工。1903 年，德国制定了《儿童保护法》，将儿童明文区分为没有或仅短期受雇的儿童和已处于劳动关系中的青少年两大类。1938 年发布的

《童工暨青少年工时法》对青少年的工作时长进行了明确规定，但是并未涉及青少年的工作性质、工作环境等其他方面。1960 年出台的《青少年劳动保护法》，标志着青少年劳动保护进入法制化新阶段。1976 年 4 月 12 日，《青少年劳动保护法》对"劳动时间"和"适用范围"这两项内容进行重大修改，规定了该法律所适用的青少年的年龄范围，从事不同行业、不同年龄的青少年每天的工作时长、休息时长以及假期等。另外，该保护法对雇用童工、青少年从事危险性工作、体罚青少年等做出了禁止性和限制性的规定（贾锋，2013）。

为了保障青少年在未来就业市场上更具有竞争力，德国对青少年开展了职业教育和职业培训，为青少年就业建立起完善的支持体系。自 1969 年以来，德国颁布了一系列职业教育和青年就业的相关法律，包括《职业教育和培训法案》、《培训岗位促进法》、《职业教育促进法》、《青年人劳动保护法》、《联邦社会援助法案》和《儿童与青年服务法案》，主要内容是实行职业教育研究和管理相结合，为青年劳动就业提供咨询、指导和培训等相关服务（林燕，2006）。

在连接职业教育就业市场环节，德国建立了实习制度和职业认证资格体系。实习既包括进入企业后的正式就业培训，也包括在校期间的间接实践。实习制度成为教育系统与劳动力市场连接的纽带。德国权威的职业认证资格管理严格、流程正规，在就业市场中有较高的认可度。获得职业认证资格，成为青年就业的"入门证"。这种把培训与就业紧密结合起来的双元培训制度不仅有利于提高青少年的职业技能，也能够确保青年的有序就业，降低青年失业率；并且把社会各主体都纳入其中，多方参与，充分动员全社会的力量来解决青少年的就业问题。例如，企业和员工代表共同商定实习项目培训内容和管理方式，这种互惠机制使各方利益在其中得到体现。在实习和职业资格认证方面，政府、社区与青年组织都有权对其进行监督和评估（林燕，

2006）。

（4）青少年政策的多方参与。德国青少年政策的制定和实施是以青少年自身为主体，鼓励青少年在整个过程中的参与，全面了解青少年的需求，为青少年提供更为有效的服务。联邦妇女和青年部制定了国家级儿童和青年政策，并予以实施。政府定期向联邦议会和议院提交的青少年发展状况和服务报告的内容主要包括：评估和分析青少年当前状况，发现社会中存在的青少年问题，为青少年提供服务的工作情况，以及提供未来青少年服务对策及建议（蔡国枫，2000）。

国家级儿童和青年服务框架内的联邦青年计划始于1959年，为了完善和发展该计划，1993年又出台了《儿童和青年服务法案》，构成了"联邦儿童和青年计划"的核心内容。该法案鼓励为儿童和青年提供各种服务，保障从事志愿服务人员的需求及权益，支持开展志愿服务青年的各项活动计划。经过多年发展，青年服务的内涵发生了根本性的转变，从解决青少年的突发事件转向服务青年的职能，从突出满足青年个人需求目标转向鼓励青年广泛地参与社会、文化和政治等方面的群体生活（蔡国枫，2000）。这种转变能够促进青少年成长环境的改善，有利于青少年各方面的健康发展。

由于青少年政策涉及教育、司法、文化、卫生、医疗、就业等社会生活的各个方面，因此青少年政策的制定和实施不仅要考虑青少年个体，还应该强调和鼓励与青少年生活相关的其他主体的多方参与。目前，德国已经形成了以青少年为主体、以政府为主导、全民互动、社会组织多元参与的高效运行机制。

德国青年事务的国家级主管部门是联邦家庭/老年人/妇女与青少年事务部，各个州建立州青少年福利局，各县、市建立县属、市属的青少年福利局。联邦级青少年政策实施的形式和手段是跨地区的倡议与资助，具体的政策实施交由州政府的青少年福利局来负责。州政府主要通过倡议、资助和发展公共与民间青少年的福利事业。联邦和州政府青少年主管部门负责制订儿童与青少年计划，发布儿童与青少年报告。各市县负责青少年政策具体内容的实施，以社区为依托，对地区性的青少年事业进行规划和资助，以民间和公共载体为主要形式，加强地方性青少年服务设施建设，提供青少年服务。另外，各个州政府具有自主权和独立性，可以根据地方实际情况制定青少年的具体政策内容，确定政策实施手段。并且各级政府倡导政府青少年工作与民间组织建立合作关系，鼓励民间组织积极参与青少年政策制定和实施，政府有义务为民间青少年组织提供资金支持，这种"民间办事、政府买单"的形式成为德国实施青少年政策的特色（王晨，2017）。

2. 美国

美国对青少年的政策以立法为基础，设立了专门分管青少年事务的部门，制定完善的青少年政策，对青少年进行全方位保护，政策内容涉及青少年的家庭、教育、就业、医疗、司法健康等多个方面，并根据本国发展状况和青少年的不同问题进行调整。

（1）青少年社会保障政策。美国为青少年在教育、医疗、就业等方面提供社会保障。在教育和就业的政策方面，1946年颁布美国战后的第一项就业法律，即《就业法》。它规定"要发展职业教育，给予失业者技术培训；成立总统经济顾问委员会，负责编写年度《总统经济报告》，为政府决策提供依据和建议，以期实现最大限度的就业"。就业和教育培训政策体系开始确立之后，美国政府通过立法或修订先后颁布了多项法案，主要包括《国防教育法》、《人力开发与培训法》、《职业教育法》、《经济机会法》、《中小学教育法》、《高等教育法》、《职业培训协作法案》和《劳动力投资法案》等。这些法案的主要内容是：以普通教育为核心，通过各种资助形式来帮助优秀贫困生、愿意选择与教育和国防建设等相关的重要专业的优秀学生完成学业；建立中等职业教育制度，凡是没有接受大学正规教育的学生都要参加上岗前的"工作学习计划"；建立健全检测和调研管理制度，来负责对各个项目的监督、调研和评估等（梁茂信，2001）。

在医疗政策方面，1965 年美国将医疗补助纳入社会保障法案。1997 年，克林顿政府推行联邦未成年人健康保险计划（SCHIP），为那些没有健康保险的未成年人提供医疗援助。医疗援助计划中的抚养未成年子女家庭援助计划（AFDC），在医疗方面主要为绝对贫困的人群提供医疗援助，比如家庭收入线低于联邦政府收入线的 185% 的孕妇，1 岁以下的婴幼儿以及未满 21 岁的公民，存在一些如吸毒、怀孕、虐待等健康问题的未婚少女（杜选、高和荣，2017）。2009 年，奥巴马总统签署 SCHIP 扩展计划，将 400 万名未成年人纳入联邦烟草税的资金预算，基本覆盖了所有贫困未成年人（邓大松、王作宝，2011）。

在青少年福利救助方面，美国政府针对青少年群体自身及其家庭实施了一系列直接经济援助政策，包括美国儿童福利的 AFDC，该计划主要为处于困境家庭中的孩子提供帮助。另外，美国实行劳动所得税收减免（EITC）政策，为 18 岁以下未成年人的家庭进行减税。如果子女在 18 岁以后还持续在校学习 1 年以上的，这一政策就延续到 23 岁。美国政府还实施未成年人托育援助，主要帮助低收入家庭的家长在工作、学习或接受培训的同时能支付未成年子女的照顾费用。各个州可以根据本地实际情况对项目实施的条件、服务内容、援助力度等方面进行合理规定（邓大松、王作宝，2011）。为了使贫困家庭的儿童青少年免受饥饿，改善他们的营养状况，美国开展较多的食品和营养计划，例如食品券计划、全国午餐计划、全国学校早餐计划、暑期食品服务计划等（姚建平、朱卫东，2005）。这些青少年援助政策增加了贫困青少年的家庭收入，减轻了家庭负担，改善了青少年的生活状况，促进了他们的健康发展。

（2）青少年体质健康政策。美国很早就开始关注青少年群体的体质健康问题，并设立了专门的机构，制定一系列相关法律法规和政策。在管理青少年体质健康的机构设置方面，早在 1955 年，美国政府为了促进青少年健康发展，就成立了青少年健康总统委员会（PCYF）。几经更名，在 2010 年被奥巴马总统重新命名为健康、运动与营养总统委员会（PCFSN），以强调营养作为健康组成的一个重要元素。

在关于青少年体质健康的政策实施方面，1956 年体育、娱乐、舞蹈联盟制定并推行了《学生体育及格测验标准》，1961 年发布《学校青年身体健康总统咨文》，1972 年国会通过了《第九教育修正案》，将学校体育纳入法案，1973 年，以残疾青少年体育发展为对象，颁布了《康复法案》和《残疾人全员教育法案》。这一阶段的青少年政策主要是以立法形式为青少年的体质健康提供法律保障，为其政策的实施提供基本框架。

1979 年之后，美国先后制定和发布了《健康公民：美国卫生署关于健康促进和疾病防治报告》、《最佳健康计划》、《健康公民》、《促进青年人终身体育学校和社区规划指南》、《全民健身计划》、《健康公民计划 2010》、《健康公民 2010 中期回顾》、《美国身体活动指南》、《健康公民计划 2020》、《增进身体活动：社区预防服务工作小组的建议报告》、《促进青少年体育活动的行动指南》和《美国身体活动指南中期报告：青少年身体活动提高战略》。以上政策的主要内容是促进全社会的健康参与，提高青少年体育参与的积极性，并明确了家庭、社区和学校在促进青少年体质健康方面的职能，为促进青少年体质健康提出了具体、可行性的建议（鲁长芬等，2017）。这一阶段的青少年体质健康政策实施步入国家政策的正轨，其内容丰富、具体，具有很强的可操作性。

美国青少年体质健康政策的实施历程出现了不同阶段的转向。政策实施的关注重点从最初的青少年的学校体育教育，发展到开始关注残疾等特殊青少年群体和全民大众健康；从仅关注青少年体育运动，发展到包含体育、营养、疾病控制等多种内容的健康计划；从仅以学校为主体来促进青少年体质健康，发展到家庭、社区和学校等多方参与；从开始的空泛、笼统的相关法案，发展到现在的具体行动规划和详细的行动指南。

目前，美国已经形成了完整的青少年体质健康政策体系。这些政策内容全面，考虑到了特殊青少年群体。并且政策的制定大多基于对青少年身体状况的实证研究，据此提出有针对性的干预措施，这些措施都是科学具体的、可操作和可测量的。例如，"总统青少年健身计划"以科学的健康体能测试评估系统为指导，以专业体质健康发展为手段，以体育锻炼过程的认证奖励为激励，以运动与科学营养饮食课程为辅助的科学的综合性计划，来对青少年的体质健康进行干预（牟利明，2013）。

（3）青少年司法制度。1899 年 7 月 1 日，美国的伊利诺伊州第 41 届议会通过了《规范无人抚养、被遗弃和罪错孩子的处遇与控制法案》，即著名的《少年法院法》。根据这部法律，同年在芝加哥的库克郡建立了世界上第一个少年法院，标志着少年司法制度在人类社会诞生（管士寒、陈春琳，2010）。少年法院的基本理论是，未成年人法庭审判的不是罪犯而是急需帮助、教育、保护的儿童（戴利尔、戴宜生，2005）。

美国大多数州法规定，年龄界限为 18 岁或 17 岁以下的未成年人被告，应交至少年法庭。各州均规定了未成年人被告应移交成年人法庭审判的特殊情况。在初步查明案情之后，未成年人法庭的法官依据是否有足够的理由相信被告是犯了重罪、是否将被告移交成年人法庭更为有利这两个原则来决定最终是否将未成年人被告移送成年人法庭。

美国的青少年司法制度在 20 世纪八九十年代出现很大的争议。由于当时美国的青少年犯罪率上升，公众普遍感到自身安全受到严重威胁，因此主张对青少年犯罪实行"严惩"的司法政策逐步占据了社会主导地位。青少年司法制度升始限制犯罪青少年的权利，加强司法管控力度，对其进行"强硬化"处置。美国大多数州对少年法院进行了调整，包括增加少年犯移送条款；扩大对少年犯安置权限；对传统少年法院关于前科封存制进行调整；对刑满释放后民事权利的限制等。美国的少年司法至今仍实行以严厉打击为主的政策，"少年控制和社会防卫"的主张仍是当今美国少年司法政策的主流，有关少年法院存废的问题一直存在争议（高英东，2014）。

（4）青少年移民政策。美国是一个由来自不同国家和民族的公民组成的移民国家，青少年移民是美国移民群体的重要组成部分。为了解决移民青少年普遍存在的语言、教育、劳动参与、福利待遇与合法身份等问题，出台了相关的社会融合政策。美国于 1968 年出台《双语教育法》，旨在为家庭生活贫困、英语基础薄弱的青少年提供足够的教育资源，提高其学习成绩，减少辍学情况的发生。1974 年，"劳诉尼科尔斯案"控诉了因为少数族裔的未成年子女的语言技能不足，而侵害了他们应有的教育权利；提出要重视少数民族移民的未成年子女的受教育权利保护，进一步彰显双语教育在美国教育体系中的重要地位。1982 年，发生在得克萨斯州的"普雷勒对多尔"诉讼案，为无证移民的未成年子女争取了获得免费基础教育服务的权利。2002年颁布的《英语习得法》，改变了"双语教育"的多元教学模式，明确了英语学习者习得英语、提高学业成绩的目标，确立了英语熟练标准和年度测试成绩二级目标的评价体系，却不利于少数族裔青少年的母语学习、文化多样性发展（刘程，2015）。

美国对青少年移民采取两种截然不同的政策。对那些无证青少年移民而言，他们不仅在美国的生活受到法律和政策多方面的限制，而且时刻面临被拘捕和遣返的危险。无证青少年移民无法享受到美国的劳动保障和社会福利政策、无法在银行开设账户办理银行业务、无法办理机动车驾驶证等，在教育、医疗、就业等方面面临多种问题。相反，美国对那些受教育水平较高的技术性青年移民提供诸多政策支持。美国移民法专门设立了各种精细的签证类型，实施劳工证制度、配额担保制和优越的科研条件等政策，这些政策既是为了吸引人才，为青年技术移民提供优越的科研条件和较高的物质生活水平，也是为了避免劳动移民对本国劳动力市场的冲击和减小本国公民的就业威胁（刘程，2015）。

3. 俄罗斯

俄罗斯青年政策的形成和发展分为三个重要的历史阶段，第一阶段为国家青年政策的制度化时期（1991～1996年），第二阶段是国家青年政策的稳定发展时期（1997～2001年），第三阶段是国家青年政策方案的多途径寻找时期（2002年至今）（李春雨，2016）。

第一，制度化时期（1991～1996年）。

俄罗斯的青年政策在苏联时期已经开始孕育，以法律来维护青年生存、发展、就业等各种基本权益，提高青少年的身体、精神和道德素质，促使青少年全面发展。苏联政府于1991年4月制定《关于苏联青年政策的总体发展原则》。同年，政府设置了青年政策发展委员会，从组织方面来帮助青年实现就业、创业，为青少年提供家庭支持。由于苏联解体前夕国家动荡不安的政治环境和严重恶化的经济形势，这一政策缺少足够的人财物力的支持，最终没有得到贯彻实施（徐娜、肖甦，2017）。

苏联解体后，俄罗斯成立新的青年发展机构，负责制定和实施青年政策，解决社会转型背景下产生的各种青少年问题。1992年青年儿童组织举行了"我们的诉求希望被听到"的全俄运动，俄罗斯发布第1075号令《国家青年政策紧急措施》（1992年法令）。在俄罗斯的社会转型期，该法令的出台不仅在促进青少年自身和社会健康发展方面具有极为重要的意义，也奠定了国家青少年政策的基本框架。该法令突出了青少年政策在国家社会政策中的优先地位，规定和维护了与青年相关的各个领域的基本权利，抑制了青年群体的反社会和分离主义的思想和行为，提高了青少年对国家和政府的信任感，解决了青少年的思想问题，起到了稳定社会的作用。另外，该法令以"为青年公民社会化发展创建良好社会条件，最大限度激发青年服务社会和发展社会的个体潜力"为宗旨，概述了未来国家青年政策实施的基本方向，即保护青少年的基本权利，促进青少年的身心发展，为青少年实现劳动就业提供制度保障，为青少年家庭提供最低限度的社会保障服务，为有为青少年提供各种服务，为国内青少年组织与国际青少年组织之间的交流提供途径。该法令是在后苏联时期第一次以立法形式加强青少年在社会经济和法律方面的制度化保障。俄罗斯依据1992年法令创立了俄联邦青年委员会，提高了青年在各个领域中的主体地位，以及政府实施青年政策的执行能力。1992年法令几经修改，一直沿用至2001年（李春雨，2016）。

俄罗斯政府于1993年制定了《俄罗斯联邦国家青年工作的主要方向》的决议，该决议规定了国家青年工作的执行主体是国家政府、青少年事务机构、青少年组织和青少年群体成员。目的是促进青少年个人、青少年组织和青少年运动的发展，为促进青少年更好地融入社会、经济、政治和文化生活而创造有利的条件。决议把支持有为青少年、开发青少年的潜力、为青少年提供政策支持和服务、扶持青少组织发展等列为国家青少年政策体系的优先方向和主要内容。同年，俄罗斯联邦政府把每年的 6 月 27 日定为国家青年节。1994 年，俄罗斯制定了《联邦专项计划"俄罗斯青年"》，使支持青年发展的政策体系变得更加微观、具体和具有可操作性。其中包括建立健全青年信息系统、建立青少年家庭支持体系、解决青少年的居住和医疗等问题、支持和鼓励青年就业和创业、开发青少年的潜力、发展青少年体育教育和爱国主义教育、挖掘天才少年、加强国际青少年的交流与合作等 15 项政策措施（徐娜、肖甦，2017）。政府为了提高青少年参与社会的积极性，支持青少年组织和青少年运动，于 1995 年出台《国家支持青少年社会组织法》，该法律规定了青少年组织拥有独立法人资格的条件。国家为青少年组织提供资助，以法律形式明确了青少年组织在社会中的地位。在保障青少年组织的发展，支持青少年组织的事务，为其提供一个宽松的政策环境的同时也维持和规范了青少年组织的行为。

截至 1996 年底，在俄罗斯已经形成了地区和地方两级青年政策组织机构。地区机构包括部委、委员会、中央机关、青年事务委托部门、青年政策问责机关和青少年政策顾问机关等，在地方建立专门的青年事务机构。这一时期的俄罗斯青年政策既考虑了本国的实际情况，也借鉴了国际组织和一些发达国家的经验，包括青年政策制定的目标、原则、具体内容和执行方式等国外经验。这一阶段的俄罗斯青少年政策体系的权力机关区分了国家青年政策财政预算（资助正式和非正式的青少年组织的项目等）和政策制定以及制定的职责，把国家青年政策的责任明确到国家机关、政府部门官员、青年组织、青年协会、青年公民等主体（李春雨，2016）。

第二，稳定发展时期（1997~2001 年）。

1997 年 6 月，俄罗斯联邦政府制定了《联邦专项纲要"俄罗斯青年 1998～2000"》，青年工作的开始以阶段性计划的方式实施。该计划强调优先解决青年就业、帮助青年家庭、资助青年人才发展、鼓励青年组织发展、开展青少年爱国主义教育、预防青少年违法犯罪行为等 8 个方面的问题。从此，俄罗斯青年政策的发展走上了以阶段性规划的方式来实现中长期目标的轨道（徐娜、肖甦，2017）。

在这一阶段，确保国家青年政策执行的国家机构或组织发生了很大变化。1992 年俄联邦政府成立了第一个青年事务专属管理部门，即俄罗斯联邦青年事务委员会，于 1996 年变成俄罗斯联邦青年事务国家委员会。1998～2000 年，委员会几经撤销然后又恢复。2000 年俄罗斯联邦青年事务委员会的相关职能转接给俄联邦教育部，2007 年 9 月，根据第 1274 号总统令，再次成立了俄联邦国家青年事务委员会；2008 年 5 月，该机构更名为俄联邦青年事务署；2013 年，俄联邦教育与科学部成立了国家青少年培养政策司，直接负责俄罗斯青年政策制定工作，青年政策相关方案的组织和落实工作交由俄联邦青年事务署全面负责。

进入 21 世纪，俄罗斯政府更加重视青少年政策的发展，以"五年规划"的形式推进青少年事业发展。新千年伊始，俄罗斯就制定了青少年发展的第一个"五年规划"——《联邦专项纲要"俄罗斯青年 2001～2005"》。该规划的目的是完善青少年政策相关的法律法规，组织机构建设和经济资助制度，培育青少年的公民意识，鼓励青少年积极参与社会建设（徐娜、肖甦，2017）。此后，每隔五年俄罗斯联邦政府就会颁布新的青年政策五年规划纲要，对过去五年的青年政策的工作成就和存在的问题进行回顾，对未来五年青年政策的任务做出重新安排和完善。俄罗斯青年政策的实施步入了正轨，进入了法制化的轨道，青年政策不断完善，青年工作的发展具有稳定性、持续性和连贯性。

第三，多途径寻找时期（2002年至今）。

这一阶段的青年政策的"五年规划"继续实施，除了2000年颁布的《联邦专项纲要"俄罗斯青年2001~2005"》之外，迄今为止先后颁布了《联邦专项纲要"俄罗斯青年2006~2010"》、《联邦专项纲要"俄罗斯青年2011~2015"》和《联邦专项纲要"俄罗斯青年2016~2020"》。俄罗斯政府连续颁布的青年政策纲要在这20年间主要解决了青年发展的文化性问题和结构性问题。一方面主要帮助青年树立正确的价值观念以解决其成长中的价值困惑，另一方面是完善青年家庭、健康、教育、就业、社会流动和社会参与等方面的机制（徐娜、肖甦，2017）。

另外，这一时期的青年政策还体现在两个文件上，即《政治社会活动专家》系列文件、《青年领袖协会章程》（2005年）。第一个文件主要内容包括，从国家安全角度来讨论和制定青年政策方案。青年政策的最主要群体青年，既包括14~30岁的青年，也包括7~14岁儿童向青年期过渡的未成年群体。青年政策的实施对象不只是青年自身，还包括青年父母、学校、社区、社会组织等其他与青年相关的主体。青年的受教育年限要延长至18岁，明确青年是青年政策的主体地位，而执行青年政策的国家权力机关、社会青年组织、各类青年协会等组织要以服务青年为中心，为青年发展提供各类社会公共服务和资助项目活动。第二个文件在2005年颁布，通过青年工人论坛讨论，完成了修订。该文件确定青年年龄范围为14~25岁，明确青年在国家建设中的社会地位，规定青年的生活福利高于一般富裕公民，限制贫困青年的比例，把保障青年工作放在社会保障工作的优先地位；设立公共-国务院落实青年政策战略；规定要增加青年工作方面的财政预算、加强政策效果（包括综合指标、预期指标、实践指标和影响力指标等）评估（李春雨，2016）。

2013 年，俄联邦教育与科学部命令创建了培养青少年的国家政策部门，当时这个政策部门执行制定俄联邦国家青年政策功能，计划活动也由俄联邦青年事务署管理。在尝试很多失败的青年政策工作后，2014 年 11 月，俄联邦政府通过了《2025 年前俄联邦国家青年政策准则》，提出国家在未来十年的主要工作内容，即培养青年思维的独立性和创新性，培养青年的有责任心的高尚品质，培养青年关注国家、民族、家庭福祉的公民意识，提高青年的受教育水平和职业技能，进一步明确了未来青年政策的建设方向和发展趋势（雷蕾，2017；李春雨，2016）。

在青少年事务的机构保障方面，国家青少年培养政策司和联邦青年事务署是目前俄罗斯青年事务管理领域的专属机构，二者在管理青年事务上既有分工又有合作。国家青少年培养政策司除负责制定青年政策之外，还负责与青年发展相关的政策制定和项目活动，例如负责儿童补充教育、俄语教育、青少年国际合作、传播与推广等领域的政策制定，负责"发展青年自组织"、"青年经验交流项目"和"天才青年支持计划"等项目的推广和实施。联邦青年事务署是联邦执行权力机关，负责管理国家青年政策相关的资金，负责加强与青年群体、社会青年组织和其他相关单位的联系，共同协助培养青年健康的生活方式，保障青年爱国主义教育和道德教育等活动的开展，为青年提供职业教育培训和就业咨询，促进青年就业。联邦青年事务署是具体落实青年政策的机构单位，目前下设"财政部"、"青年方案项目部"、"国家公务和法律保障部"和"地区协调部"四个部门。同时设置了"俄罗斯青少年中心"、"国际青年中心"、"俄罗斯青年企业经营促进中心"和"俄罗斯青少年公民爱国主义教育中心"四个附属机构（雷蕾，2017）。

4. 韩国

（1）韩国青少年政策的法律基础。虽然韩国现代社会、经济、文化生活受到欧美模式的影响，西方价值观念、生活方式、行为模式对本国青少年自身塑造起到重要作用，但是韩国的教育却没有向西方模式发展，而是将受到中国儒家文化影响的传统文化教育很好地和西方现代文明相融合，其优势得到继承和发展（高峰，2000）。重视青少年工作和青少年教育，完善青少年政策，成为韩国腾飞的重要因素（李志红，2005）。韩国青少年工作的宗旨是主张培养青少年成为具有正直、热爱自然与科学、团结一心等高尚品质的栋梁，使他们面向未来、走向世界、振兴祖国，实现人类的自由与幸福（高峰，2000）。

韩国政府为了抓好青少年工作，保障青少年政策的实施，为青少年培养的目标、方针和政策提供了强有力的法律保障。韩国政府于1990年制定和出台了《青少年宪章》，该法律明确了国家、家庭、学校、社会组织等在促进青少年健康成长中应承担的相应的责任，为各部门工作领域中的青少年政策制定与实施提供了法律依据和基本框架。1991年，韩国制定了《青少年基本法》，该法共十章76条款项，主要政策内容包括实施青少年工作者的培训、促进青少年活动项目的开发和推广、完善青少年福利政策、加强青少年的活动设施建设、设立青少年发展基金等措施（李志红，2005）。该法律在2003年进行了修订，增加了扩大青少年的社会参与、设立总统青少年工作会议和建立青少年发展中心等内容。修订之后的法律于2005年生效并正式实施。基本法的实施，为其他有关青少年的法律和政策制定提供了法律基础和基本框架，为韩国青少年的健康成长和青少年工作提供了最基础的法律保障。另外，韩国还颁布了《青少年保护法》、《青少年福祉法》、《青少年活动促进法》和《学校保健法》等其他专门的法律，这些法律与《青少年基本法》一起构成了韩国青少年政策实施的法律基础，在这些法律和政策框架下，韩国制定了包括青少年福利政策、保护政策、社会参与政策、培训政策等在内的全面系统的青少年政策体系（高峰，2000）。

（2）韩国青少年政策的目标、任务和机构设置。韩国于2005年成立了总管青少年事务的最高行政机构——国家青少年委员会，直属于国务总理室，负责制定青少年政策的总体发展规划和目标（王冬，2007）。除了国家青少年委员会之外，韩国还有总统青少年工作会议、国家青少年管理委员会和国家青少年参与委员会等一些青少年专门机构，另外还有韩国的教育人力资源部、保健福祉部、劳动部、法务部等机构来负责一些具体领域的青少年事务，这些机构在青少年政策制定中发挥分工和合作的职能。总统青少年工作会议每年召开讨论与青少年相关的会议，形成会议报告提交给相关执行机构，这些报告内容会在执行机构制定的政策中体现。国家青少年管理委员会和国家青少年参与委员会负责调查和了解青少年需求，然后反馈到青少年政策制定部门，青少年诉求被纳入政策制定之中，由此青少年主体很好地参与到了政策制定的过程中。

韩国青少年政策的基本目标是“加强青少年力量”（王冬，2007），主要任务是：为青少年建设社会安全网络，提供青少年社会参与的机会，提高青少年参与权利和改善青少年发展环境。为了鼓励和引导全体人民参与到青少年发展事业中，韩国把每年的5月定为青少年月。

（3）青少年的社会参与政策。为了优化青少年的社会参与环境，韩国政府重视青少年活动设施建设、开展青少年活动项目、支持国际青少年交流、鼓励青年志愿者活动、积极推进教育改革、促进青年就业等。为了促进青少年的均衡发展，国家青少年委员会开发了一个用于全国青少年组织和培训设施方面的青少年活动项目基本模型，利用书籍、媒体等途径向他们提供所需要的支持信息，为促进他们的社会参与提供了很多的服务（刘学胜，2006）。

为青少年搭建交流平台、促进青少年社会参与，韩国政府重视青少年活动设施的建设。青年活动设施分为青年培训设施和青年功用设施。青年培训设施根据不同的功能定位、实施项目和已有条件被叫作不同的名称，如青年培训协会、青年培训中心、青年文化之家、青年营地等。韩国还设立了国家青年培训中心和中央青年培训中心，并将它们作为国家核心设施进行管理，主要职能为指导青年培训活动的开展。此外，为了加强青年不同文化间的国际交流，2000 年，韩国设立了国际青年中心，主要负责青年群体和青年组织的国际交流与合作。青年功用设施的建立旨在开展健康的青年活动，一切有利于合理利用青年空闲时间的青年设施都包含在青年功用设施里，例如体育馆、继续教育中心、科技建筑、国家自然社区福利中心、植物园等（刘学胜，2006）。

为了鼓励青少年志愿者活动参与，促进其社会融入和社会参与，韩国在全国道、市地区建立青少年志愿服务中心，并且计划将青少年志愿者中心推广到市、县和区级行政区，鼓励青少年在政策制定、环境保护、社区建设等方面发挥积极作用（刘学胜，2006）。

（4）青少年保护政策。韩国对失足青少年的司法政策以教化为主，国家、家庭和社会多方采取相关指导和措施来预防青少年犯罪。

韩国的警察机构和青年指导组织设立了青年咨询服务中心，服务中心的咨询员可以通过面对面、电话、网络等多种途径倾听青少年的心声，发现青少年所面临的问题，找出解决问题的方法，并且为青少年提供其他服务，例如预防犯罪的课程培训、法律咨询等。为了防止不法青少年重复犯罪，地方警察机构与青年组织进行合作，开展"关爱课堂"的课程活动，通过讲解成年人在初中和高中的犯罪行为，并对其行为进行反思，以此来预防青少年犯罪（刘学胜，2006）。

韩国政府于2003年9月建立了青年中心，对受虐待青少年、离家出走青少年、性犯罪的受害青少年、吸毒青少年等特殊青少年群体提供一站式的综合服务，对处于危机的青少年实施救援，对受害青少年进行补救性帮助。为优化青少年成长的社会环境，政府加强对青少年有害环境的控制，以法律限制酒吧和游戏室等对青少年有不良影响商业设施的开设；为净化网络环境，抵制网络媒体的不良信息对青少年的负面影响，预防青少年网瘾和网络犯罪，韩国国家青少年委员会制定了青年保护综合控制的法案；开展媒体教育项目，对青少年进行网络教育；开展青少年巡查计划，培养青少年识别周边有害环境的能力，提高自我保护意识和生活技能；该计划提倡为青少年赋权，鼓励青少年主动采取行动抵制有害信息，树立健康的公民意识（刘学胜，2006）。

（5）青少年福利政策。韩国对青少年提供的福利主要针对处于困境中的特殊青少年群体，包括为青少年提供咨询辅导服务、为离家出走的青少年提供庇护所等。

韩国政府部门，如国家青少年委员会、教育人力资源部、劳动部、法务部等部门依据部门职能，为青少年提供了更为专业、有效的咨询服务。社会上的很多民间青年组织也会向青少年提供各种咨询服务，为他们解决各种问题提供一些建议和指导。另外，针对低收入地区的青少年易于产生自卑感和疏远感问题，韩国建立了青少年学习室。通过提供课余学习场地和为处于困难时期的青少年提供学习指导和咨询服务，使他们能够健康成长。

由于离家出走的青少年更容易发生犯罪行为，例如偷盗、吸毒等，因此要采取措施预防青少年离家出走。韩国从1996年开始在主要城市全力推进青年庇护所的建设。随着青年庇护所日益成熟，其功能范围不断扩大，服务类型呈现多样化趋势，从最初的仅为离家出走的青少年提供临时性的保护，发展到为离家出走青年提供教育辅导、专业咨询、生活指导等服务。并且青年庇护所通过开展街头咨询服务和组织离家出走运动等活动形式，减少潜在青少年离家出走的现象（刘学胜，2006）。

二 中国青少年政策的现状、问题与建议

（一）中国青少年政策的现状

2017 年，中共中央、国务院印发《中长期青年发展规划（2016～2025 年）》，该规划涵盖青少年成长中的诸多方面，从思想道德、教育、健康、婚恋、就业创业、文化、社会融入和社会参与、维护合法权益、预防违法犯罪、社会保障十个领域提出了具体可行的发展目标。提出了要开展青年马克思主义者培养工程、青年社会主义核心价值观培养工程、青年体质健康提升工程、青年就业见习计划、青年文化精品工程、青年网络文明发展工程、中国青年志愿者行动等十个重点项目，以解决各个领域中青年发展所面临的突出问题。该规划是新中国历史上的第一个青年发展规划。青少年是国家的未来、民族的希望，我国越来越重视青少年政策体系的建设。不仅党和国家出台一系列法律法规来保障青少年群体的各项权益，各个地区、各个部门也根据当地青少年的实际情况，更新或重新制定有利于青少年发展的规划文件，并建立相应的管理机制，开展青少年服务活动等来促进青少年的德智体美劳全面发展。目前我国基本上已经建立了多方面、全方位、多途径的青少年政策体系。

1. 青少年的基本权利和司法保护政策

《宪法》是我国的根本大法，具有最高的法律地位和最高的法律效力，是制定普通法律的依据。青少年是自然人群的重要组成部分，除了极个别针对一些其他特殊群体的条款，青少年与其他公民同样享有宪法所规定的基本权利。这些基本权利内容包括：选举权和被选举权；言论、出版、集会、结社、游行、示威、罢工自由；宗教信仰自由；人身自由；劳动权；休息权；获得社会物质帮助权；受教育权；进行科学研究、文艺创作和其他文化活动的自由；男女平等、婚姻自主；申诉、控告权等。另外，考虑到青少年处于生命周期、教育阶段、就业等不稳定的特殊时期，宪法明确提到把青少年作为特殊保护群体，培养青少年在品德、智力、体质等方面全面发展，规定父母抚养教育未成年子女的义务，禁止虐待儿童等。除了《宪法》，还有一些普通法律，例如《未成年人保护法》、《义务教育法》、《妇女儿童权益保障法》和《收养法》等专门法律，来保障青少年、特殊青少年群体（例如女性青少年、残疾青少年等）的基本权利。

我国各个部门通过法律法规、规范性文件、服务活动等各种形式全面加强对青少年的司法保护。在法律法规方面，1992年，我国出台第一部青少年的专门法律，即《未成年人保护法》，该法律规定未成年人是指未满十八周岁的公民，明确规定了未成年人所享有的权利，以及保护未成年人的工作所应遵循的三条原则，规范家庭、学校、社会和司法各个领域的行为职责。1999年，我国制定并实施《预防未成年人犯罪法》，该法律主要内容从预防未成年人犯罪的教育、对未成年人不良行为的预防、对未成年人严重不良行为的矫治、未成年人对犯罪的自我防范和对未成年人重新犯罪的预防五个方面来预防未成年人犯罪。该法律主要对未成年人的父母、学校、居住社区以及相关的政府部门、商业场所等主体对于未成年人保护履行的职责进行强有力的规范。这两部法律为维护青少年的合法权益提供了明确的法律依据，对于改善未成年人的成长环境，促进其身心健康，以及在品德、智力、体质等方面全面发展具有重要意义。另外，我国的《刑法》涉及"奸淫"、"猥亵"、"拐卖"、"虐待"、"遗弃"、"引诱"和"教唆"等针对儿童或青少年的十多项罪行，并且明确规定在司法实践中对这些罪行实行"从重处罚"，另外，《治安管理处罚条例》、《刑事诉讼法》、《监狱法》等法律中都涉及对青少年的司法保护（陈涛，2003）。

在规范性文件方面，2010 年共青团中央联合印发《关于进一步建立和完善办理未成年人刑事案件配套工作体系的若干意见》，提出要建立健全办理未成年人刑事案件专门机构，加强对涉案未成年人合法权益的保护，以及对未成年被害人、证人合法权益的保护，加强公安机关、人民检察院等部门的协调与配合，完善与未成年人刑事案件相关的协调和监督机制。[1] 2012 年，"两高三部"印发《关于建立犯罪人员犯罪记录制度的意见》，提出要建立未成年人犯罪记录封存制度，并对未成年人犯罪记录进行封存的条件作了详细规定。2015 年，为更好地加强对未成年人的司法保护，最高人民检察院制定并印发《检察机关加强未成年人司法保护八项措施》，突出强调检察机关在保护未成年人合法权益方面要切实履行的职责，规定要建立健全司法制度和机制，在各检察工作环节和诉讼阶段等全方位加强未成年人检察工作，检察机关内外推动形成未成年人司法保护力量的全整合。[2] 同年，"两高两部"联合制定和印发《关于依法办理家庭暴力犯罪案件

---

[1] 中央综治委预防青少年违法犯罪工作领导小组、最高人民法院、最高人民检察院、公安部、司法部、共青团中央印发《关于进一步建立和完善办理未成年人刑事案件配套工作体系的若干意见》，http://www.spp.gov.cn/spp/gfwj/201208/t20120830_365570.shtml。

[2] 最高人民检察院印发《检察机关加强未成年人司法保护八项措施》，http://www.spp.gov.cn/zdgz/201505/t20150527_98100.shtml。

的意见》，提出要加强对未成年人的特殊保护，当未成年人受到家庭暴力时，人民检察院和人民法院应当帮助其申请法律援助，并按照未成年人所遭受家庭暴力的不同类型，根据犯罪的事实、犯罪的性质、情节和对社会的危害程度，依据《刑法》进行准确定罪处罚。①

在服务活动方面，我国共青团和最高检通过开展活动、建立设施等方式为青少年提供司法方面的服务。2005 年，共青团中央联合中央综治委预防青少年违法犯罪工作领导小组办公室发出通知，要求在全国范围 12355 青少年服务台，为青少年提供法律维权和心理咨询服务。2013 年，共青团中央维护青少年权益部开展重点青少年群体教育帮助和预防犯罪工作，主要服务对象是闲散青少年群体、有不良行为或严重不良行为的青少年群体、流浪乞讨青少年群体、服刑在教人员未成年子女群体和农村留守儿童群体。最高检联合教育部深入开展"法治进校园"全国巡讲活动；2015 年底，最高检为了进一步强化和推动未成年人检察工作，专门成立了未成年人检察工作办公室；截至2016 年底，最高检推动建立 2074 个青少年法治教育实践基地。

2. 青少年的教育政策

青少年教育政策的一个重要指导思想源于 1953 年毛泽东结合青年团的工作所做的一次讲话，即《青年团的工作要照顾青年的特点》。在讲话中，毛泽东指出青年团的工作应根据社会制度、依据照顾青年的特点和他们的特殊需求，扩大青年的权利。1955 年中共中央转发青年团上海市委《关于加强培养青年共产主义道德品质、抵制资产阶级思想侵蚀的报告》，1956 年中共中央批转青年团中央书记处《关于在职知识青年向科学进军的情况的意见》。新中国成立初期的青少年

---

① 最高人民法院、最高人民检察院、公安部、司法部印发《关于依法办理家庭暴力犯罪案件的意见》，http://www.court.gov.cn/fabu-xiangqing-13616.html。

相关政策重点在于引导青少年学习社会主义的各项规章制度，培养青少年共产主义道德品质并积极抵制资产阶级思想侵蚀，解决青少年的思想问题，并且鼓励青少年的劳动热情，为新中国成立初期巩固政权，进行战后重建及经济建设都做出了一定的贡献，这与当时的中国国情相适应（苏兰、苏春，2016）。

"文革"时期，教育制度陷入瘫痪状态。"文革"后期，教育事业才有所恢复。

改革开放以来，我国青少年教育事业取得了快速发展，国家先后于1978年、1994年和1999年召开三次全国教育工作会议，对教育工作进行部署，先后出台了《中共中央关于教育体制改革的决定》、《中国教育改革和发展纲要》、《中共中央、国务院关于深化教育改革全面推进素质教育的决定》等重要文件（中国青年政治学院"中国青少年政策"课题组，2001a）。1980年和1981年，我国先后制定和实施《中华人民共和国学位条例》和《中华人民共和国学位条例暂行实施办法》，建立了中国学位制度。1985年，全国共青团思想政治工作会议上提出，要培养"四有"新人。1986年，我国颁布《义务教育法》，该法律规范各个主体和领域的行为责任来保障义务教育的实施，主要从学生、学校、教师、教育教学、经费保障等方面进行详细的规定。该法律规定国家实行九年义务教育制度，青少年享有平等接受义务教育的权利和履行接受义务教育的义务，各级政府及其相关部门、村居委员会、父母、学校、社会组织等有督促青少年接受义务教育的责任，同时也要为残疾青少年和具有《预防未成年人犯罪法》规定的严重不良行为的青少年设置专门的学校实施义务教育，将义务教育经费全面纳入财政预算，增加对义务教育的投入，设立义务教育专项资金，以资助农村和民族地区的义务教育，鼓励个人和社会组织同义务教育捐赠等。另外，《义务教育法》中明确规定，义务教育实施素质教育，学校应当把德育放在首位，禁止将学校分为重点学校和非重点学校。进入 90 年代，我国的教育立法进一步加快步伐，《教师法》、《教育法》、《职业教育法》和《高等教育法》等 6 部教育法律、16 部教育行政法规、200 部教育行政规章相继实施，还有保障青少年各项权益的《未成年人保护法》（陆玉林，2000；中国青年政治学院"中国青少年政策"课题组，2001a）。

值得注意的是，1995 年 3 月 18 日第八届全国人民代表大会第三次会议通过的《教育法》是我国教育工作的根本大法，在我国教育法规体系中处于"母法"地位，之后在 2009 年和 2015 年对该法进行第一次和第二次修正。《教育法》中规定了青少年享有平等的受教育机会，国家实行的教育基本制度，国家机关、企业事业单位、社会团体及其他社会组织、家庭和个人应该为青少年身心健康成长营造良好的社会环境。另外，《教育法》在教学质量、教师素质、教育投入、教育对外交流与合作等方面做出了全面的规定，并且严厉打击与教育相关的违法犯罪行为，维护教育公平。

2001 年，政府开始对农村义务教育阶段贫困家庭学生就学实施"两免一补"的资助政策，即"免杂费、免书本费、逐步补助寄宿生生活费"；2007 年，全国农村义务教育阶段家庭经济困难学生均享受到了"两免一补"政策。该项政策有利于促进减轻农民负担、加快贫困地区脱贫致富步伐、解决好"三农"问题、加快农村义务教育事业的发展。

另外，国家各个部门出台了一些专门的教育事业方面的规划。例如，2006 年制定《教育部司法部全国普法办关于印发〈青少年法治教育大纲〉的通知》（教政法〔2016〕13 号），2010 年发布《国家中长期教育改革和发展规划纲要（2010～2020 年）》，2017 年发布《国务院关于印发国家教育事业发展"十三五"规划的通知》（国发

〔2017〕4号）等。以上教育法律法规和规划等政策基本上都关注到少数民族青少年、残疾青少年、家庭经济困难青少年和有违法犯罪行为的青少年，充分保障了青少年平等享有教育的权利，保证了义务教育的强制实施，对于提高中国全民素质具有重大意义。

我国青少年教育政策包含在各种文件中，没有完整的政策体系，其制定、执行、督导和评估也是由多部门、多方面共同承担。现行青少年教育政策主要由三个方面的权力机关制定，即党的机关、国家立法机关、国家行政机关。党的机关包括党的最高领导机关和党的地方各级领导机关。青少年教育政策的执行也是多渠道、多方式的，主要是通过党的组织、国家各级机关、群众团体和广大人民群众贯彻执行，自上而下实施的整个过程。国家实行基础教育督导制度，教育督导的机构从中央到县分为国家、省、地（市）和县（区）四级（陆玉林，2000）。

3. 青少年的健康政策

健康权是人类生存的最起码的基本权利，《民法通则》和《刑法》等法律对侵害公民生命健康权利的行为予以严厉打击。青少年正处在身心发育的关键时期，其健康成长受到周围环境的影响，青少年身心健康发展的权利需要国家、家庭、社会、学校等几个主体的协力保护。2016年，中共中央、国务院印发《"健康中国2030"规划纲要》，这是中华人民共和国成立以来首次在国家层面提出的健康领域中长期战略规划，纲要在序言中提出"健康是促进人的全面发展的必然要求，是经济社会发展的基础条件。实现国民健康长寿，是国家富强、民族振兴的重要标志，也是全国各族人民的共同愿望"。纲要提出了建设健康中国的战略主体是"共建共享、全民健康"，并且提出了健康中国建设到2030年在各个领域中所要达到的指标，这使该纲要不仅具有战略指导性，还有很强的可操作、可测量性。另外，在晋及健康生活、优化健康服务、完善健康保障、建设健康环境方面进行了详细的规划，而青少年是健康中国建设所要关注的重点人群之一。

针对青少年群体的特点、身心发展的特殊需求、可能存在的健康风险和当前已经出现的健康问题，各个部门出台了相应的对策，强制和倡导从家庭、学校、社会、司法等多方统筹协调，共同为青少年身心发展创造良好的环境。《未成年人保护法》对家庭、学校和社会对于青少年健康的责任和义务进行了明确的规定。其他相关政策文件有，《关于创造良好社会环境保护中小学生健康成长若干意见的通知》、《国务院办公厅关于进一步加强互联网上网服务营业场所管理的通知》（国办发〔2001〕21号）、《中共中央、国务院关于加强青少年体育增强青少年体质的意见》（中发〔2007〕7号）、《关于整顿、清理书报刊和音像市场，严厉打击犯罪活动的通知》、《全国精神卫生工作体系发展指导纲要（2008~2015年）》、《全国亿万农民健康促进行动规划（2006~2010年）》、《国务院关于印发"十三五"卫生与健康规划的通知》（国发〔2016〕77号）、《关于加强心理健康服务的指导意见》等。以上文件中的政策措施考虑到了影响青少年的多个主体，涉及了青少年的体质健康和心理健康，也关注到了农村留守青少年等特殊群体，对影响青少年的商业场所进行了限制。其中，《中共中央、国务院关于加强青少年体育增强青少年体质的意见》（中发〔2007〕7号）和《关于加强心理健康服务的指导意见》分别详细地规定了促进青少年体质健康和心理健康的重要政策。前者提出了实施《国家学生体质健康标准》、把健康素质纳入衡量学生全面健康发展的重要指标、开展"全国亿万学生阳光体育运动"、为学生减负、锻炼等增强青少年体质的9项措施。后者的主要内容包括，提出各级政府和部门要将青少年心理健康服务作为工作重点，共青团等组织要与学校、家庭、社会携手，开展心理健康促进活动，提高学生自我情绪调适能力，尤其要关心留守儿童、流动儿童等特殊群体的心理健康问题，为遭受校园暴力、家庭暴力、性侵犯等的儿童青少年提供及时的心理创伤干预，通过建立健全心理健康服务网络，搭建基层心理健康服务平台等。

其中，学校是青少年成长中极为重要的主体，为了预防学校环境对青少年身心健康的潜在危险，相关部门出台了《学校卫生工作条例》、《国家学校体育卫生条件试行基本标准》、《关于进一步加强学校卫生管理与监督工作的通知》（卫办监督发〔2010〕30号）、《中小学生健康体检管理办法》、《国务院办公厅关于强化学校体育促进学生身心健康全面发展的意见》（国办发〔2016〕27号）、《教育部关于印发〈普通高等学校健康教育指导纲要〉的通知》（教体艺〔2017〕5号）、《加强中小学生欺凌综合治理方案》，主要内容是对学校各个方面的卫生进行管理和监督，对青少年实施健康教育，增强学生的健康意识，培养健康的生活方式，提高维护性与生殖健康的能力，预防中小学生欺凌行为的发生，掌握常见突发事件和伤害的应急处置方法，建立健全防治中小学生欺凌综合治理长效机制，为中小学生提供一个健康安全的校园环境。

另外，为了解决青少年容易遭受的健康问题，相关部门出台了专门的应对政策。例如，青少年作为防治艾滋病病毒感染的高危人群之一，以及基于青年学生艾滋病感染人数增加较快的现实，从2000年开始，国务院办公厅制订遏制和防治艾滋病的五年中长期行动计划。2017年发布的《国务院办公厅关于印发中国遏制与防治艾滋病"十三五"行动计划的通知》（国办发〔2017〕8号）提到，应当强化对青年学生这一重点群体的艾滋病感染风险及道德法治教育，提高自我防护能力，避免和减少感染艾滋病行为。

世界卫生组织最新研究报告显示，2017年中国小学生的近视率接近40%，高中生和大学生的近视率均已超过七成，并逐年增加，青少年近视率高居世界第一。① 青少年近视问题近些年来一直被国家重视，为有效控制我国儿童青少年近视发病率，提高儿童青少年视力健康水平，教育部制定了《中小学学生近视眼防控工作方案》、《中小学学生近视眼防控工作岗位职责》和《中小学学生预防近视眼基本知识与要求》，国家卫生计生委、教育部、国家体育总局办公厅联合印发了《关于加强儿童青少年近视防控工作的指导意见》（国卫办妇幼发〔2016〕43号）。

针对贫困农村地区青少年的营养不良等健康问题，2011年11月23日，国务院办公厅印发《关于实施农村义务教育学生营养改善计划的意见》，其主要内容包括认识农村学生义务教育期间营养计划的重要性、制订和实施营养改善计划、重视食品安全、加强领导和确保各项工作落实四个部分。2012年5月23日，教育部、中宣部等15部门印发《农村义务教育学生营养改善计划实施细则》。2017年《关于农村义务教育学生营养改善计划实施情况的报告》中显示，“2014年11月，中央财政对699个国家试点县农村义务教育学生营养膳食补助标准从每生每天3元提高到4元……截至目前，全国共有29个省（京、津、鲁单独开展了学生供餐项目）1590个县实施了营养改善计划。其中，699个县开展了国家试点，891个县开展了地方试点，覆盖学校13.4万所，受益学生总数达到3600多万人”。② 营养改善计划对于切实改善农村青少年的营养状况，提高其健康水平具有重大意义。

4. 青少年的劳动就业政策

（1）青少年劳动者的权益保护。为了保护劳动者的合法权益，调

---

① http://tech.sina.com.cn/d/f/2017-06-12/doc-ifyfzhac1420116.shtml.
② 《关于农村义务教育学生营养改善计划实施情况的报告》，http://www.gov.cn/xinwen/2017-03/02/content_5172534.htm。

整劳动关系，建立和维护适应社会主义市场经济的劳动制度，促进经济发展和社会进步，我国制定了《劳动法》。该法律在维护劳动者自身权利方面，总则里规定劳动者享有在就业、择业、劳动报酬、休息休假、劳动安全卫生保护、职业技能培训等方面的劳动权利。该法律规定禁止雇用未满 16 周岁的未成年人。为了进一步对禁止使用童工政策细化，保护青少年义务教育和健康权利，2002 年，国务院制定并实施了《禁止使用童工规定》，明确了我国最低就业年龄为 16 周岁，对雇佣单位或个人违法使用童工进行赔偿或处罚，以及受雇用童工受工伤的解决措施。

对于年满 16 周岁、完成了规定年限的义务教育且不再继续升学的青少年享有《劳动法》所规定的所有权利，并且规定青少年不能从事高强度、高风险的劳动，用人单位应履行对未成年工定期健康检查的义务。为维护未成年工的合法权益，保护其在生产劳动中的健康，劳动部于 1994 年发布《未成年工特殊保护规定》，详细规定了用人单位不得安排未成年工以及患有某种疾病或具有某些生理缺陷（非残疾型）的未成年工从事的劳动范围。

（2）大学生就业政策。青少年的就业问题实质是青年就业，青年大学生就业是其重要组成部分。在青年大学生具体的就业方面，我国根据发展的需要，采取了不同的就业政策。从中华人民共和国成立初期到 80 年代中期，在计划经济体制下，我国的高等教育从招生到就业都实行高度集中的计划管理模式。学校按指令性计划招生，毕业学生按照计划分配，这种"统包统分"的大学生就业政策是当时中国计划经济体制和缺乏人才的现实国情背景下的体系，这种国家宏观干预调控人才流向政策，在当时既保障了大学生就业，又保证了国家建设对人才的需要，有利于地区间的人才需求平衡和社会安定（吴庆，2005）。

改革开放以来，随着社会主义市场经济的发展，"统包统分"的就业分配制度越来越与经济发展不相适应，其弊端日益显露出来。该政策限制了大学生学习和工作的积极性和创造性，破坏了市场对人才的合理调控，单向就业束缚了企业的人事制度等。在此背景下，1985年5月27日中共中央发布《中共中央关于教育体制改革的决定》，明确提出要改革大学招生的计划制度和毕业生分配制度，改变国家计划统一招生和毕业生分配的体制，对于国家计划招生，"这部分学生的毕业分配，实行在国家计划指导下，由本人选报志愿、学校推荐、用人单位择优录用的制度"。这项政策的出台为以后进一步就业制度改革以及过渡到以自主择业和双向选择为特征的就业政策奠定了基础。1993年2月13日由中共中央、国务院颁布的《中国教育改革和发展纲要》，提出实行少数毕业生由国家安排就业，多数由学生自主择业的就业制度。1995年，国家教委出台《关于1995年深入进行普通高等学校招生和毕业生就业制度改革的意见》，提出要在实现两种招生计划形式"并轨"以后所招学生毕业生的范围实行本系统、本行业范围内自主择业，然后逐步过渡到大多数毕业生自主择业。

但是随着普通高等学校的扩招，高校毕业生年毕业人数以及累计人数增加，其就业形势日益严峻。2003年，国务院办公厅发布《关于做好2003年普通高等学校毕业生就业工作的通知》，提出鼓励高校毕业生到基层和艰苦地区工作，鼓励党政机关、各类企事业单位面向高校毕业生公开招聘，为高校毕业生办理户口和人事档案手续提供便利，鼓励高校毕业生自主创业和灵活就业等相关政策。之后，发布《国务院办公厅关于加强普通高等学校毕业生就业工作的通知》、《关于统筹实施引导高校毕业生到农村基层服务项目工作的通知》、《关于做好艰苦边远地区基层公务员考试录用工作的意见》等文件以及从2003年开始实施大学生志愿服务西部计划，主要内容包括鼓励青年毕业生到城乡基层、艰苦地区、中小企业和非公有制企业就业，鼓励高校毕业生自主创业，为用人单位提供贷款扶持，为青年毕业生提供就业服务和就业指导，为到基层或艰苦地区就业的毕业生提供政策组织保障和经费保障，为符合条件的自主创业毕业生提供税收优惠、创业经营场所安排、小额担保贷款、补贴、咨询等多项扶持政策，为困难高校毕业生提供就业援助等。2018年，教育部等六部门关于印发《职业学校校企合作促进办法》的通知，文件主要内容是，根据就业市场需求和企业工作岗位的需求，职业学校和企业联合开展学徒制合作，共同招收学生，实现学生的培养、实习实训和就业创业。这种政策有利于把学生培养和就业市场需求紧密结合，提高职业教育质量，促进学生就业。

5. 青少年的社会保障政策

青少年作为一个特殊的群体，面临失业、疾病、生育、住房等各种问题和风险，而社会保障政策是为青少年及其家庭抵御风险的重要制度设置，目前我国已经形成社会福利、社会保险、社会救助、社会优抚和安置等各项不同性质、作用和形式的社会保障制度，这些制度构成整个社会保障体系（中国青年政治学院"中国青少年政策"课题组，2001b）。

我国当前的社会保障体系中的社会保险政策在制定和推行的过程中同样会涉及青少年群体，直接关系到他们现在和未来的利益。例如，以养老保险保障青年职工退休后的基本生活水平，以医疗保险减轻参保人看病负担，以失业保险抵御失业风险，以工伤保险补偿工作中的意外伤害，以生育保险解决女职工因生育而产生的医疗费用、产假期间的生活津贴以及保护其合法权益，以住房公积金减轻青年购房压力。

我国专门针对青少年群体的社会政策，主要体现在对存在困难的特殊青少年群体的救助。例如，由于贫困地区的农村儿童、青少年的营养问题突出，生长迟缓、贫血、营养缺乏现象普遍，为了改善贫困地区和家庭经济困难学生的营养和膳食，提高其健康水平，2011年开始启动实施农村义务教育学生营养改善计划（简称"营养改善计划"）。教育部、财政部、人民银行、银监会发布《关于进一步完善国家助学贷款工作若干意见的通知》，进一步完善我国普通高校资助政策体系，加大了对普通高校经济困难学生的资助力度。各个普通高等学校都已建立了"绿色通道"，对被录取入学但经济困难的新生，一律先办理入学手续，然后学校会通过帮助他们申请国家助学贷款、勤工助学等方式来解决经济困难，帮助其顺利完成学业。

我国现行的青少年福利政策的主要形式分为两类：第一类是为特殊青少年群体建立的福利，如儿童福利院等以孤残青少年为主要对象的政策；第二类是针对一般青少年的福利服务政策，包括休闲娱乐服务、个人辅导服务、矫治感化服务以及其他福利服务方面的政策与措施等（中国青年政治学院"中国青少年政策"课题组，2001b）。在《未成年人保护法》中涉及一般性青少年群体的福利政策，主要内容是一些公益性福利设施应当对青少年免费或优惠开放，如爱国主义教育基地、图书馆、青少年宫、美术馆、文化馆、影剧院、体育场馆、动物园等场所，鼓励和支持中小学校的文化体育设施在节假日期间对未成年人免费或者优惠开放。

（二）中国青少年政策面临的挑战和存在的问题

1. 青少年政策制定和运行机制存在问题

（1）尚未建立全国统一的制定和实施青少年政策的部门。我国国家行政体系尚未建立全国统一的制定、执行和监测青少年政策和管理青少年事务的机制或机构。世界上大多数国家都设有主管青年事务的部门，然后由政府主管部门负责制定青少年政策的过程、开展青少年事务工作，政府具有制定政策、协调各个部门、调动资金、整合资源、监督评估等相应的权力与职责，这为国家有效地管理青少年事务提供了基础和保证（陆士桢、王剑英，2012）。在我国，青少年政策的制定和实施分散在各个部门，例如教育部、民政部、人社部、劳动部、财政部、卫计委、体育部、疾控中心等都出台过和青少年相关的政策。这些政府机构在管理国家事务中很多都可能会涉及青少年事务，但各个部门制定政策时的出发点是权衡整个系统管理的需要，它的对象是全部人口，虽然有涉及青少年群体，但青少年群体也被一般化到所有群体中，很难充分关注青少年群体的特殊需要，缺乏对青少年的整体发展进行积极考虑（郗杰英，2003）。也可能各部门制定政策时会考虑到青少年群体的特殊性以及与政策内容的适应性，从而在政策中着重强调青少年群体，即便如此，青少年政策也并非这些部门的核心内容。分散在各个文件中零散的青少年政策或是重复，或是缺乏一些重要政策，基本上都是一笔而过，没有具体详细的实施流程以及操作细则。没有一个制定青少年政策、管理青少年事务的专门机构，青少年政策的实施便没有强有力的牵头机构，导致这些政策的实施很难有效地解决青少年问题。虽然共青团组织受政府委托协助管理青少年事务，但是共青团组织作为群团组织，缺乏资金调配、调动资源、立法执法等执行行政事务的相关权力和相应资源（陆士桢、王剑英，2012）。

虽然我国在青少年政策的执行方面投入了大量的人力和物力，但是我国现有的青少年有关政策，从决策制定、规划实施到具体执行、评估监控的整个过程，并没有一个统一的部门来负责，缺乏一种将这一过程有机地联系和整合起来的机制，从而导致政策实施的实际效果不佳。由于多部门对青少年事务的分割与政策实施的不协调，既浪费资源，又效率低下（中国青年政治学院"中国青少年政策"课题组，2001b；李春梅，2008）。

（2）在青少年政策制定过程中缺乏青少年的主体参与。目前政策制定机构或连接政策制定与青少年群体之间的中介机构尚未与青少年群体建立完善的对话机制，虽然共青团已经建立了维护青少年权益部，专门负责青少年利益保护和诉求表达的工作，但是这些工作的对象主要是针对利益已经受到侵害的青少年，采取措施帮助他们进行事后维权。由于我国对青少年的诉求表达机制的建立没有明确的规定，很多领域没有设置，例如与青少年学习紧密相关的学校，因此其他一般青少年并没有更多的途径来表达诉求，也不能参与青少年政策的制定过程，导致很多青少年政策的制定没有切实反映青少年的需求。我国很多政策的内容仍是从政府自上而下布置工作的角度制定和推行的，而不是以青少年自身特点和需要为出发点来设计和实施的（中国青年政治学院"中国青少年政策"课题组，2001b）。政府采取青少年政策制定和实施自上而下的模式，使各部门总是以国家利益（政策符合当前中国经济建设与发展的需要）和所有人口的整体利益为核心，忽略青少年的需求和利益，这种政策制定与青少年实际问题、需求相脱节的情况，导致政策内容的可行性和科学性较差，使最终的实施成效大打折扣。

（3）法律法规政策与青少年群体不协调。虽然我国出台的很多法律都涉及青少年群体，也出台了专门保护未成年人权益的法律，如《未成年人保护法》、《预防未成年人犯罪法》和《义务教育法》等，还有适用于一般群体的《刑法》、《民法通则》、《劳动法》和《婚姻法》等，这些法律都与青少年权益密切相关，但是没有专门能够覆盖青少年群体的法律，导致法律之间有关青少年权益保护的内容有的互相重合，有的完全空白。这主要是因为，青少年群体的范围与儿童、未成年人、青年的范围并非完全重合。《未成年人保护法》给予特殊优先保护的各项权益主要适用于 18 岁以下的人群，其他法律很多适用于 18 岁以上的青年人群，二者既没有完全覆盖青少年，又包括了其他人群。这些法律很难把青少年不同阶段的不同问题同时考虑在内。例如，18~25 岁尚未全面参与社会生活的青年群体同样属于社会弱势群体，他们大多数是在校大学生，没有工作，没有收入或收入较低，又不属于《未成年人保护法》给予特殊优先保护的各项权益的对象。另外，青少年本身属于社会弱势群体，处于社会各阶层中较低的位置，很难发出声音表达自己的诉求，更难影响社会政策及其事务，同时，弱势的社会地位直接影响他们的社会参与，面临自身的生存危机，他们只能达到自身生理和安全方面的需求，自我提高和发展的机会较少，并且对突发的家庭事故和灾害等风险缺乏抵御能力，这些对他们的身心健康产生不利的影响（陆士桢、宣飞霞，2002）。因此，青少年需要政府建立独立的青少年部门，针对青少年自身的特殊性以及其发展中存在的问题，制定专门青少年政策，对其保障进行全面覆盖。

2. 青少年政策在内容上存在一些缺陷

（1）青少年政策中的各方职责不明确。虽然我国出台了一些法律，例如《未成年人保护法》和《预防未成年人犯罪法》等为维护青少年的权益、优化青少年的成长环境、促进青少年的身心健康等提供了强有力的法律保障。我国第一部全面的、综合的专门保护未成年人权利的基本法律《未成年人保护法》明确了"保护对象"和"保护主体"，比如规定是国家机关、武装力量、政党、社会团体等主体承担保护未成年人的责任；进一步规定中央和地方各级国家机关、国务院和地方各级人民政府领导有关部门以及协调相关部门做好未成年人保护工作，以及应该承担哪些职责；规定共产主义青年团、妇女联合会、工会、青年联合会、学生联合会等一系列社会团体要协助各级政府开展未成年人保护工作，维护未成年人的合法权益，各领域中的保护条文涉及较多的主体及其应该承担的比较笼统的责任。但是这些规定把凡是可能涉及未成年人事务的主体平行写在上面，包括规定中多次提到"相关部门"，这样造成的结果是法律出台之后，没有哪一个部门能够按照规定内容主动承担一些青少年事务，制定一些青少年政策。虽然《未成年人保护法》详细规定了家庭、社会、学校和司法对青少年保护的责任和行为规范，但是家庭、社会和学校对未成年人权益的保护都处于基层的政策执行环节，没有权威机构出台青少年政策。社会基层组织能够很好履行保护未成年人责任的是条款中的强制性规范，对于条款中规定的指导性的行为规范，如果没有专门负责该领域的部门出台详细的政策，这些规范很难得到有效的执行。因此，类似法律中的这些规定看起来主体明确，却没有明确的分工，导致对青少年权益保障的责任不清。

（2）青少年政策的可操作性和适用性较差。目前我国的青少年政策或法律法规的内容较为宏观、抽象，有些有具体的政策规定、实施细则作为补充。我国有关青少年政策普遍在涉及操作的层次上显得薄弱，相关规定较为粗糙，内容不够精细、具体和明确，整个政策体系比较缺乏具体实施规范和指引的部分。有的则因缺乏具体办法而很难执行，存在难以操作或执行的现象，导致政策的适用性较差，使内容流于一般性原则和空洞的宣言式表述的层面（中国青年政治学院"中国青少年政策"课题组，2001b；陆士桢等，2004）。

（3）对青少年的社会保障政策不全面。青少年政策的制定基本上围绕"生存与稳定问题"和"发展与服务问题"而展开，国家经济发展的阶段不同，对二者的侧重不同。西方发达国家的青少年政策更多地关注青少年的发展问题，力求为青少年提供更多的福利性支持，例如提供优质的服务、鼓励社会参与等。处于发展中阶段的中国，很多青少年政策关注"生存与稳定问题"，强调对困难青少年的救助，维护青少年的基本权益，注重对青少年的教化，加强对青少年进行管控，预防青少年犯罪行为发生。因此，在青少年社会生活和成长中直接关系到生存需求的领域，例如基本权益的法律界定与司法保护方面、特殊青少年群体的权益方面、教育权方面、健康与卫生保健方面等有关政策发展较快，内容比较丰富，达到了相对较为成熟的状态（中国青年政治学院"中国青少年政策"课题组，2001b）。在青少年发展的其他方面，缺乏专门的青少年社会保障政策，不能涵盖青少年社会生活与发展的所有方面。例如，在青少年的社会保险（如养老保险、工伤保险、医疗保险和失业保险）、青少年住房以及社会福利方面（个人辅导服务、休闲娱乐服务等方面）等政策内容不健全、不完善。尤其是青少年的社会福利政策，缺乏对多样性的青少年提供有针对性的服务。

（4）忽略促进青少年社会组织发展和鼓励青少年社会参与的相关政策。虽然我国在政府报告中反复强调青少年社会组织的重要地位以及鼓励青少年社会组织的发展，各地方政府也出台一些支持青少年社会组织发展的政策，但是国家政府相关部门很少有针对青少年社会组织而出台的专门政策，没有制定青少年社会组织的相关法律法规，尚未建立全国范围内管理和支持青少年社会组织发展的制度体系。我国青少年社会组织发展没有被有序地管理，尚未进入制度化、法制化的建设轨道，影响它们调动青少年群体参与社会各个领域、发挥推进社会进步力量的功能。

"参与"是联合国于1985年决定的"国际青年年"活动的口号之一，《到2000年及其后世界青年行动纲领》中指出，生活在不同发展阶段和不同社会经济环境的世界各地各国的青年都渴望参与社会生活。青少年的社会参与是欧盟青少年政策内容的重要方面，是中国历史上经济和政治发展的重要力量。近些年来，青少年积极参与到国家社会事务中来，例如奥运会等大型赛会、抗震救灾、下乡支教、参与西部计划等都会看到青少年群体的身影。但是目前我国缺乏鼓励青少年社会参与的相关政策，政府部门很少在青少年的社会参与方面采取积极主动的措施和规划。民间青少年社会组织没有制度化的有效运作，导致青少年组织没有与青少年群体连接起来，很难全面调动青少年社会参与的积极性，不能对青少年的社会参与技能进行正确的指导和培训。青少年有参与社会的热情，却没有参与的能力和素质。如果政府、社区或社会缺乏对青少年社会参与的管理和服务，不能以政策来优化青少年参与社会的环境和条件，即使青少年有参与社会的热情，也会限制其参与社会的广度、深度和效力，最终很难提高青少年参与社会、建设国家的整体效应。

（三）完善中国青少年政策的思路与建议

1. 建立全国统一制定和实施青少年政策的部门

我国各级政府应该设立专门的青少年事务机构及管理青少年事务的总部。总部负责青少年政策的制定和实施，将青少年事务作为政府公共管理和公共服务的重要内容纳入政府职能管理范围，这样既提高了青少年政策执行的权威性，又达到了对青少年事务的统筹安排，有利于各部门协调，促进青少年工作资源的有效整合和青少年政策的规范执行。另外，为了使青少年政策内容更加专业化、科学化和精细化，针对青少年特点和处理事务的不同类型，在管理青少年事务的总部下面应该设置管理青少年各个领域事务的分部，专门负责处理青少年某一领域，例如健康部、维护青少年权益部等。各个部门都需要有严格的政策制定和实施程序，例如要经过需求调查的开展、要解决的青少年问题与预期达到目标的确定、政策方案的具体内容拟制定、政策方案的评估与选择、政策方案的试运行、政策方案的修正与完善、政策方案的合法化、政策方案的推行与监督、政策方案的实施效果评估等。

2. 以青少年需求和利益为核心制定青少年政策

国家在制定和实施青少年政策的整个过程中，应该始终坚持把青少年的需求和利益放在核心位置。青少年需求决定了青少年政策的内容，决定了政策实施的范围与领域和工作安排的优先次序，决定了最终政策实施的实效。因此在制定和出台青少年政策之前，政府应该进行深入的实地调研，切实把握青少年在当前所面临的主要问题，了解青少年的需求，从而针对青少年的需求状况，制定相应的政策。政策的制定和实施采取自下而上的模式，促使"国家利益主导型"的青少年政策向"青少年主体需要决定型"的青少年社会政策的合理转变（中国青年政治学院"中国青少年政策"课题组，2001b）。另外，在制定青少年政策过程中还应该始终把青少年的切身权益放在第一位，要倾听青年的呼声，敢于代表和反映青年的利益诉求、维护青年的基本权益，帮助困难青少年解决所面临的迫切的实际问题，提高青少年的福利水平，促进他们的身心健康发展（陈爱生，2005）。政策制定与青少年需求和利益紧密结合，以人为本，才能使政策内容更加合理、推行更加顺利、方式更加有效。

3. 政策内容要明晰主体权责，具有可操作、可测量性

青少年的健康发展需要各个主体明确责任、相互协调、通力合作，创造一个良好的外部环境。然而，我国现有的青少年法规政策的内容规定较为空泛、模糊，对主体需要承担的责任不明确，很多条款属于原则性、宏观性的内容和行为方向，没有规定具体的实施部门、方式和流程，尤其是在青少年事务需要哪些政府部门来承担方面较为

笼统，这直接关系到青少年具体政策的出台。因此，首先青少年的相关法律应该明确政府部门的权责，青少年的每一项权益维护和问题解决应该交由哪个部门来负责，依据法律，这个部门就有负责处理该领域青少年事务的最高权威，该部门将有责任依据法律条款内容，进一步出台该领域的具体政策。在政策内容上，在不与已有法律冲突的前提下，该部门也有权利在政策内容上明确学校、家庭和社会等主体对青少年的责任，对未履行责任的主体进行惩治。其次，该部门出台的青少年政策的内容要尽可能详尽，把解决该领域青少年何种问题、应采用何种解决方法、该方法如何操作、最后要达到的预期目标以及效果评估等都要考虑在内。再次，青少年政策所规定的预期目标要指标化，能够使政策实施的效果可测量。最后，要有青少年政策监督评估相关部门对政策实施效果进行评估，如果发现一些部门没有尽到应有的责任，政策效果评估不合格，那么应由上一级政府对其进行问责。

4. 丰富青少年政策内容，支持青少年社会组织的发展

我国促进青少年社会组织发展的相关政策不仅需要各个地方制定地方性政策，还需要国家级各部门制定总体政策，把青少年社会组织相关政策纳入国家青少年政策，丰富其内容，发挥国家青少年社会政策对青少年社会组织的指导和统领作用。为了明确青少年社会组织的社会地位，更大地发挥其社会功能，国家应该出台法律来保障青少年社会组织的发展，不仅为青少年社会组织建立和运行提供法律规范，也应该为促进青少年社会组织发展提供更多的国家资助，为其发展创造良好的社会环境。在国家关于青少年社会组织相关政策的基础上，各地方政府在总体框架上，根据本地实际情况，制定更为具体的扶持和培育青少年社会组织的多元化、合理化、健康化发展的政策。

青少年社会组织应该在国家和地方政府的法律政策下，明确社会职责，发挥连接青少年群体和政府机构的桥梁作用。多元化的青少年

组织把有不同需求的青少年群体有效地联系起来，满足不同特点的青少年的需求，为他们提供多样化的服务，调动他们参与社会的积极性，最大限度地发挥青少年在社会建设中的潜力，扩展和整合社会资源，推进青少年事业的发展。

5.青少年政策既要加强本土化，又要借鉴国际经验

青少年政策要有本土特色。本土特色首先要从中国国情出发，符合中国发展程度，即中国当前所处的社会经济发展阶段、人们的社会物质生活条件。党的十九大报告指出，目前中国的国情是，我国已进入中国特色社会主义新时代，我国经济仍然保持中高速增长，稳定解决了十几亿人的温饱问题，总体上实现小康，社会的主要矛盾已经转化为人民日益增长的美好生活需要和不平衡不充分的发展之间的矛盾，不久将要全面建成小康社会。因此，青少年政策应重点关注那些处于贫困线及以下的特殊青少年群体的温饱问题，还要根据普通青少年的特点和需求，对其提供各种服务，解决他们在生活和学习上所遇到的各种问题，例如性与生殖健康服务、心理健康服务、人际和家庭关系服务、情感训练等。青少年政策并非一成不变的，其本土特色还表现在要符合当前的社会生产力、生产关系和社会环境，要紧跟时代变迁和社会进步。因为不同时代的青少年需求不同，其所面临的问题也不同。例如，在如今的网络时代，互联网和其他现代通信技术设备快速发展，电脑、智能手机在青少年群体中得到普及，各种网聊、网游、网购等软件和平台层出不穷，网络信息铺天盖地，网络传播成为信息传播的重要途径，而青少年对新生事物的吸收、适应能力较强，很容易受到网络新媒体的影响。网络是把双刃剑，运用得当，有其有利的一面，运用不当对青少年身心健康会产生不利影响，青少年网络依赖、网络成瘾者现已受到广泛关注。另外，互联网中充斥着不良信息，不利于青少年正确的世界观、人生观、价值观的塑造，容易引发

青少年越轨行为。因此,青少年政策应该加强网络整治,净化网络环境,对青少年加强网络安全教育。

青少年政策不仅要注重本土特色,始终以新时代中国特色社会主义思想为主线,从中国的国情出发,还要借鉴国际上的青少年政策的经验,吸收国外青少年政策的精华。联合国、欧盟等国际组织和一些发达国家已经彤成了一套完善的青少年政策体系,其中有很多值得学习的地方。例如,国际上很多国家建立了管理青少年事务的统一部门,欧盟国际区域组织倡导各成员国建立与青少年对话机制,促进青少年民主参与政策的制定,德国的"双元制"职业教育政策的成功经验,以及韩国青少年政策鼓励青少年社会参与的各种措施等。

第三章　青少年教育与发展案例

国际案例一：　美国营地教育

程金燕[*]

一　案例背景

当前我国对青少年的教育存在重视知识学习而忽略过程体验、重视应试能力培养而忽略身心素质提高的问题，因此发展素质教育是大势所趋。起源于美国的营地教育是一种在户外以团队生活为形式，并能够达到创造性、娱乐性和教育意义的体验式学习教育模式，它旨在提高青少年的综合素质，可有效弥补传统课堂教学和家庭教育的不足。营地教育在欧美发达国家发展相对普遍和完善，而我国的青少年营地教育则刚起步，尚未形成一定的规模。作为外来的教育模式，营地教育在本土化过程中出现了形式单一和功利化等问题，需引起重视和反思。对美国营地教育的经验借鉴，一方面能够为我国的素质教育提供一种新思路，另一方面能够促进我国本土营地教育的正规化和普及化。

---

[*]　程金燕，山东大学哲学与社会发展学院学生。

二　案例介绍

根据美国营地协会 1998 年给出的定义，营地教育是"一种在户外以团队生活为形式，并能够达到创造性、娱乐性和教育意义的持续体验。通过领导力培训以及自然环境的熏陶帮助每一位营员达到生理、心理、社交能力以及心灵方面的成长"。

营地教育的理论基础主要是皮亚杰的建构主义理论和杜威的经验教育理论等，二者都强调儿童是学习的主动者，教育要发展人类的天性，丰富青少年成长过程中的各方面经验，促进和加强儿童与他人的社会交往，获取教育结果。两者都提出需要通过让儿童在游戏、活动和互动中学习，在体验中总结出成长经验来满足儿童的天性（孟庆龙，2016）。营地教育通常具有以下特点：情境性；社会性；综合性；开放性与生成性；自主性；体验性（张玉玲，2018）。也就是说，参与营地活动的青少年是在具体的情境中（如户外探险）与团队中的他人进行人际交流与互动。在完成某项任务或解决某一问题时，营员会调动各类知识，并不断深入思考以寻求最佳方案，最终在体验中获得知识和能力。营地教育的本质是一种体验式学习，让青少年在活动中体验不同的情境，在乐趣中掌握知识，在互动中增长技能。

三　案例缘起

营地教育至今已有 150 多年的历史，The Gunnery Camp 被认为是第一个有组织的美国营地。1861 年，Frederick W. Gunn 和他的妻子 Abigail 带领学生进行了为期两周的旅行。学生们徒步到目的地扎营，并进行了划船、钓鱼和登山等户外运动。这次旅行给学生们的身心成长带来了很大帮助，因此被学校当作传统活动持续了 12 年。

此后，美国先后出现了多种针对不同群体的营地。1874 年，基督教女青年会成立了该组织的第一个营地（或称"度假项目"），该营地为年轻的工作女性提供住宿场所和休闲娱乐项目，以缓解单调乏味的工作带来的身心疲惫。1876 年，Dr. Rothrock 创立了第一个私人营地，目的是"把'软弱的男孩'带到树林中的营地生活……把追求健康与课外实践知识相结合"。80 年代末 90 年代初，出现了灾害救助和残疾青少年露营等为特殊群体设立的营地。

1910 年，CDAA（Camp Directors Association of America）的创始人 Alan S. Williams 创建了一个模型，标志着美国青少年营地活动走向标准化。1935 年，美国营地协会（ACA）正式成立。作为一个营地专业人士组成的团体，ACA 分享关于营地的知识和经验，并确保营地计划的质量。在 20 世纪 90 年代中期，ACA 开始将教育与青少年发展成果结合在营地的各个方面。越来越多的营地与学校合作，为学生提供户外教育。美国最大的公立学校系统也将营地纳入其课程。营地教育与学校教育联系日益密切，共同促进青少年发展。

四 案例描述

青少年营地主要是针对 7～16 岁的青少年开展的形式多样的户外教育活动。目前美国有大约 1.2 万个营地，其中有 7000 个住宿营地，5000 个非住宿营地。每年有超过 1000 万名的美国儿童和青少年参加营地活动。营地活动种类多样，大致可分为学术类、探险类、艺术类、科技类和体育类五种。

营地机构和学校是实施营地教育的主体，一个专业的机构中通常有负责设计营地课程的老师、营地教练和其他后勤服务人员。课程设计是营地教育的核心，课程内容按照不同的项目来设计，设计是否科学合理直接关系到过程体验和教育效果如何。营地教练负责带领青少年进行项目体验，引导孩子们完成项目任务，同时要在活动中保障他们的人身安全。一名合格的教练需要经过专业的培训，能够掌握每个营员的个性特征，善于发掘每个人的潜能，鼓励他们尝试新事物，并能做到与营员融洽地沟通交流，等等。在美国，成为营地教练和老师需要得到国际水平认证。

美国的营地认可因地而异，一些州的营地属于国家卫生部门的管辖范围，另一些州则把 ACA 认证要求确认为营地的标准。其中，对青少年的安全保护是营地认可标准的重点。《美国营地协会雇员筛选、监管和培训的标准》对营地员工筛选、监管比例、营地员工培训主题都有严格的要求，为青少年创造了一个良好、安全的营地环境。

五　案例经验

（一）营地教育对青少年发展的作用

一方面，青少年在不同的营地活动中可获得不同的实用技能。在学术类营地中，青少年可以体验到不同学校生活，提前了解大学的学习内容；在探险类营地中，青少年可以学到户外探险必备的生存技能知识；在艺术类、科技类和体育类营地中也分别可以学习到相关的知识。

另一方面，青少年的个人能力也在营地活动中得到提高。ACA 青年影响研究的调查结果表明，首先，营地是发展人际关系技能的关键环境，青少年在营地获得的人际关系技能可能在露营体验之外发挥作用。作为发展关系技能的一个背景，青少年会在参与营地活动中与不同年龄或社会背景的同伴合作完成任务。其次，营地是青少年探索自我以及形成正确的自我意识的安全场所。青少年阶段是个人走向心智成熟的过渡阶段，在此阶段清晰地认识自我对一个人未来的发展至关重要。再次，营地给露营者提供了练习认识周围环境的机会，让他们欣赏不同于自己的态度、价值观和能力。青少年能够通过营地培养责任意识和冒险精神，尊重他人和自己，树立自信心，发掘个人潜能。

总而言之，营地是一项独特的学习经历，旨在促进技能转移到21世纪的学校和工作环境中。营地教育可提高青少年的综合素质，促进全面发展，增强青少年在未来的竞争力，相较于没有参与营地活动的孩子，他们更能适应技术进步带来的时代变化，进而增强综合国力，营地不仅对个人而且对国家的长期发展都有巨大作用。

（二）营地教育在其他各国的发展

美国营地教育对青少年培养效果显著，全国普及范围广，基本上每个家庭的孩子都参加过营地活动。因此，许多发达国家将该教育模式引入本国，结合本国国情发展出多种形式和内容的营地活动。世界营地协会（ICF）的数据显示，俄罗斯有 5.5 万个营地，是世界上营地数量最多的国家；澳大利亚是营地教育与学校教育结合最紧密的国家，营地教育已被纳入国家教育体系；日本每年有超过 3000 万名中小学生参与营地教育活动，其营地教育理念是：促进青少年建立本国风土的自然观，在此基础上理解日本文化、日本精神。我国的营地教育最早由英国政府带入香港地区，相对于内地发展更完善。

与西方国家相比，我国的营地教育起步晚，发展尚不完善。近些年来，中国成为世界营地行业发展最快的国家，但与中国青少年人口基数相比，营地的数量不多、质量有限，有品牌、优秀的营地少，而且整个行业缺少政府的引导及行业规范（余闯，2015）。我国的营地活动存在学生参与度低、形式单一、追逐利益而忽略教育的核心本质等问题；很多营地建设与学校的课堂教学模式相似，难以摆脱传统教育方式的影响。在营地与学校双方互动中存在沟通缺乏和信息不对等现象，营地教师与学校教师各司其职却很少有交流，对学生的信息掌握不全面。一些家长盲目地追求市场新事物，在不考察营地资格的情况下简单地认为价格高就是质量好，也有一些家长忽略孩子的个人意愿直接给孩子报名参加营地活动，反而会适得其反。

六　案例启示

（一）对我国青少年教育启示

传统家庭教育和学校教育忽略过程体验，学习过程以直接灌输间接经验为主，学生处于被动接受地位，难以激发学生的创造力和学习热情；重理论轻实践，学生在实际生活中往往不会灵活运用学习过的理论知识。与传授知识相比，对青少年运用知识的能力培养更为重要。将获得的知识灵活应用在实际生活中才是对知识真正的掌握，因此需要发展素质教育来弥补应试教育的不足。我国可在素质教育中引入新的教育形式，将学校教育与营地教育形式结合起来，在学校教育内容中加入课堂外的学习体验活动。《中学德育大纲》（1995）中提出德育工作实施途径以学校为主导，与家庭和社会密切配合。学校既要把生产劳动和社会实践活动作为必修课列入教学计划，安排课外活动和活动课程，又要做好校外教育，充分利用专门场所和社会文化教育设施，并积极开拓和建设校外教育的场点、营地，有计划地组织学生参加各种活动，在活动中进行教育。营地教育观念与我国《中学德育大纲》中对中学生的培养要求在很多方面一致，如通过团队协作完成任务培养与他人协作的集体意识，在活动中开阔眼界，培养良好的心理素质和艰苦奋斗精神等。因此，将营地教育作为素质教育的新形式引入具有必要性。

另外，青少年教育要与时俱进，随着世界发展而不断丰富内容。营地教育初期以培养青少年的冒险精神和亲近自然为目标，进行户外探险活动；到 20 世纪 60 年代后期，全球环境问题突出，营地教育把保护生态环境纳入教育内容；20 世纪 70 年代更加突出科技发展带来的矛盾，注重探求个人内心的需求以及人与自然、人与社会的关系。

（二）对我国营地教育发展启示

第一，营地教育需得到政府与多方支持，加大宣传力度，推广普及营地教育；降低费用，让更多的青少年有机会体验营地；规范营地教育行业操作标准，着重考虑青少年的安全防护措施，严厉打击不良的市场竞争行为。

第二，营地教育机构应当改善自身存在的不足，学习借鉴营地教育发展完善国家如美国的经验，培养专业人员，规范活动形式与内容。美国基德尔溪水户外营地马术营会主管 Amy Dickson 认为成功的营地有以下必备要素：根植当地社区；培养健康、有影响力的员工和团队；打造安全的高质量的项目，活动中保证员工有安全认证资质，有专项技能、急救能力等各项技能；用行为表达使命；注重关系，让营地成为孩子与朋友相遇的地方；持续沟通；保障营员安全等。营地教育的核心作用是教育，从课程设计到进行活动都要充分考虑青少年的身心发展阶段特征和需求，目的是让青少年真正有所收获而不仅仅是获得利润。

第三，营地教师与学校教师之间应加强合作与交流，以提升各自的教育观念，改进教育方式。共享学生在营地和在学校的表现信息利于针对不同学生因材施教，把校内外的学习联系起来，让营地教育真正发挥教育功能，而不是形式上的作用。

第四，家长需转变对待营地教育的态度，不盲目跟风，尊重孩子自主选择的权利，以孩子的兴趣为选择标准。

第五，要与国际接轨，探索适合我国教育现状的营地教育模式。

国际案例二： 日本青少年足球培养体系

王若辰[*]

一 案例背景

随着我国总体体育水平的不断提升，足球项目作为其中的重要组成部分越来越受到关注，不仅仅是职业足球运动如此，青少年足球运动更是如此。究其原因，青少年足球运动不但是青少年课余活动的重要组成部分，还是提升整体足球水平的重要途径。考虑到目前我国青少年足球运动取得成果有限，积累经验不足，因而应当参考国外先进体系，借鉴相关经验。

在众多值得参考的足球体系中，日本长期开展的青少年足球培养系统尤为值得参考。这是因为日本不但在人种身体条件、政治文化、足球传统、足球基础等方面与中国更为相似，而且从 20 世纪 80 年代以来，日本青少年足球培养体系取得的成果显著，成功实现了在世界赛场上对中国的超越。因而日本的青少年足球培养体系更具参考意义，通过借鉴改造，更有利于推动我国青少年足球运动的发展。

二 日本青少年足球案例

（一）案例缘起

20 世纪 70 年代，足球运动在世界范围内逐渐普及，由于足球运动兼具竞技性、艺术性和观赏性，其很快就取代棒球，成了日本体育

---

* 王若辰，山东大学哲学与社会发展学院学生。

的新焦点。日本由于足球基础薄弱，因而在国际大赛上往往难以取得令人满意的成绩，但是在民间，业余足球运动正在蓬勃发展，民众的足球热情日益高涨。面对提升竞技性足球水平和满足民众足球运动需求的需要，日本足协制订了一系列计划，其中就包括日本青少年足球培养体系。

（二）案例介绍

日本从 20 世纪 70 年代开始以系统化的模式来培养青少年足球运动员，80 年代逐渐步入正轨，该模式以青少年为核心，包括支持学校足球运动、培训教练员、制订长久训练计划，建立各级训练中心和足球学校等几个方面，力求在保证青少年接受基本教育的同时，丰富课余生活，发掘足球潜能，为国家输送足球人才。

（三）案例内容

1. 训练中心制度

训练中心制度方面。由日本国家足协组织建立了各级别的训练中心，共分为国家、地域、都道府、地区四个级别。各级别的训练中心承担着选拔、培训运动员，开展教练员研习班，按照足协的要求开展相关活动的职责（徐金山、陈效科、金嘉燕，2002）。该制度在青少年足球培养中发挥的主要作用体现在培训教练员和制订长久训练计划上。

培训教练员方面。对于专业教练员，日本足协以各级训练中心为中心，投入资金以开展教练员的培训以及教练认证制度。通过组织教练员统一学习足球课程，提高认证标准，采用五级分档制，使专业教练员的水平得以提高，直接提高青少年所受到的足球教育质量。除专业教练员之外，还招募一些业余教练员和志愿者，这些人对足球十分热爱，而且绝大部分有本职工作，只领取少量的补贴，不但能够壮大教练员队伍，还能调动群体的足球热情，提升社会对于青少年参加足球运动的支持力度。

制订长久训练计划方面。日本足协有专门的技术委员会，对于各级训练中心提供的信息、国内外的先进培养经验和训练计划，以及日本各级国家队在世界赛场的经验进行综合考虑，进而制订针对各年龄段的训练计划。该训练计划以运动员为中心，统一规定各年龄段的训练内容，能够有效弥补地区训练之间的差异，统一实行科学训练计划，从而使青少年足球运动员最大限度地得到长远发展。

通过教练员的培训、长久训练计划的执行，以及训练中心的组织和管理，为青少年接触到正规的足球培训提供了保障。

2. 校园足球

各国足球界普遍认为，青少年足球水平是提升国家整体足球水平的基础，青少年时期是人在社会化进程中的重要阶段，校园也是青少年生活、学习的重要场所，因而如何把握这个特殊的成长阶段，结合阶段的特征开展足球运动，成了关键问题。

日本的足球历史并不悠久，但发展到今日，已积累了一定的足球传统。究其原因，除了上述训练中心制度带来的专业教练员和统一训练指导外，还在于日本学校的足球教育理念。在日本的学校教育中，足球训练只是众多教育中的一种，但是想接受足球训练和相应的足球教育，学生首先要保证自己的学习成绩，然后才能学习其他的内容。

在该理念的指导下，日本的中小学、大学纷纷建立自己的足球队，学校开展足球运动以本人自愿参加为原则，不收取费用。训练内容为足球基本功、技术战术等，通常由训练中心指派的教练员或职业球队教练进行指导，学校之间也会定期进行交流和比赛，进而形成了规模庞大、完备的各类校园足球赛事。

每年的校园足球赛事便是检验各个学校足球教育的最好机会。赛事主要分为四类：第一类赛事对于运动员的年龄没有限制，主要包括全日本职业联赛、大皇杯赛以及全日本大学生足球锦标赛等赛事；第二类赛事由不满 18 岁的运动员参加，主要包括日本青少年足球锦标赛、高中足球联赛和日本 U18 联赛；第三类赛事由不满 15 岁的运动员参加，包括全国初中足球锦标赛、日本 U15 联赛等；第四类赛事由 12 岁以下的运动员参加，包括全国少年足球锦标赛、U12 足球节等。各项校园足球赛事的主要参与者为高中的足球运动队，个别的特殊赛事会允许职业队伍参与进来，以提升赛事的水平，同时达到交流的目的。

完备的校园足球赛事为检验校园足球的开展情况提供了条件，同时经过相关新闻、杂志的报道，校园足球赛事不但增强了校园足球氛围，还为青少年提供了更多的锻炼机会，不但可以在一年中得到平均 50 场正式比赛的机会，强健体魄，还可以与职业球员进行碰撞，甚至可以以此为跳板，开始自己的职业生涯。由此可见，无论青少年未来是否从事足球行业，与学校足球教育相配合的校园足球赛事，都会为其带来不可估量的积极影响。

3. 职业足球培养及和校园足球对接

足球强国都十分重视青训营的建设和发展，通常青训营的建设和运营由各国职业联赛的职业俱乐部负责。职业俱乐部不但在高水平的联赛中发挥着自己的作用，也在发展青少年足球运动中发挥着关键作用。在日本，职业俱乐部代表青少年足球运动的"殿堂"，这个"殿堂"并非遥不可及，在学校足球队、各项校园足球赛事或训练中心课程中表现优秀的青少年，就会被选拔进入职业联赛。与大多数进入职业联赛得不到上场机会的体制不同，在日本的培养体系下，联赛机制会保证球员的上场机会，从而让球员得到充分的锻炼（刘晓宇、张立军，2012）。

联赛中的职业俱乐部会与训练中心和学校开展合作，选拔优秀的青少年足球运动员进入青训营进行进一步的专业训练。日本足协与职业联赛合作，制定了针对青少年球员的特别制度，即每年选拔一部分青少年进入职业联赛，规定其出场资格，根据其在球队内的表现，作为下一阶段能否继续深造的评判标准。

在与校园足球对接方面，虽然职业俱乐部会从校园中选拔优秀青少年足球运动员，但并不代表在青少年足球培养体系中俱乐部教育占支配性地位，而是俱乐部教育和校园教育并行。一方面，俱乐部会从校园中或是各项赛事中选拔优秀青少年；另一方面，被俱乐部淘汰的青少年也可以进入学校足球队继续磨炼自己的足球技术，避免了只以俱乐部教育为单一主线带来的人才和机会的流失。

4. 足球学校

日本足协考虑到学校足球教育的局限性，于21世纪初设立足球学校。青少年进入足球学校，接受专业足球训练，与此同时，还要接受逻辑思维、领导者思维等思维模式的训练。日本足协设立足球学校的目的，并不仅仅是培养优秀的足球运动员，更是培养全面的社会人才（谭刚，2012）。

三　启示

通过了解并参考日本的青少年足球培养体系，能够总结出对我国青少年相关工作开展的几点启示。

（一）提升教练员队伍整体素质和制定统一训练培养标准

教练员的水平高低和是否有统一训练标准直接影响青少年足球工作的深度和广度。建立固定的教练员认证制度，定期考核，明确认证标准，并明确规定各认证等级所能从事的教学内容以及享受的薪资待遇，能够有效提高教练员队伍的整体素质，从而从源头上保证青少年所接受的足球教育的质量。

通过认证制度和薪资保障可以提高教练员的专业性和执行力，随着执行力的提高，相应的执行标准也应该提高，应当由相关部门组织技术小组，对国内外现有的青少年足球教育标准进行分析，并结合我国的足球基础、足球资金情况来制定统一训练培养标准，明确职业与业余训练培养标准的区别。这样不但可以为教练员提供指导和参考，还可以作为考核教练水平的一个重要标准。

（二）积极培育校园足球运动

针对青少年这个特殊群体，将足球作为一项运动加入青少年教育中，无论是对提升我国足球水平还是助推青少年自身发展，都有十分积极的作用。我国自 2009 年开始推行校园足球运动，但是目前取得的效果有限，借鉴日本的青少年足球培养模式，可以在以下几点进行改进。

第一，将校园作为赛事开展的基础。日本的校园足球赛事是多部门合作的结果，反观中国，长期以来，足球教育是教育部门的管辖范围，而掌握丰富的足球资源的中国足协则难以参与进来（谭刚，2012）。这也就导致了校园足球教育专业性、统一性的缺失，不利于校园足球教育水平的提高。因而不同部门应该积极开展合作，共同负责开展校园足球教育活动。

第二，完善校园足球赛事。校园足球赛事不但可以为各学校的足球队和青少年足球运动员提供参与比赛的机会，也可以作为检验校园足球教育质量的机会，还有利于进一步增强校园足球氛围，调动积极性，提升青少年的参与度，也可以提升社会对于足球运动的整体印象。因而应在各部门的协同配合下，共同组织时间固定、有一定规模的正式比赛，为青少年提供平台，进一步推动校园足球运动。

第三，提升媒体关注度。在日本，各学校的队伍或是一些校园足球赛事，会得到众多报纸、杂志等媒体的报道，如日本的高中生足球锦标赛，得益于本身赛事水平高和媒体的报道，每年都会有数以万计的观众到现场观看比赛，通过其他方式关注比赛的人更是不计其数。因而媒体应适当增加对于校园足球赛事的报道，从而提升关注度，推动校园足球运动的开展。

第四，课程设置的调整。在很多学校，缺乏相应的足球教育，需要将足球教育作为基本的课程，对学生进行教育，以学习足球基本技巧为主，在此基础上，根据自愿原则开展足球训练，起到普及足球教育的作用。同时，还应完善足球课程的配套设施，除上述的教练员和统一训练指导外，场地、教材以及足球训练设施等也应完备。

（三）加强基础设施建设

理念和指导再多，缺乏实践的场地，也只能是空谈。因而在硬件建设上，要增加足球场地数量，利用城市和乡村的荒地，建设足球场，不但可以满足青少年足球运动的需要，还可以满足社会的运动需要。

（四）改革培养理念

在日本的青少年足球训练体系中，并不是以培养专业运动员为首要目标，而是强调过程的积累，坚持让更多的青少年接触到足球的理念，丰富教育内容。而且，日本在进行青少年足球培训时，无论在哪里，提供什么等级的足球培训，都十分重视文化教育和社会技能的学习，力求青少年的全面发展。

因而我国在开展青少年足球教育的过程中，不应当将足球教育同普通青少年割裂，不应当只将培养运动员作为主要目标，只在体育学校中开展相关足球训练。应充分认识到，青少年足球培养不应急功近利，其目标不应是争夺所谓的大赛冠军，刷新最好成绩，或是培养世界著名的职业球员，而是在广大青少年接触足球、培养足球兴趣的基础上，培养以足球为一技之长，兼具社会责任、文化知识的社会合格成员。

（五）规范职业联赛

一个国家的足球职业联赛不但代表着该国的足球水平，还是该国青少年足球运动员能够得到锻炼的最高平台。完善的规范提升了日本职业足球的水平，日本联赛规范主要分为职业足球联盟、联赛准入、维护制度、执法条例和人才培养五个方面（钟文正，2010）。一个有知名度、竞技水平高、运行良好的职业联赛不但能够保证该国人民的足球热情和关注度，还能激发青少年参与足球运动的积极性，因而对职业联赛进行改革尤为重要。

首先，应该建立一定的俱乐部准入制度，在日本，日本足协要求俱乐部必须是以足球为主要产业的经营公司，杜绝以赞助为主的公司入主俱乐部，而且对于俱乐部的转让进行严格规定。这样能够避免俱乐部单纯作为公司盈利的工具，同时避免过度频繁的俱乐部转让扰乱联赛秩序和俱乐部自身发展。

其次，对各个俱乐部的青年训练营进行规范。规定不同级别联赛的职业俱乐部应具备相应数量的青年训练营，并提供相应的资金支持，保障并拓宽青少年足球培养中的职业化教育途径，同时也使俱乐部认识到，青年训练营建设并不只是一味地投入资金，同样也可以为俱乐部带来收益。

最后，要认识到职业足球和学校足球教育二者是并行不悖的，二者的齐头并进，会让一定数量的青少年得到与其能力相匹配的发展机会。

四 结语

我国目前大力推行"校园足球计划"，其核心就是青少年的足球教育问题，目前青少年的足球教育主要面临两方面的阻碍：一方面是足球教育制度自身的阻碍，即长期以来的以"大赛成绩"为衡量标准的培养理念，以职业化足球教育为主，联赛秩序混乱，俱乐部缺乏运营经验和青年训练营意识，足球从业人员水平参差不齐、待遇水平低等；另一方面是社会阻碍，即对于足球运动和足球教育形成的刻板印象，以及父母的传统培养理念等。

通过对日本青少年足球培养体系进行了解和分析，与我国的开展情况进行对比，能够明确我国的培养目标，为青少年提供更多的锻炼机会，而且能保证教练员队伍质量，保证联赛运行和职业球员待遇水平。这样不但能够改变社会对于足球教育的不良印象，还会扩大青少年足球的覆盖范围，在提升足球水平的同时，为国家、社会培养更多掌握一定足球技能，受过良好教育，具有社会责任和社会担当的新时代的青少年。

国际案例三： 瑞典青少年性教育实践及启示

吴思琪[*]

瑞典是世界上首个开展并推广现代性教育的国家，其性教育开展成效获得国际认可，可谓世界性教育范本。瑞典性教育源于19世纪末，现代性教育始于20世纪30年代，以灵活性、启发性、互动性为主要特点。自1934年瑞典成立性教育学会起，青少年性教育逐步走进公众视野，进入家庭、校园、社区。从20世纪70年代开始，瑞典青少年性教育迈入不断优化改进的阶段，通过强调性的正面力量，引导青少年理解爱与性的关系，强调尊重青少年的自主性。现如今，瑞

---

* 吴思琪，山东大学哲学与社会发展学院学生。

典更使用"共同生活事业"替代"性教育",在传统生理教育上融入人文精神。

青少年健康全面成长是国家可持续发展的一大关键,而性教育作为青少年成长中必不可少的部分,在帮助青少年获得性与生殖健康等相关知识和技能,树立尊重人权和性别平等的正确价值观,促进青少年身心健康发展方面具有重要作用。但反观我国青少年性教育的理论与实践现状,性教育观念死板、教育水平不均衡、教育体系不完备等问题导致我国性教育多年来处于停滞状态。基于此现状,研究发达国家性教育模式之代表——瑞典性教育模式,借鉴优秀实践经验,将为我国开展青少年性教育提供帮助。

一 瑞典性教育的概况

早在 1942 年,瑞典就在义务制学校中开展性教育,历经多年发展,由校园强制性课程、政府规定必修课,逐步演变为由国家教育委员会制定指导要领,在全国范围内开展的具有系统性、综合性特点的教育课程。瑞典青少年性教育针对受教育者的年龄阶段与理解能力制定不同教育目标、设置相应教育内容,不仅渗透多类学科知识,还将人格教育、道德教育融入其中,成效显著。

瑞典青少年性教育在专家学者的呼吁下,逐步冲破传统思想的禁锢,获得了国家政府、社会组织、公众的普遍关注、支持与认同,形成了制度健全、内容丰富、效果显著的模式。瑞典青少年性教育所强调的积极、正面性,重视引导青少年理解爱与性的关系等教育理念与联合国教科文组织《国际性教育技术指导纲要》所提出的 8 个关键概念——"关系"、"价值观、权利、文化和性"、"理解性别"、"暴力和保持安全"、"获得健康和福祉的技能"、"人体发育"、"性和性行为"以及"性和生殖健康"相契合,增添了现代性教育的人文特色。

相较于中国长期以来对青少年性教育所秉持、贯彻的"禁忌"思想，瑞典青少年性教育在经历了一百多年的努力后，从带有耻辱感的宣传转变为传达性之健康、美好的人格教育与道德教育，在阶段设置、内容设计、教育宗旨上对中国青少年性教育具有重要的借鉴意义，对帮助软化"羞耻"思想、消除"禁忌"思想的桎梏有着显著作用。

二　瑞典性教育的发展历程

"性"在瑞典社会首次提出源于1880年前后克诺特关于"避孕教育重要性"的呼叶。相比其他欧洲国家的崛起与发展，19世纪末的瑞典依旧是一个贫穷落后的农业国，堪称"欧洲穷汉"（魏波，1986）。在贫穷落后、人口激增、性病蔓延的社会背景下，避孕问题首先为公众所关注。

然而，克诺特并未直击瑞典社会"性"问题的重点，瑞典性教育的最初提出者是女医生卡罗琳娜·韦德尔斯特朗。作为一位专门研究妇女病的医生，她极力呼吁为青少年提供正确的性教育，以免青少年因缺乏性教育而遭受身心伤害。韦德尔斯特朗认为学校是进行性教育的重要场所，因此她首先从学校教育入手，寻求学校、教师、家长的支持，并于1897年公开举办性教育讲座。她所提出的具有跨时代意义的性教育观念与突破传统的性教育实践，奠定了瑞典学校青少年性教育的基础。

20世纪初期，在韦德尔斯特朗的呼吁下，医生、护士、教师、女权主义者、劳工等群体对青少年性教育的呼声越来越大，但如此呼吁短时间内并未能唤起民众的认同，而且受到了国会多次坚决的反对。

20世纪20年代，人口爆发、性病流行促使民众性观念觉醒，使青少年性教育迈过了长久而激烈的争论，开始受到瑞典政府的重视。

自 1918 年起瑞典政府成立了相关委员会，卫生局、教育局、瑞典议会逐步改变坚决反对青少年性教育的态度，1942 年瑞典联合内阁提出系统性学校性教育的要求，标志着性教育正式得到官方认可。此外，1933 年瑞典性教育学会（Swedish Association of Sex Education）成立，将融入人际关系的全新性教育观念传播给社会大众。

随着 1945 年瑞典颁布世界上首个性教育大纲、1956 年瑞典开始在中学强制推行性教育，瑞典的青少年性教育进入了快速发展阶段（吴晓燕，2013）。但是，本阶段的教育目的定位为"掌握性健康及避孕知识，避免学生发生早期性行为"，存在恐吓性的警告恰恰刺中了青少年的逆反心理，青少年患性病率、少女怀孕率只增不减。

基于此番现状，瑞典青少年性教育自 20 世纪 70 年代开始进行了多领域的深刻反思，通过更多地强调性的正面力量，在青少年性教育中融入人格教育与道德教育，以开放、自由的价值理念，引导青少年形成向上的性观念，培养积极的人际关系。

三 追求美好的青少年性教育

20 世纪 70 年代，瑞典青少年性教育迈入不断优化改进的阶段。学校性教育课程在内容设置与开展形式上更具灵活性、启发性，青少年性教育更加强调正面性，适应青少年年龄阶段特点，采取分阶段教育方式，并在性教育中融入"爱与人际关系"等人格教育与道德教育，使性摆脱丑恶，走向独具人文特点的追求美好阶段。

(一)社会性观念

性教育所追求的价值理念是性教育内容设置、实施途径的风向标。经过百余年的发展，"性是生活的一部分"这一观点已受到瑞典社会的广泛认可。"性本身不只是医学解决的问题，它是生活的一部分，关系到人的快乐、幸福和失落、遗憾，关系到感受情感、恋爱"

（崔以泰，2002），是瑞典人民性观念的基本立场。在此立场之下，"性"即包括了生殖（procreation）、爱（love）、愉悦（pleasure）、认同（identity），其中认同又囊括了角色认定、接纳、和谐、男女双方融为一体，以达到性爱的最高境界等内涵。

瑞典青少年性教育深受"以人为本"教育理念的影响，强调提升人的潜能、提高人的素质，着重引导、启发的教育观为开放、积极、尊重的性教育提供了有力的保障。提倡人格教育与道德教育，引导青少年形成正确的、健康的性观念，成为瑞典性教育的突出特点，开放的性教育理念促使青少年理解爱与性的关系，提升其对自己行为负责的意识与能力。

（二）青少年性教育的目标

性教育目标是教育计划合理运转的核心，具有导向功能和衡量作用（冷剑丽，2006）。随着社会的不断发展，瑞典性教育的目标也从狭隘地强调避孕逐步扩大内涵、丰富意义，发展为近当代更着眼于人格与人际的价值追求。

1977 年瑞典全国教育委员会在《人际关系导言》中所阐述的四条性教育课程指导方针是瑞典性教育目标发展的重要里程碑，明确规定了：使学生获得解剖学、生理学、心理学、伦理学和社会关系的知识，以便他们在今后处理人际关系时能够负责任、体谅和关心他人，并由此把性爱作为自己与另一个人共同享受幸福的一个来源；使学生获得关于性和其他人际关系方面的信念、思想和价值观，从而接受性教育中所提倡的价值观，接受性教育中对于有分歧的价值观的看法；使学生认识到，性是人类生活中的一个重要组成部分，它与个人的发展、社会关系和社会结构有密切的联系；使学生认识到性的复杂性，因此在有关性的问题上不能强求一律（瑞典全国教育委员会，1981）。

20 世纪 80 年代后，瑞典学校性教育的目标设定普遍追求"在遵循国家总目标之外，更加关注学校、学生自身的需要"，使以人为本的教育理念在性教育领域凸显出来。

经过百余年的发展，当代瑞典性教育目标已转变为"使学生准确地获得人类性心理与社会学方面的知识；使青少年在性行为与计划生育方面有能力做出符合社会责任的选择；通过伦理观点的发展而获得人际关系的满足与学会承担责任"（冷剑丽，2006）。瑞典的性教育与人际关系相结合，形成囊括性与生殖知识、性别意识教育、人权、人际关系和自我防范等各方面知识的综合教育。

（三）青少年性教育的实施与内容

瑞典青少年性教育以学校教育为主，以家庭教育、机构服务等其他教育为辅，共同构成青少年性教育的有力实施途径。

1. 学校性教育

青少年学校性教育堪称瑞典性教育的中坚力量，具有课程设置适应年龄阶段、教育难度逐渐递增、伦理道德逐步融入等显著特点，学校在瑞典性教育中所扮演的角色就是通过开放式的课堂讨论来提供知识和推行价值观。

自1994年起，瑞典的中小学性教育从原来的统一讲授内容到提倡各个学校可以编写自己的教材，使用自己的方法，不再强调统一，大致上被划分为四个阶段，设计不同的教育内容，具有不同层次的教育目标。瑞典性教育根据接受对象的年龄，划分教育阶段：第一阶段针对7~10岁儿童，教授两性相关的基本生理知识，如月经、避孕、自慰、性交、怀孕、生殖及分娩等；第二阶段针对10~13岁儿童，教授涉及青春期第二性征、青春期生理发育、同性恋、性病等知识内容；第三阶段、第四阶段分别针对13~16岁与16~19岁的初高中生，将生物学、心理学、伦理学和社会学方面的内容融入性教育，向处于青春期的孩子讲授遗传、生理和心理意义上的两性知识，包括性器官、生殖避孕、性交、性本能；引导学生从不同的宗教背景、政治背景、社会文化理解性与性活动，包容性别、性取向多样化；强调爱与责任，从人际关系的角度探讨性与情感，掌握爱的能力。

初中阶段，在专门的性教育课程之外，教师会在讲授宗教知识时，引导学生进行与性相关的伦理学、信仰和人际关系问题的讨论；在政治学、历史学、公民学课程中，将性作为社会问题融入教科书和教学内容；在家政经济学中，提供学生讨论家庭生活、夫妻关系、亲子关系的机会，认识家庭角色、任务与责任；在文学课中，毫不避讳性爱描写，帮助学生从欣赏美的出发点讨论性与爱情。

而高中阶段的性教育课程计划更具有深入性与完备性，强调帮助学生了解与性生活有关的社会问题，以树立青春期后期正确的性认同与性态度。高中阶段的性教育计划主要集中于四个部分：第一部分，介绍提供咨询与帮助的人员和机构；第二部分，以课堂授课、小组讨论的形式从医学上指导、讨论、解决学生问题；第三部分，由专家进行相关法律知识的讲解，包括家庭法、同居法、儿童及家法律地位等；第四部分，从心理、伦理和社会等方面探讨性关系。

除阶段性这一显著特点外，瑞典学校青少年性教育课程另以灵活著称。瑞典青少年性教育工作者们针对青少年年龄特点，采取启发式、参与式等方式，通过讲解、提出、讨论话题，组织学生自主思考，相较于"老师主动讲授－学生被动接受"的教学模式，为青少年创造了一个良性的教育氛围，使青少年融入性教育课程之中。此外，利用生动活泼的动画片，使用形象直观的器官教具都是瑞典性教育的有力途径；瑞典性教育工作者常以不遮掩、不避讳的态度明确地向青少年表明"性是美好的""性器官是能引起愉悦体验的人体构成部分"等概念，以树立青少年科学、健康的性观念。

青少年学校性教育是瑞典正规性教育，意在通过教师引导、专家团队的辅助,在教学过程中利用启发、参与、互动强调青少年的自主选择性,突出独具"以人为本"特色的尊重、平等、责任等价值理念,从道德与伦理的角度帮助青少年形成正确的性态度。

2. 辅助性教育

瑞典青少年性教育在长期的进步、发展中,产生了多样的教育途径,家庭教育、机构服务、书籍、传媒教育等手段为学校性教育提供了极大的补充作用。

瑞典人的性观念与性思想深受弗洛伊德的精神分析理论的影响。瑞典政府及性教育学会极力鼓励家长尽可能简单、诚实和清楚地解答儿童的生殖疑惑,尊重儿童、青少年的性意志与性本能。

机构服务是瑞典性教育的一大特色。为帮助有性疑惑、性困扰的青少年,瑞典政府专门于全国各地开设为青少年免费提供生殖健康友好服务的专业诊所,以处理身体发育、怀孕、性病、心理、性取向等问题,提供检查、咨询与疏导,更有专门的少年性教育中心、少女中心为青少年提供多种培训课程,不仅仅从性与生殖上给予帮助,更支持他们、给予他们良好的社会资源,从而使其健康发展。

书籍、电视节目等传播媒介为青少年性教育开展打开了新的道路。瑞典性教育学会出版了多部教育教材,如《可以真实感受的爱》《复数的性》,为教育者、被教育者提供了新的学习途径。此外,电视台大量面向青少年播放性教育节目、动画,介绍同伴教育项目,推出宣传婚姻、爱情与预防艾滋病等广告,大力推动了性教育在全国的开展(冷剑丽,2006)。

四 瑞典青少年性教育之成效分析

(一)瑞典性教育实施所获成效

自开展性教育以来,瑞典全国性病率、少女怀孕生育率卜降明

显，甚至达到近乎没有的状态（胡佩诚，2001）。HIV 阳性患者在
1985～1999 年，仅发现 5132 例；瑞典 2007 年新感染艾滋病病毒人数
为 541 人，截至 2008 年共有 8014 名艾滋病感染者，艾滋病感染低比
率位于世界前列（Romero-Severson et al.，2015）。

瑞典青少年性教育的开展不仅使性病、意外怀孕比率下降，还形
成了有助于青少年健康成长的开放、自由式的社会环境。以此为社会
背景，社会公众对性教育的支持度越来越高，并呈现全面化、年轻化
的特点。

（二）瑞典性教育获得成效的原因

1. 适时更新的文化观念

文化观念体现价值追求。作为性教育开拓、发展的风向标，瑞典
社会不断调整、更新的性态度、性观念循序渐进地冲破了性教育开展
的阻力。随着专家学者的提倡、社会民众的呼吁、国家政府的觉醒，
瑞典社会从强调"拒绝可耻的性"转变为"追求美好的爱"，为性教
育工作的不断进步提供了重要的基础。

2. 国家层面的大力支持

从瑞典性教育的发展进程可以看出，瑞典性教育之所以能向前推
进，其关键在于国家政府层面的支持。从 1938 年起至今，瑞典不断
拓宽与性相关领域的法律条文并适时进行调整、修正。国会与卫生
部、教育部的联手使青少年性教育相关的制度、法规逐步完善。

3. 全面多样的开展手段

瑞典青少年性教育开展所获的显著成效得益于学校、机构、媒
体、家庭等社会各方的相辅相成和齐心协力。学校教育采取适时、适
度、灵活的模式，在国家统一安排下又强调学生、学校自主性；机构
提供专业服务、传播媒介创新宣传形式、互联网合理整合资源与家庭
和谐互动共同成为青少年性教育开展的支持力量。

（三）瑞典性教育存在的问题

即使瑞典青少年性教育堪称国际成功的性教育模式之一，但仍然存在部分缺陷。

首先，由于自身条件的限制，瑞典学校性教育模式所存在的"强调自主性"这一特点无法在规模小、师资力量落后、设备条件差的学校进行。强调综合性、体系性的教育模式涉及、涵盖多种学科知识，要求教师具备丰厚的知识储备，更需要有与时俱进的心态和极强的洞察力。

其次，教学效果评估体系不完善亦是瑞典性教育受质疑的一大弱点。瑞典目前针对性教育的评估主要依靠被试自报来测量，具有较强的主观性，因此，形成一个完整成熟的质量标准体系迫在眉睫。

五 瑞典青少年性教育对中国的启示

长期以来，中国人的性观念、性行为深受儒家意识形态与政治体系的控制。虽然早期已有启蒙式的性教育，但"性禁忌""性压抑"使性教育仍然难以突破禁锢，"性"依旧难登大雅之堂。直至我国迈入 21 世纪后，经济发展、社会进步、思想开化的趋势使性教育的面纱被轻轻揭开，各界专家学者纷纷展开性教育的理论创新与实践尝试。

然而，中国性教育仍然处于初步探索阶段，社会对性教育的接受程度较低，传统思想仍然留存于大众心中，性教育实践成效与理想效果相差甚远，性侵幼童、猥亵女学生等新闻甚至频频被曝出……因此，借鉴西方发达国家的青少年性教育模式与实践方法，深入探寻与推行适合中国青少年的性教育是当前社会发展背景下的必然趋势。在青少年性教育层面，瑞典已经处于模式成熟、体系完备的阶段，其价值理念、教育目标、实施措施等都可为我国青少年性教育发展提供借鉴。

（一）社会性观念与性态度亟须转变

观念的改革是任何改革和创新的主导（冷剑丽，2006），中国青少年性教育的顺利开展必然需要观念的更新。要突破"性压抑""性禁忌"的禁锢，不仅应在青少年性教育课程中融入性之美好的内容，而且应极力促使社会大众形成良性的、积极的性态度，意识到性教育之必需，以创造一个正面的社会氛围。

（二）国家必须提供有力的法律支持

我国目前的青少年性教育缺乏自上而下的支持与引导。国家政府及相关部门应以积极的态度、采取强有力的推广措施，向社会各界阐明青少年性教育开展的重要性，颁布有关法律提供保障，完善相关政策规范，明确实施单位落实工作，帮助公民树立科学的性教育观念，鼓励社会力量积极参与，自上而下地促进青少年性教育工作的开展。

（三）性教育理念与开展方式应更新

学校性教育是青少年性教育开展的最佳途径，因此，完善学校青少年性教育的价值目标、课程设置，建设专业化教育队伍，形成规范的、综合型性教育。我国学校性教育应合理借鉴瑞典模式，树立以人为本的教育理念，根据年龄阶段适时为青少年提供相应的性教育，重视科学性、系统性，采取启发式、参与式的教育方法，将人格教育与道德教育融入性教育之中。

（四）建立多方位的性教育实施途径

在学校性教育之外，建立全面的、多方位的性教育实施支持体系，积极呼吁家长、社会机构、相关专家、新闻传播媒体参与到青少年性教育的推进工作之中，整合各方资源，创新宣传模式，使性教育通过各种渠道深入社会生活的各个方面。

六　结语

在当前社会综合发展的背景之下，深入推行青少年性教育、建立综合型青少年性教育体系成为必然趋势。瑞典作为世界性教育开展成效最为显著的国家之一，其青少年性教育的价值理念、教育目标、教育内容与实施方法或为我国性教育发展现状和所处困境提供具体、有效的参考和借鉴。中国青少年性教育的深入推广需要不断反思总结、与时俱进，形成契合社会现状与大众需求、富有中国特色的青少年性教育体系。

国内案例一：《国家宝藏》

——青少年美育发展方向

吕　悦[*]

一　文化迷失中的"清流"

长期以来，日韩文化、欧美文化等国外文化都广受我国青少年的喜爱，而中华传统文化在青少年中的受欢迎程度与影响力似乎都与国外文化相去甚远，我国青少年无论在着装、影视作品、行为艺术、语言还是其他审美活动中都深受国外文化影响，面临一定程度上的文化迷失，在这样的背景下民族性审美教育的重要性不容忽视。美育是一种刚需，但它是自由的、非强制性的，刻板枯燥的说教式教育、填鸭式地将传统文化灌输给青少年难以取得理想的效果，好的美育应该让青少年自觉感知传统文化之美。央视的一档展现中华传统文化、通过

---

* 吕悦，山东大学社会学专业学生。

历史展现文物之美的综艺节目《国家宝藏》在青少年中意外走红，节目由明星演绎国宝的前世传奇，由文博界各路达人讲述国宝的今生故事，对每件文物的前世今生进行生动的梳理，许多青少年通过该节目对中国的文物和历史产生浓厚的兴趣，并表示希望走进博物馆近距离观察这些大国重器，为中华文化之美所震撼，文化自觉与文化自信油然而生。《国家宝藏》以润物细无声的方式让传统文化滋润了青少年的心田，引导他们的发展，也给我们的美育带来新的启示。

二 青少年审美的"去中国化"危机

文化与科学不同，科学成果是对客观对象的客观描述，它的成果具有实证性、国际性、普遍性，科学不具有国际性而只有民族性是病态的，而文化反映人类的民族性、主观性和特殊情感体验，具有强烈的民族意识和个体风格，文化不具有民族性和特殊性是不正常的。近年来，随着全球化的发展，我国青少年面临不小的来自国外文化的冲击，平安夜、圣诞节、情人节等西方节日受到青少年的追捧，许多同学相互赠送平安果、圣诞礼物、巧克力等，大街小巷，热闹非凡，而端午节、重阳节等中国传统节日似乎受到冷落，以至于国家不得不出手印发《关于实施中华优秀传统文化传承发展工程的意见》，许多学校更是号召青少年抵制"洋节"。同时韩剧、日本动漫、欧美影视作品也备受青少年追捧，并对青少年产生巨大影响，追国剧者却寥若晨星，中国综艺与影视作品也陷入迷茫之中，我们频繁地"效仿"我们的"邻居"，口碑不佳的"中国式翻拍"层出不穷，然而多数翻拍都不能真正实现"中国化"，产生了大批不伦不类的作品：韩国有了《三时三餐》，我们就有了《向往的生活》；韩国有了《尹食堂》，我们就有了《中餐厅》；韩国有了《produce101》，我们就有了《偶像练习生》。再比如说中国版的《深夜食堂》，将具有浓厚日本风土人情的故事与食物生搬硬套到中国社会中，只能带来水土不服与满屏的尴尬，不但缺乏创意与本土化特色，也不符合国人的审美标准，尤其对于审美观念尚未成熟的青少年，他们被一望无垠的丧失中国特色甚至"辣眼睛"的节目包围，海外文化的"泛滥"、传统文化的"缺失"难以对处于身心发展中的青少年起到正确的导向作用，甚至可能造成青少年的"谜之审美"。用习近平总书记的话来说，我们亟待"创作更多无愧于时代的优秀作品"。然而随着多元文化的渗透与互联网的发展，中国传统文化在青少年中遇冷，青少年对传统文化的认知也出现弱化现象，他们的脑海中缺乏中华传统文化基因，对其未来的发展是十分不利的，在这种形势下加强对青少年美育方面的引导，以优秀传统文化促进青少年美育就显得尤为重要。

三 传统文化呼唤年轻生命

令人喜出望外的是，一档土生土长的、演绎中国文物历史的节目——《国家宝藏》却在青少年群体中意外走红，在 B 站（哔哩哔哩弹幕视频网站）上受到极高的关注。"文章合为时而著，歌诗合为事而作"，在本土化节目缺失的环境下，《国家宝藏》可谓应运而生。《国家宝藏》是一档由中央电视台承制的文博探索节目，将纪录片、综艺等多种创作方法融合，以文化的内核、综艺的外壳、纪录的气质创造一种将现代人与历史文物距离拉近的方式。[①] 该节目由故宫博物院联合八大国家级重点博物馆，每家博物馆推选三件镇馆之宝，而每件宝藏都有一位明星作为自己的"国宝守护人"，由守护人与文博界达人或其他领域专业人员倾情讲述国家宝藏的前世今生，演绎传奇故事，让国宝活起来，解读中华文化的基因密码。节目一经播出就引发大批

---

① 百度百科，http://wapbaike.baidu.com/item/国家宝藏/22226325？fr=aladdin。

青少年叫好，在 B 站创造了惊人的视频播放量和弹幕量，每期节目都有满屏的弹幕飘过显示其火爆的人气，青少年不断地以弹幕这种圈层属性强烈的媒介表达他们对节目的观感，这档节目更享有 9.9 分的超高评分，得到 B 站用户的好评也就意味着得到青少年群体的喜爱，许多年轻人在评论中表示"大国崛起，焉能不鸣"，"通过历史剧让我们了解了很多国宝和国宝背后的故事"，"每次都看到热血沸腾又泪流满面，作为年轻一代一定要做到华夏文明，吾辈护之"。① 第一期"乾隆小剧场"中的"3D 立体环绕 diss""王羲之嫌弃三连"更是在社交媒体刷屏，《国家宝藏》节目因"官方吐槽"被大家戏称为《穿越千年吐槽你》，乾隆也被富有创造力的青少年亲切地称为"弹幕狂魔""弹幕的祖师爷"，乾隆的审美也被调侃为"农家乐审美"，我们仿佛一下就与历史人物拉近了距离。之后播出的节目依然保持较高水准，在越王勾践剑的前世传奇中，段奕宏化身"剑灵"诉说"越地长歌不散，我翘首以盼"，令屏幕前的无数青少年为之动容；第一位吹奏 8000 多年前的贾湖骨笛的萧老先生将毕生心血奉献给华夏初音的传承的故事令多少青少年落下热泪；几经辗转流落海外的皿方罍终由湖南爱国收藏家群体拍下，得以重归故里，"身首合一、完罍归湘"，入驻博物馆永不出现在任何商品交换市场的流转历程又令观看节目的青少年们热血沸腾。

很长一段时间以来，央视出品的节目趋于同质化、刻板化、"主旋律化"、过于"严肃正经"，很难引起青少年的共鸣，逐渐被青少年边缘化。令人惊喜的是，2017 年末 2018 年初最受年轻人追捧的综艺节目居然来自央视，更令人惊喜的是这档综艺不靠流量明星吸引青年人，而靠上下五千年的华夏文明打动青年人，《国家宝藏》在以青年人为主的豆瓣和 B 站上口碑炸裂，许多青少年在观看节目后都深感

_____

① 　来自 B 站《国家宝藏》评论区。

震撼、热泪盈眶，并表示希望去博物馆一睹文物真容，有望为博物馆迎来"黄金时代"。《国家宝藏》在 B 站这种"00 后"用户聚集的视频播放网站的火爆，意味着它在青少年中产生了不容小觑的影响，燃起公众对美育的重视，在以美育人、传承传统文化方面已初见成效。习近平总书记在多次讲话中提出"完善中华优秀传统文化教育"，这是一个具有迫切现实意义和深远历史意义的时代命题，而如何用传统文化以美育人，《国家宝藏》的热播与其对青少年美育发展的显著成效给了我们很好的答案。

首先，它在韩综、韩剧"肆虐"的中国影视环境中成为一股清流，重新让中国本土文化抓住青少年的眼球，影响其审美观念与文化品位。青少年群体的探索求知、新鲜感、好奇心都为传统文化的传播助力，我们看到在 B 站等各大视频网站往往是青年人率先发声，这部文化底蕴深厚的综艺节目让青少年群体耳目一新，在真人秀节目井喷式发展的综艺生态中，尤其是在购买韩国综艺节目的版权进行翻拍令青年人倍感审美疲劳的环境下，《国家宝藏》让青少年将视野转向传统文化，创造本土化的综艺节目，令审美观念尚未成熟的青少年明晰"什么是美"与"中国之美"，领略传统文化巨大的美学价值，唤醒了青少年群体迷失已久的民族自豪感，青少年群体在各种社交媒体上热烈地讨论有关节目的一切，也就是有关中华文脉的内容，并将节目安利给身边的同龄人，令我们的历史文化得到年轻人越来越高的关注度。这档节目最大的成效就是吸引了一大批曾经有意无意将自己与历史和传统文化隔离的青少年。

其次，《国家宝藏》令博物馆重新受到青少年的关注，带给博物馆新的生命力，博物馆的价值不在于它拥有什么，而在于它做了什么，九大博物馆与央视联手打造的《国家宝藏》唤起青少年对国家文物的敬畏与对博物馆的热爱，引导我国青少年走进艺术的世界感知美，重新将目光聚焦在文物与博物馆上，而博物馆正是美育的理想之地，它是展览艺术品之处，我们在博物馆可以感知一个国家的历史脉络，可以接受艺术熏陶、净化心灵。在现实生活中，许多人，尤其是喜欢热闹、新鲜事物的青少年群体，走进博物馆的次数屈指可数，青少年在学校组织下进行的博物馆参观也大多是走马观花式的、被动的、枯燥无味的，他们人多对展品历史并不够关注，这样的活动起到的美育作用是十分有限的。笔者在参观山东省博物馆时看到馆内大多是在炎炎夏日纳凉的老人和呼啸奔跑的儿童，驻足欣赏文物之美的青少年寥寥可数。而《国家宝藏》在青少年中的意外走红让我国青少年对博物馆萌生兴趣，笔者本人也在节目的吸引下走进南京博物院，并发现许多与笔者一样的年轻人，在博物院门口排起了长队。人们去博物馆的频次与国家美育水平在一定程度上是相关的，《国家宝藏》令青少年关心文物、有走进博物馆的欲望，这本身就是美育积极的开端，它可以让青少年了解国家传统文化、提升青少年的艺术鉴赏力和艺术兴趣，从而提升整个社会的审美水平，推动精神文明发展。

最后，《国家宝藏》的美育价值不仅仅在于吸引，更在于传承。《中华世纪坛序》中有一段我们耳熟能详的话："大风泱泱，大潮滂滂。洪水图腾蛟龙，烈火涅槃凤凰。文明圣火，千古未绝者，惟我无双；和天地并存，与日月同光。"千古未绝的中华文化仍需青少年群体的薪火相传、代代相承，在《国家宝藏》中我们看到天才少年王希孟染天染水，绘制长达 11.9 米的、烟波浩渺、层峦叠嶂的《千里江山图》；缂丝名手朱克柔通经回纬，绣成幅式巨大的，丝丝缕缕皆匀称、分明的《莲塘乳鸭图》；"聚成号"的工人历经上万工时，打造出 400 个各式人物摇曳生姿的，喻示"良田千亩，十里红妆"的宁波万工轿。从古至今，正因无数能工巧匠怀揣一颗匠心，这些巧夺天工的文物才得以展示在我们面前，当年轻的视角走进古老的文物，"匠人精神"与文物身后感人至深的故事让这些"老工匠"成为青少年新的"偶像"。而目前许多传统技艺都濒临失传，文化技艺的传承至关重要，节目的播出吸引了许多年轻人，让他们又"燃"又感动，一些青少年表示自己愿意更进一步了解这些传统工艺并为它们的传承贡献自己的力量，更有一些青年人表示希望自己未来能够走进博物馆成为一名讲解员或志愿者，讲述文物背后动人的故事。除了传统技艺，在这个略显浮躁的时代中华民族的传统美德与传统精神也需要传承，在文物睡虎地云梦秦简的故事中，一张"喜大人"的棺内示意图令不少青年人瞬间泪目、肃然起敬，一位秦国的基层官员去世后将自己记录抄写的竹简全部放在棺材中伴自己长眠，他的葬墓里没有值钱的陪葬品，只有写满秦律的竹简。择一事，终一生，兢兢业业，恪尽职守的敬业精神感动了无数青少年。虽然我们没有身处那个风起云涌、帝国崛起的时代，但勤勉敬业的精神仍要由我们广大的青少年加以传承。《国家宝藏》用有血有肉的故事令青少年群体自觉感受到他们肩负着传承中华文化的责任，并愿意主动为文化传承贡献力量。

四 本体价值何去何从

《国家宝藏》节目播出后经媒体大力推介、朋友圈强势刷屏，然而被裹挟进这场文化盛宴之中的观众并非只有溢美之词，该节目可谓热点与"槽点"齐飞。节目创意新颖、以传统文化为内核，吸引大批青少年观众，不乏美育价值，对青少年发展具有一定导向作用。但以综艺节目解读传统历史文化的形式仍存在许多不足之处、火候稍欠。

忽视文物本体价值，强调故事性，对文物过度演绎。节目邀请众多明星作为国宝守护人讲述宝藏的历史故事，将"故事还原"作为重要的部分，可是舞台空间与节目时长有限，对文物的解析只是浅尝辄止、流于表面，难以真正展现出文物本身的内在魅力，更无法做到真正解读文物的"历史密码"。

情景再现的演绎逻辑不够严密，缺乏严谨性。节目组称每期节目的小剧场"依据史实，合理演绎"，其情景再现的场面足够生动，但有些演绎逻辑不够缜密，细节不够严谨，历史人物的性格、语言均有待考究。一些故事有生拉硬扯之嫌，缺乏史实依据。

许多青少年仅将目光聚焦在明星身上，对文物本体价值关注不够，本末倒置。在《国家宝藏》节目播放网站的评论区与弹幕中，年轻人为自己偶像"打call"的现象并不少见，一些青少年的关注点也许不是国宝本身，而是被喜欢的明星吸引。

综上所述，要让青少年群体真正受益于文博节目，对历史文化产生持续的兴趣，就要让他们真正关注文物的本体价值，聚焦文物本身。生动活泼的形式固然重要，但如果产生"乱花渐欲迷人眼"的效果，青少年在节目中恐怕只能"看个热闹"。

五 《国家宝藏》之于青少年美育发展的启示

1. 对青少年的教育应寓教于乐，重视美育培养

青少年认识美、创造美的能力对其发展具有深远影响，对青少年的全面发展起重要作用。美育在我国源远流长，春秋时期孔子教授弟子"六艺"，其中"乐"就是与美育相关的课程。近代中国的蔡元培先生也强调美育在国民教育中的重要性，打开了中国美育之门。可惜在当代中国的教育环境中，美育却是长期"缺席"的。应试教育让知识课程挤占了学生的学习时间与休息时间，相信我们都有过美术课、音乐课被数学课、物理课等"抢占"的情况，美育在学校与家庭中都得不到重视。长此以往，青少年沉迷于无休无止的题海与背诵，失去了发现美的眼睛与创造美的能力，从长远来看，这对青少年的长期发展是不利的。正因美育的缺位，许多青少年才会迷失于纷繁复杂的

"韩流文化"、"二次元文化"、欧美文化等。文化是多样的，青少年对多元文化的追求值得鼓励，但灿烂的中华文明是我们不容忽视的源泉，部分青少年认为中华传统文化是落伍的、落后的、过时的，这种民族虚无主义的思想观念是需要调整的，是文化自信缺失的表现。南京市岱山实验小学的人文课程给我们提供了青少年美育的优秀范例，在国宝竹林七贤与荣启期砖画的故事中，节目组请来岱山实验小学的八位小学生来扮演"mini 版的竹林七贤与荣启期"，展示砖画复原解码的秘语。南京市岱山实验小学地址同竹林七贤与荣启期砖画出土地址邻近，该学校与南京博物院合作共建丰富的博物馆课程，让学生心怀六朝文脉，亲自动手复原砖画，不仅燃起对中华历史的兴趣，还产生文化传承的使命感。该学校的学生每个月都上一堂博物馆人文课程，与博物馆亲密接触，这样的教育模式与传统的"填鸭式"大相径庭，潜移默化地培养青少年的文化自信与民族自豪感，引领孩子们健康全面发展，这种生动鲜活的教育模式才能真正让国宝活在青少年的心中，自觉传承中华文明圣火。而《国家宝藏》也以"让国宝活起来"为节目初衷，其对传统文化之美的展现，令不少青少年观众叹服，冰冷厚重的历史被立体化、艺术化地表达出来，不论是色彩浪漫、寄托对天界仙境神灵烛龙云间飞舞的无限遐想的马王堆 T 形帛画，还是风姿绝世、描绘洛水河畔殊途情难断的《洛神赋图》都会带给青少年强烈的美的震撼。这种具有民族性的美育有助于我国青少年成长为具有文化自信与民族自豪感的爱国公民。

2. 推动优秀传统文化与青少年的"亲密接触"

将更多弘扬中华文明、具有教育意义的优质节目投放至 B 站等青少年聚集的视频网站，让他们通过弹幕、评论等方式体验互动式氛围。我们不应低估当代青少年的审美能力与判断能力，自认为了解他们就喜欢某一种类型的节目。我们常常认为青少年群体对于传统文化缺乏兴趣，实则反映出在我们的美育中传统文化的缺位或形式主义，从另一方面看，青少年并非对传统文化不感兴趣，而是我们缺少生动、娱乐的美育活动。青少年的审美是与时俱进的。无论在什么领域，得青少年者就得到了半壁江山，《国家宝藏》节目与 B 站的合作帮助其打破了与青少年观众间的界限。B 站用户以年轻人为主，青少年群体占据一定比例，这些"互联网一代"充满好奇与求知欲、审美基础良好、对于自己喜欢的事物乐于安利。同时在 B 站观影有良好的互动氛围，许多青少年在观看视频时都打开弹幕，一边观影一边讨论，大家在活跃的氛围中共享知识、交流情感，并产生关于国宝之美的共鸣，对于年轻人来说这样的互动体验比单纯的观影有趣得多。将更多优秀的文化节目投放至 B 站，为青少年群体接受文化熏陶打开一扇新的天窗，为美育发展提供更多可能，口碑好的节目经青少年口口相传，吸引越来越多的年轻人，弹幕又将单向的信息流动转化为双向互动，丰富优秀文化带给青年人的体验与震撼。

3. 青少年美育发展需"投其所好"

文化创作不必拘泥于传统审美，文化传承不必拘泥于形式，可以在美育上引进年轻人喜爱的元素，如邀请正能量流量明星宣传、用网络流行音乐做 BGM 等。《国家宝藏》能够吸引青少年在于它不同于课堂教育的板起面孔刻板说教，而是生动活泼地讲述有温度的故事，回顾历史又不远离现实，让曾经高冷的博物馆中的文物变得"接地气"。《国家宝藏》将真人秀、纪录片融为一体的创新形式吸引了大批年轻观众，节目组不输段子手的玩梗手段更是为国宝增添许多趣味。对于审美教育，我们同样可以用这种既严肃又活泼的形式替代课堂中的说教，大胆引入符合青少年群体兴趣的内容。《国家宝藏》中上海博物馆文物——大克鼎就由新生代人气偶像易烊千玺担任国宝守护人，博物馆馆长表示，希望青年偶像带领更多青少年走进博物馆，了解中华传统文化。关晓彤、周冬雨等优秀青年演员也在《国家宝藏》中吸引了不少青年粉丝的围观。节目在背景音乐的选择上也引入了大量游戏和动漫中的原创音乐，大量运用新兴的"古风"音乐，引起许多"二次元"青年观众的关注，许多观众也被优美的背景音乐吸引，常常飘过"求BGM"的弹幕。这些年轻的元素带给节目生气与人气，也令青少年乐于接受这样的文化熏陶。我们的美育也应与时俱进，贴近青少年受众，采用更加生动有趣的表达方式，用年轻的语态表述严肃的文化。这样的美育才能在青少年群体中得到长足发展。

六　结语

我们广袤的土地上从来都不缺乏文化创作的源泉和创意，青少年美育发展任重道远，要让青少年关注"美"、关注"中华之美"，首先要了解他们喜欢什么，了解他们对什么样的文化形式感兴趣，青少年反馈给我们的审美需求才是我们的审美样本，与青少年群体形成良性互动才是打破文化壁垒与文化断层、促进青少年健康发展的最佳方式。希望《国家宝藏》带给青少年朋友的不仅仅是"燃"和感动，更是对传统文化真正的关注和对"美"的全面认识。

国内案例二：　"十三五"　校园足球普及行动

马雁思*

一　背景

2016年4月11日，《中国足球中长期发展规划（2016～2050

* 马雁思，山东大学哲学与社会发展学院学生。

年）》（以下简称《规划》）得以公布，其中有一条专栏谈及"十三五"校园足球普及行动，特别提到了"以增强学生体质和意志品质、普及足球知识和技能、培养足球兴趣爱好为目的，广泛开展、举办多种形式的校园足球活动"。① 两年来政府主导的《中国足球改革发展总体方案》的试水推行为其提供了相对丰富的实践经验基础，2017 年中共中央、国务院提出了《中长期青年发展规划（2016～2025 年）》，尤其是重点强调以足球为突破口的青年体质健康提升工程，无疑又增添了一项针对校园足球活动改革推广的文件内容。这些事件有力地支持了"十三五"校园足球普及行动的开展，切实敦促青少年走向操场，培养学生课余兴趣，努力达到强身健体的效果，并发挥足球育人的功能，在活动中领悟道德和规范意识予以内化，提升青少年自身素质。

二 内容

（一）"十三五"校园足球普及行动的具体内容要求解读和实施办法

《规划》中指明"十三五"校园足球普及行动的具体内容要求是，"深化足球教学改革，形成内容丰富、形式多样、因材施教的青少年校园足球教学体系。制定校园足球教学训练指南，开发校园足球网络课程并免费开放。将校园足球骨干教师纳入中小学幼儿园教师国家级培训计划等培训项目，对 5 万名专兼职足球师资进行培训。建立健全校园足球竞赛体系，实施全国校园足球四级联赛制度。完善考试招生政策，激励学生长期积极参加足球学习和训练。支持建设一批校园足球特色学校和试点县"②。此项工作由教育部正式牵头负责，涵盖了青少年的

---

① 参见《关于印发中国足球中长期发展规划（2016～2050 年）的通知》，http://www.sport.gov.cn/n316/n336/c718723/content.html（2018 年 2 月 20 日检索）。
② 参见《关于印发中国足球中长期发展规划（2016～2050 年）的通知》，http://www.sport.gov.cn/n316/n336/c718723/content.html（2018 年 2 月 20 日检索）。

足球课程、足球师资、足球联赛、足球招生及足球硬件设施完善等方方面面。在这里有两个关键词值得我们把握，分别是"校园足球"和"普及"。校园足球表明了它的适用人群为青少年，足球成为适用载体，普及则强调了此项工作当前的适用方法是普遍推广，扩大覆盖面。

昔有梁启超的《少年中国说》，今有习总书记寄语青年"青年是国家的未来、民族的希望。青年兴则国家兴，青年强则国家强"，所以国家重视青少年发展的各项工作。只有确保青少年的身心健康发展，才能积蓄实现伟大复兴中国梦的未来力量，为打造健康中国夯实基础。与此同时，《中长期青年发展规划（2016～2025年）》鲜明地提出了要关注青年健康，以学校体育工作改革为抓手，发挥其在促进青少年培养体育兴趣和爱好、广泛参与全民健身运动中的积极意义，实现提升青少年体质健康水平的发展目标。"体育"和"健康"的议题目前得到热烈讨论，是因为随着经济迅速发展，人民的生活水平明显提升，群众对体育健康的需求日益旺盛。抓好体育健康，符合全国人民建设体育强国的殷切期盼。之所以把目光定在足球这一运动项目上，一是足球有"世界第一运动"的美誉，在全球来说是具有重大影响力的单项体育运动；二是足球要求的参与人数众多，适合发展成群众性的健身活动；三是足球在中国长久以来有着雄厚的受众基础，振兴足球能够符合民众渴望足球荣誉的美好愿景。"普及"一词在习总书记跟国际足联主席因凡蒂诺的会面中有谈及，当时还谈到的一方面就是"提升"，其实两者本是一脉相承、相互联系。结合我国足球现状不难发现，多为商业背景下功利地追求成绩的提高，花巨资请外援带来竞技水平的提升，鲜有国人走出国门，在世界球坛上大放异彩，所以还是基础不牢，后备人才缺乏，难以保证稳定发挥，导致了足球发展跛脚前行。如果没有普及的基础谈提升，那无异于空中楼阁，只是一番虚无缥缈的幻想。当"青少年"、"体育"、"健康"、"足球"

和"普及"这些要素糅合在一起，自然就引出了校园足球工作的重点发展需求，要把它作为中国足球改革发展的一项基础性工作推进。虽然校园足球运动早在2009年就已经启动，但是2014年教育部开展的相关调研结果显示尚有些问题。一是普及面窄。虽然建立了不少的足球定点学校，但是活跃参加校园足球的学生群体却不是大范围的，而是局限在校队的专业学生队伍中。二是校园足球竞赛体系的唯成绩论。以学校为单位参加校园足球竞赛，层层淘汰遴选竞争最后的冠军。冠军的唯一性势必导致绝大部分学校无望夺标，从而削弱参与的积极性，尤其是在资源分配不均的情况下，掌握丰富优势足球资源的学校，将有力地雄踞榜首，不利于整体的进步。三是师资、场地、资金等人力、物力和财力配套支持严重滞后，学习成绩导向的社会风气也严重限制了青少年投身足球活动的自由性，造成校园足球工作开展困难（王登峰，2018）。为解决早期校园足球工作遇到的问题，此次"十三五"校园足球普及行动也就应运而生。

"十三五"校园足球普及行动从教学根基、师资队伍、竞赛体系、升学瓶颈和足球学校规模着眼，统一于实现青少年校园足球教学体系改革的目标，即"内容丰富、形式多样、因材施教"。教学根基重在将校园足球这项运动转化为系统化、科学化、规范化的学习，而不是简简单单的娱乐性活动，配备专家们编写的足球指导教材和专门制作编摄的足球教学课视频，除了科学地了解相关足球技能，也能够为青少年们健康参与足球运动提供参考，而网络课程的开发和免费开放可以进一步降低教学门槛，有效促进校园足球教学标准化的推广。这些材料更需要有专业背景的老师来驾驭，方能最大化地发挥它们的教学功能。面对普及学生的范围，目前的师资队伍显然捉襟见肘，师资短缺是个不可回避的问题，这有量的需求也有质的要求。将足球教师培训纳入国家级教师培训项目，可以提升教师的培训标准从而提高专业水平。另外，5 万名的培训数目可以极大地弥补师资队伍缺乏这一短板。竞赛是检验和发展校园足球教学成果的一项利器。深化建设小学、初中、高中及大学的四级联赛制度，拓宽覆盖青少年的群体范围，选拔出表现优秀的群体和个人。竞赛制度的结果可以发掘夺取成绩的各地各校的有益经验，帮助改进其他相对落后单位的校园足球工作。高考的指挥棒导致现在青少年很早地进入学习的高压环境，课余不得不奔波于各种课程辅导班，很难有自由的时间喘息，更不用说吸引青少年参与校园足球活动。所以单纯设置足球的体育课程，这是个被动的行为，并不能缓解青少年及其家庭有关升学的焦虑感，只有激发学生主体积极参与的意识，才能确保校园足球工作的持续顺利推进。教育主管部门在青少年升学需求上有所考虑，落实足球特色的升学机制，解决有志于足球事业发展的学生们的升学瓶颈。足球特色学校的规模扩大适应了"十三五"校园足球普及行动的客观要求，拓展普及程度，确保建设一批合乎标准的足球特色学校，配有完善的软硬件基础设施，为青少年的校园足球活动开展提供良好的物理空间和文化氛围。这些细节的执行助推了青少年校园足球教学体系的完善，丰富了校园足球的教学内容，为青少年参与校园足球活动提供了多样的形式，结合青少年的成长状况适时适地地给予个人发展帮助，提高其体质健康水平，培养爱国主义、集体主义，磨砺顽强拼搏的意志品质。

(二)"十三五"校园足球普及行动取得了初步成效

紧紧围绕"十三五"校园足球普及行动的以上内容要求，校园足球工作在全国扎实推进，经过政府、社会和家庭等各方面的努力，取得了初步成效。

一是普及程度大幅提高。到目前为止，已认定全国青少年校园足球特色学校 20218 所、全国青少年校园足球试点县（区）102 个、全国青少年校园足球改革试验区 12 个。招收高水平足球队的高校由原来的 77 所增加到 152 所，增幅达 97%。参加小学、初中、高中、大学四级联赛的学生共计 1004.08 万人次，参加校园足球冬令营的学生共计 15564 人。① 从数据来看，提前完成《中国足球改革发展总体方案》中的普及目标，即在 2020 年建设两万所青少年足球特色学校。同时青少年群体的覆盖在地域范围和人数上都得到了大幅拓展。完整的竞赛体系涵盖了青少年的各个年龄组，多轮选拔的竞赛机制增加了青少年学生们参与校园足球的比赛机会。

二是转变思想主动参与。招收高水平足球队的高校由 77 所增加到了 152 所，这些高校的增加为热爱足球的青少年提供了更多的升学选择。此外，将层层选拔出来的最佳阵容同国家级运动员标准相挂钩，相应地为青少年升学创造了有利条件。加强与足球强国的足协合作，把校园足球工作落实在青少年足球教学、训练和竞赛方面的合作。选派入选全国最佳阵容的同学，到国外与他国青少年一同学习、训练和竞赛，接触当地良好的足球文化和足球氛围，为我国优秀的青少年足球爱好者走出国门、开阔视野搭建了平台。升学扶持和国际交流均极大地推动了家庭乃至社会对足球的认识，激发了青少年主动参与校园足球运动的热情。

三是保障条件日益改善。国家对两万多所足球特色学校的足球老师开展重点培训，同时引进国外优秀足球教练、老师来华执教，带动中方教师学习，国家也支持校园足球草根教练的培训工作，师资队伍得到明显填充强化。《全国足球场地设施建设规划（2016～2020 年)》的出台为校园足球的场地建设提供了政策支持，确保了资金的大量投入。"满天星"训练营成为青少年足球教学改革的示范模式，"高水

---

① 参见教育部发布的《深入学习贯彻党的十九大精神启动校园足球新征程》，http://www.moe.gov.cn/jyb_xwfb/xw_fbh/moe_2069/xwfbh_2018n/xwfb_20180201/sfcl/201802/t20180201_326164.html（2018 年 2 月 20 日检索）。

平的教练、高质量的课余训练、高质量的教学和竞赛体系、高水平的保障"的四高特点为提高校园足球水平和质量提供了保证，作为业余训练体系与竞赛体系相配套适应。

（三）"十三五"校园足球普及行动的良好成效的背后仍然存在一些问题

"十三五"校园足球普及行动虽然已经执行了近两年，取得了良好的成效，模式日益成熟，逐渐得到社会各层面大多数的支持和认可，但也不得不承认，这个过程中还存在一些问题。

一是校园足球发展不平衡不充分。有条件的发达地区可以保证校园足球工作的经费需求，但也有不少条件薄弱的欠发达地区难以设立校园足球扶持资金。有的地方积极落实国家政策，切实为校园足球的发展创造良好氛围和提供健康环境。不过有些地方在校园足球的基础工作中还是有不充分、不到位的现象。

二是对校园足球价值的认识偏见尚存。"重智育、轻体育"的传统观念仍然弥漫在社会的各个角落，当前严峻的升学压力加剧了这一现象，几乎变成了唯文化课成绩论。不少家长戴着"玩物丧志"的有色眼镜看待校园足球，所以不鼓励自己的孩子参加校园足球运动。部分学校也克服不了升学率的硬性指标压力，加之客观条件的限制，难以贯彻落实有关政策开展校园足球工作。

三是制度化工作有待巩固。地方政府由于追求政绩的功利性，前期规划执行热火朝天，但后期缺乏坚持和监督，导致工作浮于表面，没有深入精髓。各地需要学习上级文件精神，扎实推进工作的延续，将校园足球工作作为一个任重而道远的长期工作贯彻落实。①

---

① 参见教育部发布的《全国青少年校园足球工作发展报告（2015～2017 年）》，http://www.moe.gov.cn/jyb_xwfb/xw_fbh/moe_2069/xwfbh_2018n/xwfb_20180201/sfcl/201802/t20180201_326157.html（2018 年 2 月 20 日检索）。

三　启示

"十三五"校园足球普及行动是我国当前青少年发展工作的一个重要缩影，虽然主要是针对青少年体育方面开展的一项工作，但其过程中所得到的有益经验并不局限在这一单方面的发展，也适用于整体的青少年发展工作。

（一）重视顶层设计，完善制度机制

政府要统筹全局，做好整体谋划，加强顶层设计，自上而下发挥宏观力量，梳理工作脉络。校园足球工作由教育部牵头负责，各级有关政府部门配合开展，出台了《教育部等6部门关于加快发展青少年校园足球的实施意见》、《全国青少年校园足球教学指南（试行）》、《学生足球运动技能等级评定标准（试行）》和《关于加强全国青少年校园足球改革试验区、试点县（区）工作的指导意见》等一系列文件，推广实施构建制度基础，每年开展校园足球督查工作，加强工作考核。青少年发展工作是党和国家关注的一项长期要务，因而需要建造好制度平台，搭建好质量监督的承重柱，在实践中不断检验和发展，完善青少年发展工作的体制机制建设。

（二）坚持以人为本，把握发展规律

校园足球坚持以学生为主体，在把握青少年对足球的兴趣和爱好的基础上，努力挖掘校园足球的吸引力、趣味性，让青少年享受到参与校园足球的快乐。青少年发展工作同样需要坚持以青少年为主体，根据主体需求设计规划，制定可行的方案措施。尊重青少年的成长规律，配合立德树人的育人工程，推动青少年的整体素质发展进步，培养具有社会主义核心价值观、爱国主义和集体主义精神及顽强拼搏意志品质的新时代接班人。

（三）强调学理支撑，科学优化布局

除了顶层设计的骨骼架构，还需要科学知识的肌肉包裹。教育部门会同专家及科研机构共同编定《全国青少年校园足球教学指南（试行）》和《学生足球运动技能等级评定标准（试行）》，助力校园足球工作科学开展，同时优化竞赛体系，均衡投入布局，力图惠及更多的青少年人群。因此要紧密发挥同智库的智力合作，为青少年发展提供学理支撑，能够缓和家长、学生对有关安全、学业等问题的担忧，科学布局，优化资源配置，发挥最大效用，服务青少年发展。

（四）凝聚多方力量，协同推进工作

青少年作为祖国未来发展的栋梁之材，他们的发展必然事关整个社会的联系。在校园足球普及行动中，有关政府部门、相关社会组织、企业等集体和部分个人支持和参与校园足球发展的积极性很高，为足球场地设施建设、资金投入、足球竞赛赞助和运动员意外伤害保险等方面的保障提供了各方面力量的支撑，切实推动工作有序健康进行。所以需要统一社会各层面对青少年发展的认识和行动，政府出台指导政策，媒体做好宣传工作，营造良好的舆论氛围，企业和学校本着促进青少年发展的义务态度提供物质资源，家庭给予理解和支持，缺一环不可，密切多方沟通合作，合理划分责任领地，发挥整体联动效应，协同推进工作。

国内案例三：　德馨蜗牛山庄

石秀博*

青少年作为祖国的未来，一直是国家关注的焦点，而残障儿童作

---

*　石秀博，北京大学社会学系研究生。

为青少年中的特殊群体，更是越来越受到社会各界的关注。关于"蜗牛"群体的爱心组织发展迅速，笔者以岳阳市德馨助残服务中心的一个助残项目为案例，重点解析项目的启动、运营以及对民间其他"蜗牛"群体组织发展的启示。

一　案例背景

国家相关部门的统计显示，年龄在 0~14 岁的儿童人数达到 3.075 亿人，其中残障儿童的占比接近 3%。在接近 3% 的残障儿童中，智障儿童有 539 万名，约占 66%。一般来说，我们对心智障碍人士的昵称为"蜗牛"，他们是残障人士中更为困难的群体，是残疾人中的残疾人，在社会中属于最难就业的群体之一。伴随社会融合，正常化的原则深入人心，关于"蜗牛"群体的正常权利也越来越被深思和考量，这个特殊群体也越来越受到大家以及媒体的关注，关于"蜗牛"群体的爱心组织也不断出现。

现任湖南省智协副主席的陈丽湘就曾表示，岳阳市致力于关注残障儿童的发展，岳阳市智协群建立两年来，入群的家长和孩子不到 200 人。这个数字在岳阳市持有智力残疾证的 1.85 万人面前就是沧海一粟，加上一些因各种原因无法办理登记的，岳阳市的"蜗牛"应该超过 3 万人。这说明他们的工作一直处于初级阶段，还有很多属于"蜗牛"群体的儿童被困在家中，无法享受正常的社会生活，无法真正融入社会（韩章，2017）。《经济半小时观察》的记者也曾报道，"蜗牛"这个特殊的社会群体是一个不应该被社会和公民忽视的群体，这个群体的规模庞大，截至 2017 年 8 月，岳阳市已经领取智力残疾证的残疾人就超过 1 万人，但是那些并没有领证的智障儿童约为已经领证的三倍，并且数字还在呈现不断扩大的趋势。许多残障孩子无法像正常人一样沟通、无法自理，为了防止意外的发生，他们常常被迫留在家中，这进一步加大了他们与社会的隔离。但是，让孩子走出家庭走向社会才是"蜗牛"群体更为理想的归宿。

二　案例介绍

德馨蜗牛山庄是岳阳市德馨助残服务中心的一个助残项目，是2017年9月在岳阳日报传媒集团的支持下，全国首家由媒体人创建、岳阳第一家以智力残疾人为主要服务对象的助残托养机构，其目的是给心智障碍人士提供寄托养与支持性就业培训服务。

韩章——长江信息报首席记者、副总编、"湖南省优秀新闻工作者"、"湖南省助残先进个人"、岳阳市关心下一代"最美爱心人士"，因为长年不遗余力地为心智障碍人士这个社会弱势群体排忧解难，被中国智力残疾人及亲友协会誉为"全国蜗牛首席记者"。同时他也是德馨蜗牛山庄的法定代表人，是所有"蜗牛"孩子的"爸爸"。韩章为孩子们提供了和正常孩子一样快乐的生活、开心学习的权利，他关心他们的生活起居，给了他们父亲一般的温暖和爱。

2016年5月，为了迎接第27个全国助残日，岳阳市的爱心组织——岳阳市智力残疾人及亲友协会与长江信息报合力开展了系列活动，其中包括"牵着蜗牛去散步"。也正是因为这次活动，韩章结识了岳阳市智力残疾人及亲友协会，在多次参加智力残疾人就业培训活动中，才有将德馨蜗牛山庄创办起来的契机。韩章说，在多年前的采访中，一位残障儿童父亲的痛苦深深地撼动了他。2017年3月，自己对"蜗牛"这个特殊群体产生了一些特别的想法和规划，开始慢慢产生成立"蜗牛"帮扶机构的打算，期望通过这样的机构来帮助那些困在家里的"蜗牛"。秉持托养一个"蜗牛"，就是解放一个家庭的初衷，他从此开始打造德馨蜗牛山庄。得知韩章的规划和想法后，社会各界组织都给予了他全力的支持。不到半年，一个崭新的组织——德馨蜗牛山庄开业了。

在不到半年内，德馨蜗牛山庄已经接收了23个孩子，并且已经有6个孩子可以自己做饭了。除了基本的生活常识、自理能力培训，还会不定期有职员教授"蜗牛"使用手机和电脑。他们可以通过手机与家人视频，通过浏览器查自己想看的新闻，大大拉近了与社会的距离。在德馨蜗牛山庄的帮助下，这些贫困家庭出生的孩子在德馨蜗牛山庄第一次感受到集体和社会的温暖，他们参加了集体活动，参观了海洋世界，参加了全国特奥联谊活动，更是在比赛中获得了金牌，也度过了难忘的集体生日。对于这些"蜗牛"来说，德馨蜗牛山庄并不仅仅是一个帮扶机构，更是他们的天堂，在这里他们体会到了过去从未体会到的关爱与乐趣，找到了久违的温暖和帮助。

在德馨蜗牛山庄最典型的一个案例就是"解救"铁笼中的智障女孩——FQ。FQ（22岁），4岁时因为意外事故导致颅内受伤、智力受损。病情严重时，FQ无法控制自己的行为，会出现极端暴力撕咬、打砸物品的情况。这种攻击性是其目前以及年龄比她还小的弟弟无法控制的。因为家里现实条件的限制，FSQ（父亲）忍痛将自己的女儿关进了特制的铁笼，一方面防止她伤害自己，另一方面也保护家人安危，但FQ也因此在铁笼里待了整整17年。为了帮助这个身在铁笼的"蜗牛"，2015年，韩章帮她办理了身份证和残疾证，并帮助她十多年来第一次走出铁笼。从2015年到2018年的三年间，韩章为了帮助FQ跑了不下20次，这次他是为了接FQ去德馨蜗牛山庄，希望通过山庄的照顾以及环境改变人的心理疗法"解救"FQ，让这个花季少女走出铁笼，能够过上不用打针吃药、不用家人陪护的生活。在韩章的解释以及帮助下，FSQ答应了陪女儿到德馨蜗牛山庄入住，FQ也终于勇敢地走出铁笼。

对于普通的孩子来说，LC 绝对是不幸的。由于母亲是智力障碍者，所以 19 岁的他从来没有得到过正常的母爱，常年寄住在外公外婆家。由于 LC 家庭条件特殊，韩章甚至减免了他在德馨蜗牛山庄的生活费。在来到德馨蜗牛山庄短短的三个月内，LC 不仅性格变得阳光活泼了很多，也学会了很多基本的生活能力，现在更是能把整篇《岳阳楼记》背诵下来。

XN 今年 15 岁，因为智力障碍在以前的学校中总是被欺负，无奈退学，母亲带着他来到德馨蜗牛山庄参观。在参观的同时，他感受到了久违的快乐，在这里和伙伴们一起参加集体活动、打架子鼓、表演短剧。其母亲看到儿子也忍不住感叹，这么多年了从来没有看到过儿子这么开心。因为智力障碍，XN 两岁的时候就被父亲抛弃跟着母亲生活，单亲的家庭条件以及年岁已高的外公外婆需要照顾，德馨蜗牛山庄每月 1200 元的生活费让母亲望而却步。看到 XN 的家庭情况，韩章与山庄负责人陈丽湘没有任何犹豫，让 XN 免费试住三个月。

除了"蜗牛"的事例，更多的是社会对于"蜗牛"的关爱。其中就有岳阳市四中 402 班师生及家委会成员赴岳阳市德馨助残服务中心开展爱心联谊活动。活动内容主要为：赠送礼物、402 班学生表演节目、德馨蜗牛山庄孩子表演节目、活动联谊（拔河、篮球赛）。联谊活动不仅仅给德馨蜗牛山庄的孩子带来了新年礼物，更给他们带来了集体活动的温暖以及成长。

虽然德馨蜗牛山庄逐渐得到了蜗牛家庭以及社会的认可和帮助，但是对于一个刚成立的组织来说，每人每月 1200 元的生活费，远远不够运营成本。而且招来的 23 个孩子全部来自贫困家庭，其中有 1/5 的人交不上生活费，只能减免。对于这样一个没有固定收入、仅仅靠社会爱心人士的帮扶运营的爱心组织，如何得到稳定的资金来源是目前面临的最大的问题。

同时，在德馨蜗牛山庄内，目前暂时无法提供过于专业的指导与帮扶，"蜗牛"们的求治与教育仅依靠爱心人士的志愿服务。这种服务无法满足所有"蜗牛"的正常发展需求，设施的完善、课程的修正、教育机构的帮扶、就业渠道的打通都是山庄未来发展不得不面对的问题。通过德馨蜗牛山庄实现他们的梦想或者通过劳动实现可获得报酬的就业，是帮扶他们的最终目标，同时也能减轻原生家庭和社会的负担。

三　案例启示

青少年是祖国的未来，青少年群体中的"蜗牛"群体同样是祖国的未来。虽然残障青少年是社会的少数，但是他们和我们一样有着平等的进入社会、适应社会的权利。不能因为他们是少数群体，就忽视这个群体应有的权利，在社会普遍关注青少年德智体美劳全面发展的同时，更应该注重特殊群体的发展。

（1）残障青少年保护应该形成以医疗康复和教育保障为两大支撑的保护体。在传统的国家计划以及法律法规指引下，更应该加大法律措施的完善以及落实。赵川芳（2015）认为，应该更多地关注残障儿童的康复治疗，为他们的健康做保障。除了对孩子进行科学的康复训练，也应该加大对家长康复知识的训练，使他们更加配合孩子的康复过程。在康复训练过程中，要建立严格的目标机制和流程，具体细化到每一步的执行，这样才能切实做到完全康复。为了实现精准经费补贴，应该做到不同类型的儿童接受不同的康复治疗，国家也应该为这种目标的实现提供法律依据。除了康复治疗，在后续的教育方面，应该鼓励发展特殊教育、鼓励学校开设特色班级接纳他们跟班就读、鼓励学校和社会接纳他们进入正常的教育系统、全面完善和普及义务教育。保障各种儿童受教育的权利，并逐步使各类残障儿童能够接受与其能力相适应的一定层次和程度的教育（赵川芳，2015）。

德馨蜗牛山庄并不仅仅是为这个群体提供专业寄养的机构，更是为其提供支持性就业培训的机构。在残联组织的帮助下，岳阳市人民医院同意定期帮助残障儿童进行免费体检，并且在中国智力残疾人及亲友协会帮助下加强了科学管理和康复课程的安排。在未来的发展中，德馨蜗牛山庄更是需要依托现在的教育机构以及医疗机构的资助与合作才能实现对其成员的基本保护。

（2）促进社会康复体系逐步形成，使"蜗牛"不再被困在家里，逐步走向社会。对于家庭来说，社区可以更好地整合卫生、教育、服务、活动、组织等资源。社区作为社会的一个缩影，不仅可以为残障青少年提供融合发展的机会和条件，而且可以促进残障儿童康复走向社会化。无论是对于"蜗牛"群体还是对于家庭来说，这都是他们融入社会、参与社会的有效途径。在岳阳市举办的"牵着蜗牛去散步"的活动中，很多单位和个人就贡献了力量，其中包括公交总公司，其调配的公交车在当天免费接送孩子、家长以及志愿者，为工作的展开提供了极大的便利。除了公交总公司，积极参加助残活动的董大先、肖清华、彭成良、韩旭、刘新明等志愿者更是开着私家车参与服务。

（3）借助民间慈善团体的力量对残障儿童进行帮助。但是在与民间慈善团体合作的时候，并不应该单纯索取而是应该以项目合作、资金支持等方式为残障青少年提供救助服务。随着社会慈善力量的发展，民间慈善力量在社会中发挥着越来越重要的作用。例如，从21世纪开始，中国残联就与李嘉诚基金会合作开展了系列项目。从21

世纪初到 2005 年，实施普及型假肢服务、聋儿语训教师培养、中西部盲童入学、贫困地区基层残疾人综合服务及盲人保健按摩师培训五个子项目。系列项目的展开及进行，促进了残障儿童进一步走向社会接受教育，也促进了特殊教育相关师资水平的提高，关于残障人士的服务保护措施也进一步增强。

德馨蜗牛山庄相比其他组织本身就是一个民间爱心组织，并且其也是依靠爱心组织的资助和项目合作来运行的。德馨蜗牛山庄成立之初就收到了岳阳市湖南汪师傅食品有限公司董事长捐赠的爱心月饼；岳阳市棉麻公司提供的棉絮以备过冬之需，通过赠送温暖给机构孩子带来最美的祝福；湖南世翔电子有限公司董事长谢多良赠送的有机大米，保障了机构孩子的日常饮食。除了接受社会爱心人士的无偿赠送，机构也一直考虑增加机构的造血功能，希望探索出更加良性发展的合作模式，以期达到互利共赢。

（4）利用互联网发展新型全方位一体化的爱心组织。因为德馨蜗牛山庄是全国首家由媒体人创建的助残机构，创始人韩章充分利用了自己的记者身份，良好的互联网社会影响为德馨蜗牛山庄带来了社会资金和项目运营。德馨蜗牛山庄与岳阳日报、长江信息报保持密切联系，借助互联网媒介，其救助"蜗牛"的事迹已经传遍网络，越来越多的人慕名而来，越来越多的项目期待加入。互联网背景下残障人士实现充分就业更是组织的初衷，在现代信息科技高速发展的状态下，借助互联网可以实现社会、组织、政府、公民全方位一体化的合作。

（5）关于残障青少年的就业机制、渠道的打通和完善，实现爱心企业、政企合作、品牌战略运转。山东省淄博市政协委员李逢春曾提议，对于残障儿童上学问题，应该考虑到群体的特殊性，适当增加接受教育的年限，并且在义务教育结束后享受相关的职业教育，培养他们的就业能力。除此之外，应该鼓励全社会爱心企业接受残障儿童就业，国家出台相关的鼓励措施和政策，并促进落实。在企业中建立可供残障人士就业的岗位和庇护机制，帮助他们更好地融入社会（丁稳，2018）。2017年"呆萌面馆项目"帮助残疾人就业，就是为了更好地解决智障人士的就业而开发的项目。通过这个面馆，不仅解决了心智障碍人士的就业困难，也让更多的社会人士关注并了解了心智障碍人士的困难；2017年的菜篮子憨儿爱心平价超市是"憨儿喜就业求职你我帮"公益志愿服务项目助推的落地项目之一，该项目由海口海事局发起，海南省统计局、海南省残联和海口市菜篮子产业集团有限责任公司等单位共同合作实施，借鉴了多方平台，采取了"社会组织＋多方平台"的模式，为智障残疾人提供了一个爱心就业渠道（贺立樊，2017）。相关的爱心项目有很多，但大多数是小众经营，单打独斗，依靠社会爱心组织资助维持项目运营，未来关于残障青少年就业机制、渠道完善应该朝政府主导、企业助力、民间参与的全方位立体式的交互发展方向运营。

（6）引入专业社会工作者组织参与，促进残障青少年发展专业化进程。专业的社会工作是秉持利他主义的助人观念，运用专业化知识、技术和方法，实现助人自助的服务活动。社会工作者的介入可以使民间非正式的爱心组织更专业化、人性化。他们可以有效地整合社会资源和原生家庭，帮助及时预防、发现、解决各方面问题。通过社会工作者专业活动的开展，能够有效促进残障儿童原生家庭的心理建设，促进家庭和社区的结合、资源的共享，提高不同家庭之间的合作互助能力，从而缓解单个家庭承担抚养残障儿童的压力，提高原生家庭的抗风险水平（赵川芳，2015）。社会工作者同时也可以利用自己的职能与各部门沟通链接社会资源，帮助解决残障青少年家庭所面临的物质、资金、教育等方面的困境。

国内案例四：　青少年教育视角下的短期支教

——基于对 cnki 与国家哲学社会科学文献中心 2015～2017 年
相关文献的研究

李斯源[*]

一　短期支教活动概述

短期支教一般是指在国家和学校的支持下，在校大学生志愿者利用假期或零散时间，自发组成团队，向不发达地区的青少年群体提供各种各样的教育资源、教育服务，以促进当地教育事业发展的支援活动。短期支教活动的形成和发展与各种社会因素有关。这些因素可分为两方面：国家与政府的支持和引导政策、社会与民间团体的贡献。

1. 国家与政府的支持和引导政策

短期支教活动，是随着中国的支教事业的不断发展而发展起来的。因此，探究短期支教活动形成与发展的背景首先要考察中国支教活动的发展历程。

中国的支教活动的历史，可以追溯到 20 世纪 80 年代。那时，党中央和各省级党政机关从党政机关及事业单位中选派干部，支援落后地区的教育事业（刘晓宇，2013）。可见，支教活动从一开始就得到了国家和政府的政策支持。随后，为进一步缩小城乡教师资源水平的差距，国务院于 2003 年 9 月出台了《关于进一步加强农村教育工作的决定》，指出"积极引导鼓励教师和其他具备教师资格的人员到乡

＊　李斯源，山东大学哲学与社会发展学院学生。

村中小学任教";教育部于2005年5月、2006年2月分别出台了《关于进一步推进义务教育均衡发展的若干意见》和《关于大力推进城镇教师支援农村教育工作的意见》。在这一系列政策的推动下,全国各省份的城镇学校广泛开展了多种形式的支教工作(梁艳,2014)。

与此同时,公益事业也逐步发展起来。1993年,共青团中央推出"中国青年志愿者行动",第二年,共青团中央成立了中国青年志愿者协会,标志着志愿者组织网络开始组建并走向组织化、规范化、正规化。2008年,中央精神文明建设指导委员会发布了《关于深入开展志愿服务活动的意见》,提出"要切实加强对学生志愿服务活动的领导,深入推进学生志愿服务活动",青年志愿者服务得到了快速的发展(朱佳卉,2017)。

支教事业与公益事业的共同发展催生了公益性支教事业的产生与发展,进而推动了短期支教这一支教形式的出现和发展。1995年暑假,国家团委、共青团中央、全国学联联合发起"95中国大中学生志愿者扫盲与科技文化服务行动",这一行动中的扫盲运动可以看作我国大学生志愿者短期支教的开始(袁圆,2016)。而伴随西部大开发战略的推进,"大学生志愿服务西部计划""三支一扶""研究生支教团"等一系列计划的推出与实施,高校大学生已逐渐成为我国支教活动的主力军(朱佳卉,2017),而以大学生为参与主体的短期支教活动也快速发展起来。

2. 社会与民间团体的贡献

社会与民间团体对短期支教活动的贡献可以按照主体的不同分为三个方面:在校大学生的积极参与、民间支教团体的不断发展、社会舆论对于支教活动的正面评价。

短期支教由于具有时间短、形式多样、内容灵活等特征,受到了广大在校大学生的青睐。很多大学生或参与到在学校团委指导下开展的支教活动中，或组成支教社团，积极参与到短期支教活动中来。随着相关项目的增加，越来越多的大学生参与到了短期支教活动中来。有研究指出，每年寒暑期有数以百万计的大学生志愿者到山区陪伴学生、留守儿童，给他们带来了外界的信息、知识以及快乐（袁圆，2016）。

同时，有关支教和短期支教的相关民间团体也纷纷组建起来，对短期支教的发展产生了重大作用。中华支教与助学信息中心的报告显示：2006～2016年，以公益支教为主要事业的民间组织约为50家，每年有上万人报名参加民间支教活动，其中75.8%的参与者选择了短期支教。民间团体对短期支教影响力之大可见一斑。

此外，社会舆论对于短期支教活动的正面评价也是短期支教得以快速发展的重要条件。2004年，徐本禹因主动要求放弃深造机会赴贵州支教而当选"感动中国十大人物"，得到了社会的关注和支持。此后，大学生进行短期支教的热情提高，社会对于支教也更加关注。许多研究表明，短期支教活动在支教地广受好评。例如，巫蓉、倪明威（2015）在如皋地区农村的调查表明，41%的村民认为大学生短期支教很有必要，13%的村民对短期支教非常支持，还有34%的村民认为大学生短期支教对当地教育有很大帮助；闵叶子、张梓钰（2015）也指出，在其所调查的支教地学生中，85.6%的学生受到了积极的影响并乐意再一次参与支教活动，而只有10.37%的学生不愿意再次接受短期支教。社会的广泛支持在一定程度上有利于短期支教活动的发展。

3. 短期支教的模式与内容

短期支教活动形式与内容多样，地点不局限于课堂，教授内容也不局限于书本，而随着短期支教活动的不断发展，各种各样的支教模式与内容也层出不穷。因此，很难对短期支教的模式与内容做一个完整的总结。根据以往的文献，短期支教的模式按照发起的主体不同，可以分为教育部计划支教（一般不为短期支教）、社会支教团体支教、在校学生支教组织支教（周志豪等，2016）；按照形式的不同，可以分为：社会调研模式（在支教地学校进行教授活动的同时对当地进行社会调查）、助教基地模式（高校在贫困地区建立专门支教中心并定期派遣志愿者进行支教）、合作夏令营模式（以夏令营的形式实现城乡同龄孩子的"一加一"结对交流，而青年志愿者则以教育者、组织者、管理者的身份参与结对孩子的活动）（任文珺，2016）。

短期支教的内容可分为捐助性活动（义务捐献教学用具及教学设施，资助贫困学生完成学业）和教育性活动（协助当地教育部门开展教师培训、对当地学生开展课业辅导、开展趣味课程、组织活动等）（袁圆，2016）。

二 短期支教的成效

（一）研究方法

虽然短期支教活动对于志愿者和支教地的青少年都有一定的积极影响，但作为青少年发展案例，本研究只讨论其对于后者的积极影响。另外，本研究将讨论短期支教对于青少年教育的积极影响。

为了实现这一目的，本研究采用了文献研究的方式。在中国知网、国家哲学社会科学文献中心检索2015～2017年关于"假期支教""短期支教"的文献，共得到相关文献45篇。其中，学术论文32篇，新闻、评论6篇，日记、感悟、随笔、广告共7篇。这些文献或直接说明短期支教的积极影响与不足，或主要是写对短期支教发展的建议，或单纯记录短期支教这一活动的过程，都对短期支教的积极影响进行了一定的说明。因此，本研究将对这些文献进行梳理，进而得出短期支教对于支教地青少年的积极影响以及对青少年教育的贡献。

（二）短期支教的成效

经过对上述文献的分析，得到了以下结果（见表3-1）。

表3-1　2015~2017年各种文献指出的短期支教对于支教地的积极影响

单位：篇

积极影响		学术论文	新闻、评论	日记、感悟、随笔、广告	合计
对象	作用				
支教地青少年	拓展知识面、开发兴趣、提高能力、提高综合素质	10	1	1	12
	培养道德与健全人格	9	2	1	12
	提高学习兴趣、改变学习态度	7	3		10
	提供陪伴与满足情感需求、推动心理健康发展	6	2		8
	开阔视野，输入新观念	6			6
	丰富课余生活	2	2		4
	提高参与课堂和活动的积极性	2		1	3
	培养健康的生活习惯	2	1		3
	密切同学间的关系	1			1
青少年家长	改变家长观念	3	1		4
	减轻家长负担	1			1
支教地青少年教育	改善教育资源短缺状况	6	1		7
	引进新的教育理念	4			4
	引发社会对落后地区教育的关注	3			3
	减轻教师负担	1			1
	反映农村教育问题，为长期支教提供依据	1			1
	增进城乡共情、减少隔阂	1			1

如表3-1所示，短期支教对于支教地的积极影响主要体现在三个方面。

对支教地青少年本身来说，短期支教最明显的作用就是拓展知识面、开发兴趣、提高能力、提高综合素质、培养道德与健全人格；较多的文献还指出短期支教活动可以提高青少年学习兴趣、改变学习态度、提供陪伴与满足情感需求、推动心理健康发展、开阔视野、输入新观念、丰富课余生活；少量文献还提到一些短期支教模式或短期支教活动可以提高青少年参与课堂和活动的积极性、培养健康的生活习惯、密切同学间的关系。

对青少年家长来说，一些文献指出短期支教能改变家长观念、减轻家长负担，这在一定程度上有利于孩子的健康成长。

对支教地青少年教育整体而言，较多文献指出短期支教可以改善教育资源短缺状况、引进新的教育观念；少量文献还指出，短期支教可以引发社会对落后地区教育的关注、减轻教师负担、反映农村教育问题并为长期支教提供依据、增进城乡共情并减少隔阂。

（三）对于以上成效的进一步说明

短期支教之所以能够取得以上成效，首先是因为支教者扮演的多重角色。由于短期支教志愿者大多是在校大学生，所以支教者既是学生，又是老师，还是孩子们的朋友。这样的角色使志愿者能更加清晰地明白当地青少年的需求，而当地青少年也容易对支教志愿者产生亲近感，这不但有利于教学活动的展开，也有利于满足当地青少年的情感需求，促进其心理健康发展。

短期支教的灵活性也使短期支教活动成果显著。短期支教的灵活性，主要体现在其内容多样、形式灵活上。短期支教的课堂摆脱了传统课堂的内容和形式，用多样的活动和巧妙的设计营造出良好的学习氛围，提高了青少年的学习兴趣，开阔了视野，输入了新的观念。

支教活动本身就是超越地域限制的教育资源的流动过程，短期支教也是如此。短期支教过程中，志愿者将新的教育观念从发达地区输送到欠发达地区，有利于长期促进当地教育事业的进步，使城乡间、地区间教育发展更加平衡。同时，在短期支教过程中，发达地区和欠发达地区的青少年、教师通过沟通与交流，增进了双方的相互了解和相互理解，减少了城乡之间、发达地区与欠发达地区支教的情感隔阂，这更加深远地影响了支教地的教育发展。除此之外，短期支教活动作为城乡、地区间交流的桥梁，还通过宣传报道等方式，提高了全社会对于落后地区教育的重视度。

三　短期支教的问题

随着社会对于短期支教的日益关注，短期支教过程中存在的问题也逐渐暴露出来。大量对于短期支教的研究表明，短期支教虽然取得了不小的成效，但也有很多问题。有研究指出，短期支教存在缺乏统一科学的选拔机制、干扰学校正常教学秩序、缺乏后续沟通反馈、不能满足学校要求、教学与管理经验不足、参与者对支教认识存在偏差等问题（高颜等，2017）。还有文章指出，短期支教存在准备不足、动机不纯、宣传力度不足、缺乏社会责任感等问题（钟琰，2015）。而一些研究也给出了相应的解决措施，如改善选拔和激励机制（张雯雯等，2017）、构建短期支教新模式（周志豪等，2016）等。

四　短期支教活动对于青少年教育的启示

短期支教活动在推动支教地青少年健康成长、促进当地教育事业发展、缩小地区间教育发展不平衡状况方面取得了重要的成就，同时也存在一些问题。考察短期支教活动的历史与影响，我们可以从正反两个方面得到启示。

一方面，发展青少年教育，需要国家和社会共同努力。首先，在此过程中，国家给予支持性政策，加大宣传力度至关重要。其次，要发挥志愿活动的积极作用。志愿活动在推动青少年健康发展中有独特优势，这种优势主要表现在志愿活动的灵活性能提高青少年的参与热情，从而潜移默化地对其产生积极影响；志愿活动的公益性能使志愿者与青少年进行更多的情感交流，这有利于青少年心理健康发展。最后，教育资源的流动对于青少年全面发展、地区间教育的平衡发展都有重要意义。因此，国家要积极推动民间志愿组织的发展，鼓励更多人参与到志愿活动中来。

另一方面，短期支教的各种问题也说明，国家对于志愿活动要加强政策引导和规范，民间组织要加强自身建设和志愿者培训，这样才能避免各种乱象。另外，短期支教对于地区教育的长期发展毕竟作用有限，改善地区间教育发展不平衡状况，还要依靠长期专门的支援教育。同时，一些文献也指出，短期支教能够为长期支教提供相关资料（任文珺，2016），有利于长期支教的展开。将短期支教与长期支教结合起来，将短期志愿活动的优势与长期稳定的支教工作结合起来，不但能使支教活动更加稳定有序，也能使教育资源流动的效益最大化，或许值得一试。

国内案例五： 学生发展核心素养及其培育

吴宗勇[*]

21世纪是全球化、信息化、多元化的时代，时代发展对学生的综合素质提出新的要求。在此背景下，青少年"核心素养"逐渐进入研究者的视野，成为教育界研究的新热点，也得到众多国家和政府的普遍重视。"核心素养"在一些国家和地区也被称为"关键能力"

---

* 吴宗勇，北京大学社会学系研究生。

（key competencies）、"基本能力"（general capabilities）、"21 世纪技能"（21st century skills）等。关于"核心素养"的系统研究始于 20世纪 90 年代，目前已形成了臻于成熟的理论架构，取得了较为丰富的研究成果。

党的十八大提出，要把"立德树人"作为教育的根本任务。2014年教育部颁布的《关于全面深化课程改革落实立德树人根本任务的意见》中，首次提出"核心素养体系"的概念。2016 年 9 月 13 日，《中国学生发展核心素养》总体框架正式发布。"核心素养"的提出，是对素质教育内涵的丰富与深化，既是我国教育理念和培养目标变化的体现，又是我国教育实践改革发展适应新时代社会变迁发展的需要。

一 核心素养的内涵

关于"核心素养"内涵的界定目前尚处于研究和探索之中，国内相关领域学者们研究的视角各异，存在很多不同观点。目前，学界一般认为"核心"意味着关键必要，而其概念同时也是多元的。目前关于"核心素养"内涵的界定主要包括以下几种观点。

第一，核心素养是所有公民都应具备的普遍素养，适用于所有情境，不是只适用于特定人群、特定情境或特定学科的，亦可理解为人适应信息时代和知识社会的变化，解决复杂问题与适应不可预测情境的高级能力与人性能力。

第二，强调核心素养的"基础性"和"共同性"特征，认为核心素养是共同拥有且最基础性的素质，是对人的发展起奠基作用的品格和能力，或是为了社会与个体的健全发展，每个个体都必须达到的最低要求。

第三，立足"核心"与"关键"，强调核心素养在本质上应该是一般素养的精髓和灵魂，数量上不会涵盖太多但必须精细。也可以说，核心素养是"关键少数"的素养，是不同于低级、基础素养的高级素养。

第四，强调那些在技术变革与全球化环境中直接回应社会需求的"能够应对社会变化的素养与能力"，如创新能力、全球意识、人类精神、信息素养等。

"普适""精要"这些概念都与核心素养相关联，也反映出"核心"概念的多元化，因此上述多种意蕴有着内在的联系。而从"基础"到"高级"的跨越，也反映出素养维度的连续性和立体化。核心素养不仅提倡普遍性，突出学生的共同发展、普遍发展，也提倡学生"个性成长、自主发展"。同时，核心素养的发展是一个循序渐进、不断深化的过程，需要各学段教育的长期培养，最终在特定的情境和需要中显现出来，体现出横向个性化和纵向生长性的统一。

不同学者对"核心素养"的不同界定，反映了其概念的丰富性。尽管如此，一般对核心素养的理解，都是从"核心"的基本要义和"素养"的多重维度出发，界定核心素养的内涵。对目前主要观点做一个简单的总结，可以认为，学生发展核心素养是指学生应具备的，能够适应终身发展和社会发展需要的必备品格和关键能力，是关于学生知识、技能、情感、态度、价值观等多方面要求的综合表现，也是每一名学生获得成功生活以及适应个人终身发展和社会发展都需要的、不可或缺的共同素养；其发展是一个持续终生的过程，可教可学，最初在家庭和学校中培养，随后在一生中不断完善。

二　核心素养的维度

各个国家和不同组织对于核心素养的理解和阐述也十分丰富。在

20 世纪末 21 世纪初，联合国教科文组织、经济合作与发展组织（OECD）、欧盟三大国际组织以及部分国家均开展了关于核心素养的相关研究项目。

1. 联合国教科文组织的研究

联合国教科文组织在《教育：财富蕴藏其中》（1996）的报告中，界定了 21 世纪社会公民必备的基本素质，即终身学习的四大支柱：学会求知、学会做事、学会共处、学会生存。2003 年，联合国教科文组织教育研究所又提出了学会改变的主张，并将其视为终身学习的第五支柱。

"学会求知"超越了从学校教科书和课堂教学中汲取知识，延伸至在个体社会化过程中了解各种社会关系，具体指标包括"学会学习""注意力""记忆力""思维品质"等；"学会做事"重在强调为应对智能化知识经济而学习适应世界变化的综合能力，具体指标包括"职业道德""社会行为""团队合作""创新进取""冒险精神"等；"学会共处"意味着学习和了解自身，尊重他人、他国、他种文化，学会关心、学会分享，学会平等对话，具体指标包括"认识自己的能力""认识他人的能力""同理心""实现共同目标的能力"等；"学会生存"包括个人和社会需要的情感、精神、沟通、合作、审美、想象、创造、批判精神等相对全面而充分的发展，具体指标包括"促进自我精神""丰富人格特质""多样化表达""责任承诺"等；"学会改变"指的是个人不仅要学会接受及适应改变，也要成为积极改变的主体，并引领改变以促进世界的发展，具体指标包括"接受改变""适应改变""主动改变""引领改变"等。

2. 经济合作与发展组织的研究

经济合作与发展组织于 1997 年启动了"素养界定与遴选：理论与概念基础"研究项目，研制核心素养的概念框架，并最终确定了三个维度共计九项素养：互动地使用工具，包括互动地使用语言、符号和文本，互动地使用知识与信息，互动地使用技术；能在社会异质群体中互动，包括与他人建立良好的关系，团队合作能力，管理与解决冲突；自主行动能力，包括在复杂的大环境中行动，形成并执行个人计划和生活规划，维护权利、利益、范围与需要。

经济合作与发展组织分别于 2009 年、2013 年与 2015 年开展了针对核心素养发展状况的后续研究，紧随时代变化，持续关注社会中的热点问题。

3. 欧盟的研究

2005 年，欧盟发布的《终身学习的核心素养：欧洲参考架构》提出了八大核心素养，即母语沟通能力、外语沟通能力、数学和科技基本素养、数字（信息）素养、学会学习、社会和公民素养、创新与创业精神、文化意识和表现，并且每一素养又从知识、技能与态度三个维度进行描述。

每个个体在社会化的过程中，这些素养又成为他们个人生存、职业发展、社会融入以及成为合格公民的基础，保障每个人在步入社会之后正常的生活、学习以及就业等。因此，欧盟框架的主旨是"为终身学习服务"，因而特别强调"学会学习"的重要意义。

4. 美国的研究

20 世纪末，美国就启动了 21 世纪核心技能研究项目，指向信息时代的教育问题。2002 年，美国政府与一些著名的企业和民间研究机构一同成立了"21 世纪技能联盟"，简称 P21。

美国 21 世纪核心素养框架主要包括：学习与创新技能，包括"创造力与创新""批判思维与问题解决""交流沟通与合作"三项技能；信息、媒体与技术技能，包括"信息素养""媒体素养""信息通信技术素养"三项技能；生活与职业技能，包括"灵活性与适应性""创新精神与自我导向""社会与跨文化素养""效率与责任""领导力与负责心"五项技能。每一项核心素养的落实都要依赖四个支持系统，即21世纪核心素养的标准与评价、课程与教学、教师专业发展以及学习环境。总的来看，美国21世纪核心素养框架具有全面性、系统性的特点。

5. 国内研究

在国际教育研究潮流的影响之下，我国也已开启了学生发展的核心素养研究。2014年教育部颁布的《关于全面深化课程改革落实立德树人根本任务的意见》，从官方的高度明确提出研究与构建我国各学段学生发展核心素养体系的必要性及具体内容。

师曼等人（2016）系统梳理了全球29个素养框架，并从中提炼出18项核心素养，做了特点分析。关于核心素养的研究和实施，他们建议：素养的选取既要反映时代特征和国际趋势，也应基于对本地区教育目标的理性思考；需深入阐释、及时更新素养内涵，建立素养内与素养间相互关联的层级化、结构化体系；需研究素养发展进阶，系统设计跨学段的素养框架，从终身学习的角度进行整体规划；在以新的素养应对时代变迁之外，尚需不断追问有哪些面向未来的恒定素养。

2016年9月13日，《中国学生发展核心素养》研究成果在京发布。核心素养研究课题组联合国内多所高校近百位研究人员，历时三年集中攻关，最终形成研究成果。研究中国学生发展核心素养，主要有三个背景：一是全面贯彻党的教育方针，落实立德树人根本任务的迫切需要；二是适应世界教育改革发展趋势，提升我国教育国际竞争力的迫切需要；三是全面推进素质教育，深化教育领域综合改革的迫切需要。在价值定位方面，核心素养是党的教育方针的具体化，是连接宏观教育理念、培养目标与具体教育教学实践的中间环节。

中国学生发展核心素养研究，遵循科学性、时代性和民族性的基本原则，以培养"全面发展的人"为核心。核心素养分为文化基础、自主发展、社会参与三个方面，综合表现为人文底蕴、科学精神、学会学习、健康生活、责任担当、实践创新六大素养，具体细化为国家认同等 18 个基本要点。其基本内涵见表 3 - 2。

表 3 - 2 中国学生发展核心素养内涵

	核心素养	基本要点
文化基础	人文底蕴	人文积淀
		人文情怀
		审美情趣
	科学精神	理性思维
		批判质疑
		勇于探究
自主发展	学会学习	乐学善学
		勤于反思
		信息意识
	健康生活	珍爱生命
		健全人格
		自我管理
社会参与	责任担当	社会责任
		国家认同
		国际理解
	实践创新	劳动意识
		问题解决
		技术应用

文化基础、自主发展、社会参与三个方面构成的核心素养总体框架充分体现了马克思主义关于人的社会性等本质属性的观点，与我国

治学、修身、济世的文化传统相呼应，有效整合了个人、社会和国家三个层面对学生发展的要求。

明确核心素养，一方面可通过引领和促进教师的专业发展，改变当前存在的"学科本位"和"知识本位"现象；另一方面可帮助学生明确未来的发展方向，激励学生朝着这一目标不断努力。

三 核心素养的培育

(一)制定基于核心素养的课程标准

1. 厘清核心素养、学科素养与课程标准的关系

学科课程是落实核心素养的载体，建构基于核心素养的课程标准，需要从各学科课程标准入手，而各学科课程标准需要凸显学科素养。

邵朝友等人（2015）研究了国际课程标准研制的经验，指出学生核心素养与学科课程存在两种基本关系：一是各学科课程都承担起学生发展核心素养的培养责任（一对总），如新西兰等；二是各学科对学生核心素养培养有着独特贡献（一对分），如我国台湾地区等。关于核心素养和课程体系之间的关系，部分学者依照两者的相对独立的程度，将核心素养在教学实践中的应用模式分为三类：一是美国模式，即核心素养独立于课程体系，但处处与之融合；二是芬兰模式，在课程体系中设置学生发展核心素养；三是日本模式，即通过课程标准内容的设置来体现学生发展核心素养的宗旨。

我国课程改革的实践，要求学科课程设计应围绕核心素养培育展开，将核心素养融入学科课程。从教学目标上看，各学科课程的教学目标要体现出学生发展核心素养的教学目标；从内容标准上看，各学科课程的知识体系也应指向学生核心素养。学科课程知识体系相对而言是比较分散的，而基于核心素养的课程标准则应体现系统性。基于

核心素养的课程标准研制应遵循从"学生发展核心素养"到"学科核心素养"再到"内容标准"的"三点两线"基本思路，主要体现在：一方面，学生发展核心素养要从各学科素养中得到体现，换言之，学科素养是手段，而核心素养培育是目的；另一方面，学科素养要内化到学科内容标准上，为具体的教学过程提供可行的路径。

关于核心素养和学科素养的课程转化，周文叶（2017）深入分析了美国21世纪技能的课程转化案例，提出了具有建设性和启发性的观点。在具体操作上，应设计学生学习活动示范性的核心素养实践样态，研制指向学生发展核心素养的主题单元等。在转化过程中，应遵循"连贯统整"的原则：纵向上连贯一致，对不同年级学生、不同难度任务统一用"课程地图"进行管理，始终基于标准，保持课程设计的连贯；横向上统整融合，各学科课程与核心素养、各学科之间、学科内部都要保持融合，实现有效互动和动态平衡。在各学科课程标准的制定上，应统筹规划课程标准的逻辑体系，对于课程决策、课程设计和课程实施以及课程评价四个过程进行综合考量。

2. 建构新课程标准

目前大多数研究是从核心素养培育的角度出发，分析现有的课程标准，而对于新课程标准的具体建构的研究较少。尽管如此，仍有一些非常有价值的研究（姜宇等，2016）在厘清核心素养、学科素养和学科课程标准关系的基础上，对构建新课程标准做了很多有益的尝试，为未来的研究提供了重要参考。

应重新梳理学科课程标准的基本框架，将教学目标、内容标准、教学建议和质量标准有机结合；尤其要重视学业质量标准建设，它界定了学生经过一段时间教育后应该或必须达到的基本能力水平与程度要求，是学生发展核心素养在具体学段、具体学科中的体现。内容要求固然重要，但质量要求同样必不可少，只有将两者有机结合，才能实现教育质量评判的标准化，进而保障学生核心素养培育的有效落实。

社会参与，是国外课程标准研制的优秀经验。学生核心素养是面向大众、指向未来的，其内涵十分丰富，构建基于核心素养的新课程标准是一项系统工程，政府有关部门和教育专家的参与不可或缺，而社会大众的参与同样重要。澳大利亚在研制课程标准过程中，广泛吸纳社会大众参与，通过专门的网站、论坛，以及面向社会的公共咨询等，征集意见建议，取得了良好的效果。其中，广大一线教师的积极参与尤为重要，因为他们既是相关信息的提供者，又是课程标准的实施者。

（二）落实基于核心素养的课程实施

1. 完善教材编写

教材是承载教学内容的基石，好的教材是课程有效实施的保障。学生核心素养培育呼唤基于核心素养的教科书，在核心素养视域下，教材编写既应突破"学科本位"，也应改变"知识本位"的观念。各学科教材所承载的不仅仅是本学科的知识体系，更要指向学生发展核心素养；而在知识之外，也应包括情感、态度、精神和价值观方面的内容。

由于核心素养的跨学科性，教材内容的选取应遵循核心素养和学科内容的双重逻辑，赋予其内容以情境性、开放性和过程性，关注教科书内容的学习活动设计、支架体系和对话特性。事实上，随着课程和教材改革，各个地区、各个学校已经根据自己的教学实际选择教材，广大教师在教学实践中应带着培育学生核心素养的目标，善用教材，同时反馈在具体实施中发现的问题，实现教材编写者和使用者之间的互动。

2. 改进教学方式

围绕学生核心素养实施的教学方式应该是"以学生为中心"的。

传统的教学方式多是教师的"一言堂"，单向地向学生灌输知识，这种方式不但不能促进核心素养的培育，可能还会对学生的主动性与创造性产生负面作用。改进教学方式，首先要求教师转变角色，不但是管理者，而且要成为学生成长进步道路上的引导者、支持者和陪伴者，将学习的主动权交给学生，促进学生自主学习、自我发展。

实践出真知，在基于核心素养的课程实施中，要将理论与实践结合起来。有学者认为，无论是在领域素养还是在通用素养的教育实践中，都强调要基于真实情境。经济合作与发展组织提出的核心素养中，明确体现了"解决实际问题的能力"，而这一能力的培养离不开在真实情境中演练。学生的理论学习，是为了运用到实践中去，但单纯的理论学习是远远不够的，因此教师应创设真实情境，让学生在探索中总结与反思，更好地将理论与实践相结合。

需要注意的是，课堂不是教学实施的唯一场所，课堂教学也不是唯一的教学方式。柳夕浪（2016）提出要重新审视课程的价值定位，认为"教师即课程"是课程民主化思潮中对教师在课程建设过程中重要作用的一种强调。课堂教学的重要意义是不言而喻的，但是课堂之外的言传身教同样不能忽略。核心素养对学生做出"全人假设"，学生核心素养的培育是在大大小小各个社会系统中潜移默化发生的，教师在改进课堂教学方式的同时，也应注重在日常生活中以身作则、担当表率。

（三）建立基于核心素养的课程评价

课程评价作为教育变革的重要一环，直接关系到基于核心素养的课程改革的效果。科学合理的课程评价有助于教师教学策略和方法的改进，也有助于学校教育规划和教育方案的完善。

杨向东（2017）阐述了基于核心素养的评价体系的相关议题。他认为首先要转变评价理念，直接评价对个体或社会有价值的学业成就。此外，课程评价还要制定系统明确的评价目标，构建基于核心素养的评价框架，开发参照学业质量标准的评价标准，收集多样的评价依据，强调多元评价，重视同伴评价和自我评价的作用，提供具有实质内容的反馈结果，整合日常评价和终结性考试，建立起促进学生核心素养发展的评价体系，等等。

核心素养与传统的学习结果有较大差别，在确定评价方法时，重点在于重塑现有的评价方法，使其能够更好地评价和促进学生核心素养发展，多元的评价方法和工具包括标准化测试、问卷、观察和表现性评价等。核心素养具有系统性和整合性特征，因而对其的评价也比较复杂。袁建林、刘红云（2017）两位学者认为"证据中心的设计"（ECD 理论）可以较好地契合核心素养测量的需求。该理论以证据为中心，联结学生模型、任务模型和证据模型，可用于解决包括核心素养测验在内的复杂测验设计的理论问题。具体测验形式，则可借助信息技术进行，既可以建构复杂任务情境，又可以获取学生复杂表现，进而改进评价的功能。还有学者基于信息不对称博弈理论，提出"学科任务导向的"核心素养测试策略（陈友芳，2016）。具体细化和操作性强的评价方案仍在研究和探索之中。

（四）进行基于核心素养的教师教育

教师是落实基于核心素养的课程改革的主要参与者之一，教师的教学活动是学生核心素养培育道路上的"最后一公里"，因此，对教育者的教育，让广大一线教师深刻领会到学生发展核心素养尤为重要。

一方面，要组织一线教师对学生发展核心素养进行培训学习。《中国学生发展核心素养》明确了"21 世纪应该培养学生什么样的品格与能力"，它包括的六大素养和具体细化的 18 个基本要点，内涵和表现十分丰富，其落实离不开具体的教学实践，如果广大教师对此不了解或不理解，那么研究成果就会成为空中楼阁，无法落地。

另一方面，要引领和促进教师的专业发展。教和学是一体两面的过程，学生发展需要具备核心素养，教师也同样如此。教师的核心素养在某种意义上就是教师的通用能力，包括学科素养、教学素养、数字化素养、学会学习、人际关系素养、跨文化和社会素养、公民素养、创业精神和文化表达等。教师的能力建设和专业发展是提高教学转化率的重要措施，与学生的核心素养培育密不可分。

总而言之，只有广大一线教师在日常教学中更好地贯彻落实党的教育方针，深入基于核心素养的课程改革和教学实践之中，才能改变当前存在的"学科本位"和"知识本位"现象，让学生真正具备核心素养，在 21 世纪更具竞争力。

国内案例六：青少年研学旅行发展

杨修齐[*]

一 研学旅行的界定

"研学旅行"一词在 2013 年 2 月国务院办公厅印发的《国民旅游休闲纲要（2013～2020 年）》中首次被提出。在这之后，作为一项撬动素质教育改革的杠杆举措和一种探索旅游转型发展的崭新方式，研学旅行逐渐走入国内教育界及旅游界的研究视野并成为综合实践育人研究的新领域。

研学旅行具有广义和狭义两种含义。广义的研学旅行是指任何旅

---

* 杨修齐，山东大学哲学与社会发展学院学生。

游者出于文化体验的需要，在人生任何阶段暂时离开常住地以独立出游、结伴或团队到异地开展的文化考察活动，旅游界学者一般采用这个界定（白长虹、王红玉，2017）。而狭义的研学旅行特指在"教育部门和学校有计划的组织安排下，通过集体旅行、集中食宿方式开展的研究性学习和旅行体验相结合的校外教育活动，是学校教育和校外教育衔接的创新形式，是教育教学的重要内容，是综合实践育人的有效途径"（教育部，2016）。

李军（2017）认为，研学旅行作为深化素质教育改革的重要举措和探索旅游转型发展的崭新方式，是以中小学生为主体对象，以集体旅行生活为载体，以提升学生素质为教学目的，依托旅游吸引物等社会资源，进行体验式教育和研究性学习的一种教育旅游活动。

二 研学旅行的发展背景

李军（2017）综合国内学者近五年来的研究，指出了研学旅行的发展背景主要涉及三方面，即综合实践育人的形势需求、对国内外研学旅行经验借鉴以及纳入中小学教学计划的关键性政策历程。

首先，在我国深化素质教育改革、创新人才培养模式的有效途径探索中，综合实践育人的形势需求越发突出。旅游的文化属性及其对综合实践育人的影响开始引起学者们的重视，这种新形势需求主要包括四个方面。其一，研学旅行是"中小学生了解国情、社情、践行社会主义核心价值观的重要途径"（王昆欣，2015）。其二，研学旅行是青少年成长的大课堂，"是撬动素质教育的杠杆和实施新课程改革的突破口"（丁运超，2014）。其三，培养学生文明旅游意识，养成文明旅游行为习惯的需求，联结全社会力量，集聚全社会的资源顺应开放式办学的需要（杨艳利，2014）。其四，研学旅行这种教育活动是切实提升中国学生发展核心的必然要求（申红燕，2017）。

其次，对国内外研学旅行经验借鉴也是推动研学旅行发展的重要因素。学者们普遍认同研学旅行对学生人格形成和知识习得的重要作用，主张研学旅行在教育理念和教育方式上需要继承传统并与国际接轨。从对国外研学旅行的研究来看，主要强调欧美和日本将研学旅行作为教学要求，让学生直接体验社会，学习自然文化知识，提高跨文化理解能力。从对国内研学旅行的研究来看，主要强调中国自古崇尚的"读万卷书，不如行万里路"；改革开放后涌现的学生"夏令营""冬令营"等为研学旅行的发展积累了初步经验。而《国民旅游休闲纲要（2013～2020年）》颁布之前，广东和上海等地作为研学旅行的先锋试点的经验以及 2013 年后安徽省、河北省、西安市、武汉市等地研学旅行基地的建设等实践，逐步探索了研学旅行的内在规律、运作机制、教育功能并做了宝贵的经验教训总结。

最后，随着研学旅行受重视程度的提高，它在我国的制度化进程不断加快，又进一步促进了其发展。对现代旅游业教育属性认识的不断深入推进了研学旅行的制度化——它逐渐被纳入中小学教学计划的关键性政策之中。2013 年 2 月，国务院办公厅印发《国民旅游休闲纲要（2013～2020年）》，明确提出"逐步推行中小学生研学旅行"；2014 年 7 月，教育部发布《中小学学生赴境外研学旅行活动指南（试行）》，为整个境外研学活动划定了基本标准和规则，进一步推动了研学旅行的规范化；2014 年 8 月，国务院发布《关于促进旅游业改革发展的若干意见》（国发〔2014〕31 号），再次提出"积极开展研学旅行"；2015 年 8 月，国务院办公厅发布《关于进一步促进旅游投资和消费的若干意见》，提出"支持研学旅行发展，把研学旅行纳入学生综合素质教育范畴"；2016 年 1 月，国家旅游局评选出北京市海淀区、浙江省绍兴市、山东省曲阜市等地进行首批 10 个"中国研学旅游目的地"称号的授予，并授予北京市卢沟桥中国人民抗日战争纪念馆等 20 家单位"全国研学旅游示范基地"的称号，在政策文件中明确指出"各级旅游部门要充分发挥对研学旅游目的地和示范基地的指导作用"，将青少年研学旅游培育为各地旅游发展创新的增长点；2016 年底，教育部、国家发改委、旅游局等 11 部门联合发布《关于推进中小学生研学旅行的意见》，明确"把研学旅行纳入学校教育教学计划"，并将之置于落实立德树人教育任务的战略新高度。

三 研学旅行的实施模式

随着 2013 年《国民旅游休闲纲要（2013～2020 年）》的推出和教育部《关于开展中小学生研学旅行试点工作的函》的下发，首批试点在安徽、西安、苏州、上海等省市开展（白宏太、田征、朱文潇，2014）。研学旅行在积极开展试点工作并不断积累经验的基础上正式开始在中小学推进，成为部分中小学（尤其是城市的中小学）教学计划的有机组成部分。

安徽省是较早响应教育部号召的省份，很快拿出了一份本省的落实方案，对于"研学旅行"，从 2014 年开始，安徽省合肥市面向全市万名中小学生，推出了以"工业游"为核心的研学旅行，按照设计的游学路线，学生们可以到美菱冰箱展览馆，了解冰箱的制作过程；走进可口可乐的生产线，领略国际企业的管理文化；走进伊利集团，看看每天喝的牛奶是怎么生产出来的；参观荣事达太阳能科技馆，了解太阳能科技的发展和应用……除了"工业游"以外，当地的历史文化、自然生态、革命遗迹也被纳入活动内容。同时，合肥市还明确规定，研学旅行可在学期中间举行，也可安排在寒暑假，小学 1 至 2 天，初中 2 至 3 天，高中 2 至 7 天，活动结果纳入学分统计（王一斌，2017）。

截至 2014 年末，在全国研学旅行试点工作推进会上，教育部基教一司司长王定华的讲话总结了各地试点已经开展的有益的探索：

（1）加强组织领导，各地研学旅行工作有计划、有目的、有措施，其中西安有 38 条管理标准，上海有六大机制；

（2）探索经费投入，主要采取政府拿一点、学校筹一点、家长出一点；

（3）建立活动基地，如西安市依托综合实践活动基地加强具体指导管理，石家庄市为 26 个基地挂牌，上海市有校外教育地图；

（4）组织培训研讨，如西安、合肥、武汉等地均举办了全国及本地区的研学旅行论坛和研讨会；

（5）纳入课程改革，特别是丰富了综合实践课程内容；

（6）体现育人导向，研什么、学什么，目标更加明确、内容涵盖丰富；

（7）加强部门联动，一些省市的旅游、文物、物价等部门积极支持研学旅行工作，许多家长也成为研学旅行的志愿者；

（8）尝试考核评价，有的地区将研学旅行纳入了综合素质评价，有的学校制定了包括研学旅行在内的操行量表；

（9）突出地域特色，如西安、苏州在这方面都做得比较突出；

（10）运用社会力量，通过购买优质服务、同旅行社合作、发挥民办基地等方式，为研学旅行创造条件，等等。

此后，研学旅行在国家各部门的推动下，规范化、制度化进程循序渐进。2016 年底，教育部、国家发改委、旅游局等 11 部门联合发布《关于推进中小学生研学旅行的意见》，明确"把研学旅行纳入学校教育教学计划"，并将之置于落实立德树人教育任务的战略新高度。由国家旅游局制定，于 2017 年 5 月 1 日起开始实施的《研学旅行服务规范》，对服务提供方、人员配置、研学旅行产品、服务项目以及安全管理等几大类内容进行了详细规定。2017 年教育部发布《中小学综合实践活动课程指导纲要》，进一步明确了研学旅行的具体实施方向和细则。

学者从众多涉及实践经验总结的文献中发现，实践层面上研学旅行的实施范式主要有三种。第一种是在各部门联合机制原则的指导下，主要由教育部、共青团中央、全国少工委的相关意见部门进行联合推行。这一范式在具体操作中把精力集中在研学上，表现在选择研学主题、制定研学目标、设计研学内容、实施研学过程并做好研学成果的评价。研学过程中所涉及的旅行操作由学校遴选有资质的、有信誉的、更专业的旅游机构进行运作。第二种则完全由学校自行组织，研学旅行过程中所涉及的研学路线、研学内容、研学指导、研学过程、研学评价尤其是交通及住宿安排都由学校自行制定安排。这种范式常用于距离较近的研学旅行活动，但也有学者指出这种范式因为学校不善于对旅行的策划，容易导致"隧道视野"效应，从而使研学旅行之路越走越窄（封安保，2015）。第三种是由学校牵头，与旅游产品的提供方达成合作进行开展的形式。由学校选择主题鲜明的、活动适宜的、价格合理的旅游机构或研学旅行基地的旅游产品开展研学旅行，其主要研学旅行活动安排由研学旅行基地或旅游机构来完成，有学者提出了"三阶段四环节"的指导策略，指出学校要做好研学旅行课程的"课前、课中、课后"三个阶段，以及处理好"确定目标、选择资源、课程实施、课程评价"四个环节（朱洪秋，2017）。

四　研学旅行的重要意义

从国家、学校和学生三个层面看，研学旅行均具有良好的教育意义与实际成效。

从国家层面来看，研学旅行是对十九大精神和《国家中长期教育改革规划和发展纲要（2010～2020年）》的贯彻，是培育学生践行社会主义核心价值观以及推动素质教育的重要载体，也是拓展文化旅游发展空间的重要举措。研学旅行突出集体活动，强调在集体中通过真实的集体生活锻炼学生的思想品德。在集体生活中，学生获得与同伴相处的机会，过一种真实的生活，从而培养团结互助、诚实守信、遵纪守法、艰苦奋斗等良好品质，树立民主法治、自由平等、公平正义理念，在真实的生活中自觉践行社会主义核心价值观。研学旅行就是要让学生"行万里路"，让学生的眼、耳、鼻、手、脚、脑等"动"起来。这能使学生在"润物细无声"中对自然与社会有一个全方位、立体式的直观了解。而近年来大力推进红色研学旅行与红色研学旅行基地的建设，更是把"教"和"游"有机结合，充分利用实地的观看，以全方位、立体化、多元化模式进行爱国主义教育，如参观红色遗存、故居、遗址，重走红色路线等，从而充分发挥红色研学旅行的思想政治教育功能，向青少年传递了社会主义核心价值观（吴涛，2017）。

从学校层面来看，研学旅行是深化基础教育课程改革的重要途径，是推动素质教育发展的重要阵地，是校内外教育相结合的重要组成部分。

从学生层面来看，有学者借鉴国外学者的研究，具体提出了研学旅行在"问题解决和思考能力、人际沟通能力、信息管理能力、学习能力、适应能力、社会与文化的包容能力、资源管理、个人品性"八项能力培养中的教育功能（白长虹、王红玉，2017）。还有学者借鉴培养创新人才所需要的心智模型，特别阐释了研学旅行在知识心智、内在动机心智、多元文化经验心智、问题发现心智、专门领域判断心智和说服传播心智方面对学生心智能力培育的影响和意义（衣新发、衣新富，2017）。较之春游、秋游，研学旅行因其时间更充裕、行程更丰富，可以让学生拥有更充分、更多元的体验。因为在旅行过程中的长时间集体相处，研学旅行还有助于增进师生间、学生间的感情交流，促进人际沟通交往的能力（杨艳利，2014）。对多为独生子女的中小学生而言，研学旅行让学生有一次集体住宿的经历；而以集体生活的形式展开的游历与学习探讨，能有助于培养青少年的责任意识、团队观念和整体意识。

五　研学旅行存在的主要问题

中国教育科学研究院研究员高峡（2017）指出，当前研学旅行发展面临的主要问题是，从全国范围看，公众对研学旅行的了解有限，对大多数学校而言它并没有被纳入学校教育计划；在多地的具体实施中基本规范仍有待完善，安全保障机制亟待建立、完善。而经费保障机制也是不可忽视的内容，囿于各地经济发展的差异，若缺乏相关部门的支持，没有校内外一体的联合教育网络及交通、食宿等社会资源的支持，学生的出行需求是难以被满足的。

另外，在研学旅行的教育属性层面上，研学旅行多元化的课程目标、综合性的学科内容、实践性的操作规划以及发展性的评价机制使现任学科教师在研学旅行实施过程中面临严峻挑战，如何让研学旅行中的"研"与"游"深度融合，做到既不走过场不流于形式，又不陷入应试教育的窠臼，仍是一线中小学正努力探索的议题。

六　研学旅行的发展建议

第一，将"研究性学习"和"旅行体验"有机结合。为学生提供贴近生活、贴近社会，在体验中尝试、在尝试中体验的机会，是对我国教育家陶行知先生"教学做合一""生活即教育"等理念的践行。而相比传统的春游、秋游的单一教育、娱乐目的，研学旅行带有更为清晰的教育意图和教育设计，因而能够发挥更大的教育影响（白宏太、田征、朱文潇，2014）。

第二，增添自然教育和休闲教育，践行教育创新观念，助力青少年的全面发展。研学旅行是一种自然教育，也是一种休闲教育，前者表明它打破了传统的教育场所的封闭限制，将教育的天地引向开放的大自然和社会，重视强调自然秩序和自然本性的教育观（陆庆祥、程迟，2017）；后者则强调了它的趣味性和"寓教于乐"，为学生打造了一种学习化生活方式（赵晓芳，2015）。综合这两种特点看，它是对传统的学校教育的一个创新，它是把学生带离校园、带离课堂，或者说，它在实践中尝试打破学校及课堂的边界，把生动鲜活的社会生活、生产实践当成一个课堂，让学子们且游且学（白宏太、田征、朱文潇，2014）。

第三，主动吸收发达国家青少年教育发展的有益经验，并与本国实际相结合。中国教科院的高峡教授介绍说，在发达国家，修学旅行是青少年学生成长过程中的一项重要内容，一些国家和地方政府还把它写进教育大纲或教育法律，对活动的开展予以保证。例如，二战后日本逐步实施修学旅行，到1960年，根据《日本学校教育法》中对其做出的明确规定，修学旅行已成为所有中小学的常规活动。而我国教育部也明确表示，为了能够更好地推进研学旅行工作，有必要学习借鉴国外成熟经验、研究和设计制度，使之更好地纳入基础教育学校系统中，成为学科课程以外的、实施素质教育的重要渠道。从2012年起，教育部就组织部分地区和学校开展了研学旅行的试点工作。各地区在试验过程中，吸收发达国家有益的教育经验并与地区自身实际相结合，取得了一定的成效和经验，产生了良好的社会效应。

第四，青少年教育发展应重视"全员育人"中的社会这一环，充分联结社会的力量，集聚社会的资源。党的十九大报告为中国教育事业赋予了新的使命，提出了"全员育人"的要求。"全员育人"即指由学校、家庭、社会、学生组成的"四位一体"的育人机制。其中，社会一环相较于其他部分，往往最容易被忽视。而在教育越来越引起全社会关注的今天，研学旅行是一种"敞开校门"的尝试，学校在开展研学旅行的过程中与社会、民间机构紧密联系，以与旅行社合作、运用民办基地等方式，让社会力量也参与到青少年培育的行列中来。在青少年教育这样一个系统工程中，单靠教育部门的推动力量有限，只有吸引社会机构的参与以及民间力量的加入，才能使青少年教育发展创新项目由点到面、由优质校到一般校逐渐推进。

第四章　青少年教育与发展专题

专题一：　青少年家庭背景与学业成绩

——来自中国家庭追踪调查（CFPS）的发现

李忠路[*]

一　研究背景

学业成就对儿童的成长和发展具有非常重要的意义，它不仅会影响儿童的心理状况和社会适应，还会直接影响儿童进一步的教育获得和人生发展机会。这是因为，在现代社会，接受高水平的学校教育是出身于较低阶层的社会成员实现向上社会流动的主要渠道。但由于教育资源的约束，目前中国高等教育机会的获得仍然是竞争性的，为此，学业表现就变成了教育选拔的重要标准。学业成就的高低会直接影响儿童能否获得下一阶段学校教育的机会。

虽然教育过程主要是在学校进行和完成的，但家庭作为儿童成长和发展最初和最重要的环境，必然对儿童的学习行为和学业成就

---

[*]　李忠路，深圳大学法学院社会学系助理教授。

具有非常重要的影响。第一，家庭在社会结构中所处的位置（父母的职业、收入和受教育程度）直接决定了儿童成长和发展的初始环境，家庭物质资源的多寡会影响家长的教育决策和对儿童的教育投入。第二，家庭氛围（如父母的教育观念和教养方式）会对儿童的学习动机和学习行为产生潜移默化的影响。尽管多数父母都认识到了教育的重要性，但由于自身能力和资源的限制，不同阶层的家庭可能会营造出不同的学习环境。第三，在中国，由于教育资源分布的非均衡性，家庭所在的社会环境如城乡、地区、社区类型等会直接影响儿童对教育资源和教育设施的可及性以及教育选择的机会结构。

从教育投入方面来看，收入差距的扩大使不同阶层的家庭为儿童提供的资源和发展空间也在分化。图 4 - 1 反映了 1998～2012 年中国城市家庭人均文化教育支出的变化趋势，从中我们可以看出，十几年来中国城市中各个收入阶层的人均文化教育支出的差距呈现逐渐拉大的趋势，尤其是低收入阶层和高收入阶层之间的差距更是逐年分化，1998 年最高收入 10% 阶层的文化教育支出是最低收入 10% 阶层的 2.7 倍，到 2012 年已经扩大到 7.5 倍。家庭文化教育支出的差异反映了儿童成长环境的分化，显然，那些家庭背景较好的儿童能够接触到的文化教育资源也更多。

随着改革的深化，市场机制也开始在教育资源配置中发挥作用。虽然中国在基础教育中实行九年制义务教育，但是市场力量已经开始渗透到基础教育中，这反映在民办学校和中小学教育培训市场的迅猛发展。市场力量的介入使中国的初等教育系统在办学条件和师资力量上出现分化：一端是教育资源雄厚的重点公立学校、国际学校和贵族学校，天价学区房现象反映出这一类优质教育资源的紧缺性；另一端是办学条件较差的民办学校和打工子弟学校。初等教育系统的内部分

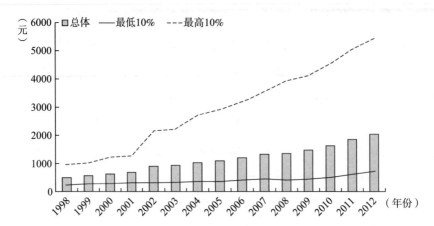

图 4 - 1   1998 ~ 2012 年中国城市家庭人均文化教育支出的变化趋势

资料来源：根据 1999 ~ 2013 年《中国统计年鉴》整理制作。

化为不同家庭提供了不同的教育选择，由于优质教育资源的获得在多个维度，特别是在家庭社会经济地位的比较上，是竞争性的，那些家庭社会经济条件较差的儿童只能被迫选择条件较差的学校。此外，目前中小学教育培训市场的发展提供了学校教育以外的学习机会，有调查表明 2016 ~ 2017 年，中小学阶段学生的校外教育总体参与率为 47.2%，平均费用约为 5616 元。[1] 显然，经济条件较好的家长可以为孩子购买额外的教育产品和服务，这有可能进一步强化家庭背景对儿童学业成就的影响。

二　分析框架

在中国现行的教育体制下，学习成绩是升学选拔的重要标准，学习成绩的好坏会直接影响儿童今后的教育选择和教育获得。故而，本研究属于个人教育获得的微观层面研究，主要是在教育起点上来探讨家庭背景对教育获得过程（学业成就）的影响。家庭背景与个人教育

---

[1]　http://news.sina.com.cn/c/2018 - 03 - 07/doc-ifxtuswh5334528.shtml.

获得的关系是教育和分层研究的一个经典主题，自 20 世纪 60 年代以来，经济学家和社会学家在这方面进行了深入的理论探索和大量的实证研究。经济学家认为，个人的教育成就实际上是资源约束下理性选择的后果；而社会学家则更多地从家庭的阶层位置和互动过程入手强调文化资本和社会资本在个人教育获得中的作用。

总结国内既有的研究可以发现，家庭背景对儿童学业成就的影响并不是简单和直接的，而是通过以下三个中间变量施加影响的（李忠路、邱泽奇，2016）。

第一，家庭社会经济地位的差异会导致儿童教育机会的差异进而影响儿童的学业成就。这里的教育机会主要包括体制内的学校类型（民办学校、普通公立学校、重点公立学校）和市场提供的教育机会（辅导班）。我们知道，不同类型的学校在办学条件和教育质量上存在较大的差异，这种教育机会的差异会直接影响儿童的学业表现和升学机会（李煜，2006；刘精明，2008；吴愈晓，2013）。此外，学校类型还在很大程度上影响了儿童同伴关系的质量，"人以群分"，重点学校的学生通常会有更高的教育期待和学习投入。除了教育体制导致的机会差异外，中小学教育培训市场的发展也使儿童的教育机会产生差异，虽然辅导班可以从市场上自由购买，但也需要家庭付出一定的经济资源才能获取这种教育服务。

第二，家庭社会经济地位对家长的教育期望和教育支持行为有重要的影响。家长对子女的教育期望和教育支持行为在一定程度上受到其社会经济地位的影响，由于资源和能力的限制，不同阶层的家庭所能提供的教育支持是存在显著差异的。戈德索普认为，"相对风险规避"是家庭投资子女教育的主要动力，为了避免向下的社会流动，所有阶层的家庭都尽最大能力投资子女的教育以便保证其获得不低于父母阶层的位置（Goldthorpe，1996）。因此，中产阶层的家庭对子女往往抱有更高的教育期待，而工人阶层的家庭寄希望于低成本的教育（王甫勤、时怡雯，2014）。

第三，家长的教育期望和教育支持行为通过影响儿童的教育期望和学习行为进而影响其学业成就。已有研究表明，家长对子女的教育期望会传递到儿童自身并影响其学习的积极性和主动性。而家长对子女的教育支持行为（如检查作业、讨论学校情况等）可以督促儿童学习，从而培养儿童良好的学习习惯（赵延东、洪岩璧，2012）。

三　研究设计

（一）数据

本研究使用的数据是北京大学中国社会科学调查中心主持的"中国家庭追踪调查"（China Family Panel Studies，CFPS）2010 年的调查数据。中国家庭追踪调查是一项旨在通过跟踪搜集个体、家庭、社区三个层次的数据，反映中国社会、经济、人口、教育和健康的变迁，以为学术研究和政策决策提供数据为目标的重大社会科学项目。[①]

CFPS 2010 对每个抽中的家庭户进行了三份问卷调查：家庭问卷以家户为单位调查家庭经济、居住、生活、农业生产状况；成人问卷调查每个家庭中所有年满 16 岁成员的基本信息、教育、职业、日常生活、健康等方面的情况；少儿问卷调查对象是家庭中 16 岁以下的成员，问卷包括由同住的成年家人代答和由 10～15 岁的孩子自己回答两个部分。由于本研究主要的变量是儿童的学业成就，故而只选取了填写自答问卷的 10～15 岁正在就读小学和初中的儿童，去掉因变量（儿童学业成就）的缺失数据外，共得到样本 1991 份。其中，城市样本占 36.1%（718 人），农村样本占 63.9%（1273 人）；男生的比例为

51.1%（1018 人），女生的比例为 48.9%（973 人）；正在上小学的儿童有 1256 人（63.1%），正在上初中的儿童有 735 人（36.9%）。

科尔曼等人（Coleman et al.，1966）在研究家庭社会经济地位与儿童学业成就之间的关系时，采用的数据是全美通用的 SAT 测验成绩，因而能够在控制学校差异的情况下研究家庭背景对儿童学业成就的独立影响。而后续的实证检验也都是采用基于学校标准化测验的数据，如全美教育追踪调查项目（National Education Longitudinal Study，NELS）。基于学校的数据调查能够较好地检验家庭背景对儿童学业成就的独立效应，但是忽略了家庭对教育机会（学校）的选择，因而并未完整地揭示家庭背景的影响机制。

与 NELS 数据库不同，CFPS 是基于家庭户的调查，这为我们检验家庭对教育机会的选择提供了方便，其弱点是不能提供关于儿童学业成就的统一标准，因为 CFPS 调查的儿童考试成绩是相对的。但是考虑到中国的教育设置状况，我们认为关于儿童学业成就的相对性测量也是具有重要研究意义的。这是因为，在中国，小学升初中，以及初中升高中的选拔主要是在区域（县或市）内进行的，而选拔是基于同年级学生的比较，这就使本研究的数据具有研究意义。而且，中小学的期末考试通常是由县级或市级教育考试部门统一命题，我们假定各个区域的考试难度是一致的，儿童的期末考试成绩就能在一定程度上反映其获得更高一层教育机会的可能性。

（二）测量

1. 儿童学业成就

本研究主要通过儿童上学期期末语文和数学考试成绩平均分来测量其学业成就，为 0～100 分的定距变量。

2. 教育机会差异

本研究中的教育机会差异主要是指儿童就读学校的类型和市场提

供的教育机会。CFPS 2010 关于儿童就读学校类型共设置了普通公立学校、重点公立学校、私立学校、打工子弟学校、贵族学校五个选项。本研究将儿童就读的学校分为重点学校和普通学校（包括普通公立学校、私立学校和打工子弟学校）两种类型。此外，教育机会的差异除了体现在儿童就读学校类型上，还包括市场提供的教育机会，这里主要用儿童在最近的一个月是否上过辅导班来测量，0 表示没上过，1 表示上过。

3. 家庭社会经济地位

本研究用家庭收入、父母的职业地位和受教育程度来测量家庭的社会经济地位。家庭收入采用家庭人均年收入来衡量，共分为低收入（最低20%）、中低收入（次低 20%）、中等收入（中间 20%）、中高收入（次高20%）、高收入（最高20%）五个等级。父母最高受教育程度为定序变量，主要分为小学及以下，初中，高中、中专和职高，大专及以上四个等级。根据以往的研究，本研究将父母的职业分为农民、农民工、产业工人和商业服务人员、自雇者和办事人员、管理和专业技术人员五个阶层。

4. 家长的教育期望和教育支持行为

关于家长的教育期望，主要通过"您希望孩子最高读到什么文化程度？"来测量，1~8 分别表示不必上学、小学、初中、高中、大专、本科、硕士、博士，在分析中将其重新划分为初中及以下、高中、本科、研究生及以上四个层次。

家长对子女的教育支持行为主要通过家长为了避免影响儿童学习而放弃自己喜欢电视节目的频率、家长询问儿童学校情况的频率两个问题来测量，1~5 分别表示从不、很少（每月 1 次）、偶尔（每周1~2 次）、经常（每周2~3 次）、很经常（每周6~7 次）。

5. 儿童的期望和行为

对儿童的教育期望主要是通过问题"你认为自己最少应该念完哪种教育程度？"来测量的，1~8 分别表示不必上学、小学、初中、高中、大专、本科、硕士、博士，在分析中将其重新划分为初中及以下、高中、本科、研究生及以上四个层次。

儿童学习行为主要通过儿童对"我学习很努力"和"我在课堂上会集中精力学习"两个问题的自评来测量，1～5分别表示十分不同意、不同意、中立、同意、十分同意。

四　基本发现

（一）儿童考试成绩阶层分布状况

教育过程主要是在学校中进行的，故而学校质量的优劣对儿童学习成绩有着非常重要的影响。表4-1对教育机会差异和儿童考试成绩的分布状况进行了统计描述。我们发现，就读于重点学校的儿童考试的平均分比普通学校的儿童高出近6分；而参加辅导班的儿童考试的平均分也比没参加辅导班的儿童高出7.1分。由此，我们可以看出无论是体制内的重点学校资源还是市场上的教育服务都有助于儿童获得较好的学业成就。这是因为，优质学校不仅拥有优秀的师资，还具有良好的生源，此外，儿童就读学校的质量除了直接影响儿童学业成就，还可以通过教师和同伴影响其学习行为。

表4-1　学校类型、辅导班与儿童考试成绩的统计描述（0～100分）

	平均值	最小值	最大值	标准差	N
重点学校	82.3	53.3	96.5	16.0	101
普通学校	76.4	4	100	10.5	1890
上辅导班	82.6	52	98	10.5	298
不上辅导班	75.5	4	100	16.5	1631

虽然教育过程主要是在学校进行和完成的，但家庭对儿童的学习行为和学业成就也具有非常重要的影响。图4-2至图4-4描述了儿

童期末考试成绩的阶层分布状况。我们发现，不同收入家庭的儿童在考试成绩上是存在差异的，随着家庭收入的提高，儿童的考试成绩也在提高，其中高收入家庭儿童的考试成绩平均比低收入家庭的儿童高出 10 多分；而父母的受教育程度也对儿童的考试成绩有显著影响，父母受教育程度越高，儿童的考试成绩越高，父母受教育程度在大专及以上的儿童的考试成绩比父母文化程度为小学及以下的儿童高出 11 分；再看父母职业地位的影响，总体上也是父母的职业地位越高，儿童的考试成绩也越高，管理者和专业技术人员子女的考试成绩最高，比农民阶层的子女高出 12.4 分。

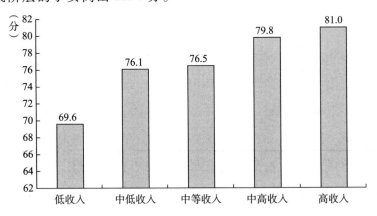

图 4-2　家庭收入与儿童考试成绩

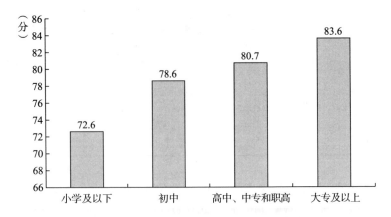

图 4-3　父母受教育程度与儿童考试成绩

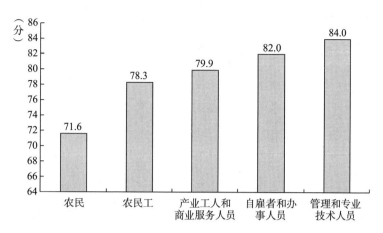

图4-4　父母职业与儿童考试成绩

（二）儿童教育机会的阶层差异

通过儿童考试成绩的阶层分布状况的统计描述，我们发现不同家庭出身的儿童其学业成就是存在较大差异的。然而，我们知道考试成绩不像教育机会那么简单，家庭收入不能直接购买学习成绩，父母的文化资本也不能直接作用于儿童的考试成绩。那么家庭社会经济地位变量是通过什么路径和机制来影响儿童考试成绩的呢？

家庭社会经济地位的差异会导致儿童教育机会的差异进而影响儿童的学业成就。重点学校资源的稀缺性决定了其竞争的激烈性，而就近入学原则和择校制度使这种竞争变得更加复杂。一方面，就近入学原则弱化了不同阶层对优势教育进行选择的空间；另一方面，择校制度又为这种选择提供了方便，强化了家庭社会经济地位的影响。在这种双轨制条件下，哪些阶层有更大的概率获取重点学校的入学机会？与重点学校机会的获得机制不同，辅导班是由市场提供的一种教育服务，影响其获得的主要机制是市场的可及性和家庭的支付能力。

表4-2至表4-4描述了儿童就读学校类型和是否上辅导班的阶层分布状况。从中我们可以发现，无论是较多受到制度因素影响的重

点学校机会，还是自由市场提供的教育服务，优势阶层的儿童均有显著的优势。例如，就重点学校机会而言，高收入家庭中有 9.5% 的儿童就读于重点学校，而低收入家庭中只有 1.5% 的儿童就读于重点学校。就是否上辅导班来看，高收入家庭中有 34.6% 的儿童会参加市场提供的教育服务，而低收入家庭中只有 5.5% 的儿童参加辅导班。这说明，虽然义务教育的普及基本上消除了入学机会上的阶层差异，但是不同家庭出身的儿童所接受的教育质量还是有很大差别的。而制度排斥（重点学校）和市场竞争（教育培训）使家庭社会经济地位与儿童教育机会之间的关联更加紧密。

表 4 – 2   家庭收入与教育机会差异（$N = 1991$）

	重点学校（%）	上辅导班（%）	N
低收入	1.5	5.5	392
中低收入	2.6	5.9	399
中等收入	5.5	10.3	402
中高收入	6.5	19.2	390
高收入	9.5	34.6	402

表 4 – 3   父母职业与教育机会差异（$N = 1991$）

	重点学校（%）	上辅导班（%）	N
农民	1.5	3.9	767
农民工	2.6	8.9	606
产业工人和商业服务人员	5.5	25.8	372
自雇者和办事人员	6.5	45.0	151
管理者和专业技术人员	9.5	52.6	95

表 4 – 4   父母受教育程度与就读学校类型（$N = 1991$）

	重点学校（%）	上辅导班（%）	N
小学及以下	2.2	6.9	871
初中	5.6	15.8	768

续表

	重点学校（%）	上辅导班（%）	N
高中、中专和职高	6.8	27.7	235
大专及以上	19.7	44.4	117

（三）家长教育支持的阶层差异

家庭社会经济地位除了通过教育机会差异影响儿童的学习成绩之外，也可以通过父母的教育支持和教育参与进一步影响儿童的学习成绩。图4-5描述了中国家长对子女的教育期望，我们发现中国家长普遍对子女抱有较高的教育期待，77.8%的家长希望子女能读到本科及以上。但同时我们也发现家长的教育期待还是存在较大内部差异的，在本科教育已经成为普遍期待的情况下，仍有13.6%的家长只希望子女最高读到初中及以下，8.6%的家长只希望子女读到高中。而且在本科及以上教育领域中也存在内部差异，有相当一部分父母不满足于本科学历，希望子女能接受研究生及以上的教育。

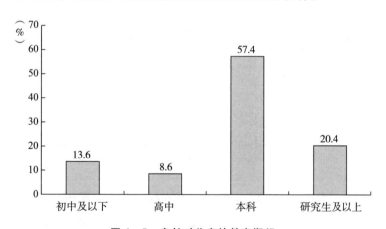

图4-5 家长对儿童的教育期望

图4-6至图4-8专门针对对子女具有大学及以上教育期望的样本，描述了家庭收入水平和父母职业类型的分布状况。我们可以发现，家庭收入、父母职业类型和受教育程度的影响十分显著：相比于

低收入家庭而言，中低收入及以上的家长都对子女抱有较高的教育期望；父母的受教育程度越高，对子女抱有的教育期望也越高，尤其是大专及以上文化程度的家长。

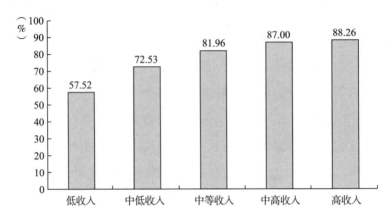

图 4 - 6　家庭收入与家长对儿童的高等教育期望

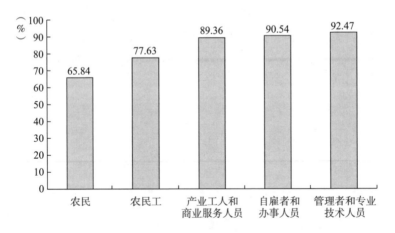

图 4 - 7　父母职业类型与家长对儿童的高等教育期望

　　表 4 - 5 描述了家长对子女的教育支持行为状况，在营造儿童学习环境方面，有近 60% 的家长会为了避免影响儿童学习而放弃自己喜欢的电视节目，但也有 25.7% 的家长极少或从不这样做；询问学校情况是家长了解孩子学习环境和学习情况的一个重要渠道，但是我们发

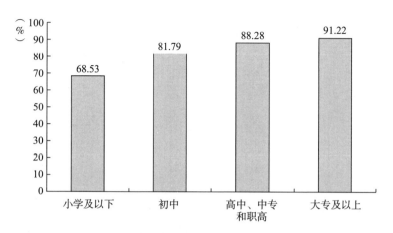

图 4 - 8 父母受教育程度与家长对儿童的高等教育期望

现只有40%多的家长能够做到与子女讨论学校情况，有24.7%的家长只是偶尔询问一下，31.1%的家长极少或从不这样做；检查作业是家长教育支持的重要维度，一方面可以督促儿童学习，另一方面又可以帮助儿童提高学习技能，我们发现有41.6%的家长极少或者从不检查儿童的作业，19.1%的家长只是偶尔检查一下。图4-9进一步分析了家庭收入与家长检查儿童作业的情况，我们发现，家庭收入越高，检查儿童作业的比例也越高。总之，家庭社会经济地位无论是对家长的教育期望还是具体的教育支持行为都存在显著的影响。

表 4 - 5 家长教育支持行为情况描述 （ $N = 1991$ ）

频率	放弃看电视		询问学校情况		检查作业	
	百分比	累计百分比	百分比	累计百分比	百分比	累计百分比
从不	14.7	14.7	14.0	14.0	26.9	26.9
极少	11.0	25.7	17.1	31.1	14.7	41.6
偶尔	16.4	42.1	24.7	55.8	19.1	60.7
经常	38.5	80.6	37.2	93	28.9	89.6
总是	19.4	100	7.1	100	10.4	100

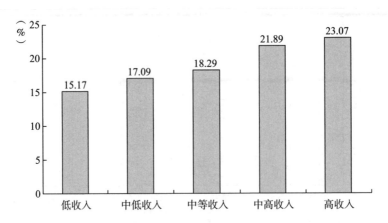

图4-9　家庭收入与家长检查儿童作业的比例

（四）儿童教育期望和学习行为的阶层差异

虽然儿童的学习主要是在学校进行的，但其教育期望和学习习惯的养成离不开家长潜移默化的影响。儿童对自己抱有的教育期望是其学习的动力，通常对自己抱有较高教育期望的儿童会对学习投入更多的时间和精力，进而影响其学业成就。图4-10描述了儿童的教育期望的分布情况，从中我们可以发现，与家长对儿童的教育期望不同，儿童的教育期望呈现"M"形分布，具体来说，高中和大学本科是儿童教育期望的两个顶点，有24.7%的儿童对自己的教育期望停留在高中，41.6%的儿童希望读到大学本科，9.5%的儿童只希望读到初中或小学水平，14.4%的儿童希望读到研究生及以上。总体而言，儿童对自己抱有的教育期望不如家长强烈。

进一步的分析表明，儿童的教育期望与父母的收入、职业和受教育程度是紧密联系在一起的。图4-11至图4-13进一步将儿童教育期望简化为是否期望读到本科及以上，并按照家长的收入、职业和受教育程度进行了描述。从中我们可以发现，家庭收入越高、父母受教育程度越高、父母职业地位越高，儿童希望自己读到大学及以上的比例也越高。

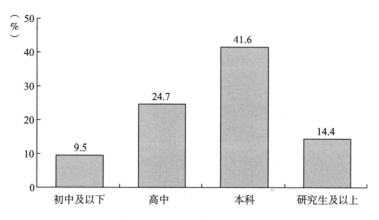

图 4 – 10 儿童的教育期望

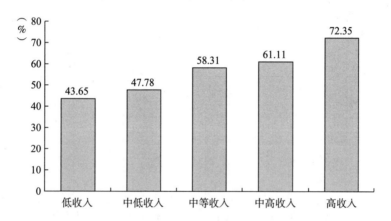

图 4 – 11 家庭收入与儿童自我高等教育期望

表 4 – 6 列出了儿童自己报告的学习投入情况，我们发现有 60%
左右的儿童报告自己能够做到努力学习、课堂上集中精力听讲和先写
完作业再玩。但是也有 40% 的儿童并不认为自己符合上述情况。进一
步的分析表明，儿童的学习行为和学习投入状况也与家庭社会经济地
位紧密联系在一起。具体来说，家庭社会经济地位越高，儿童报告的
学习行为越符合当前的教育模式。例如，家庭社会经济地位越高的儿
童，报告课堂集中精力学习的比例越高，先写完作业再玩的比例也
越高。

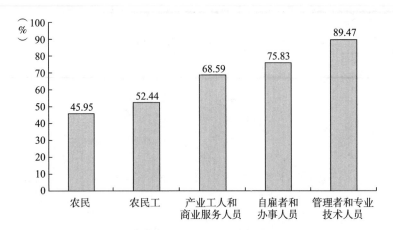

图 4 - 12 父母职业类型与儿童自我高等教育期望

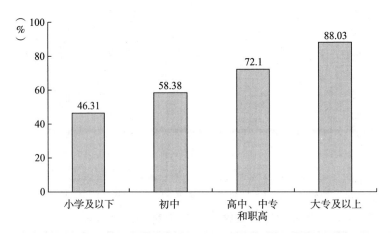

图 4 - 13 父母受教育程度与儿童自我高等教育期望

表 4 - 6 儿童学习投入情况描述 ($N = 1991$)

	学习很努力		课堂集中精力		写完作业再玩	
	百分比	累计百分比	百分比	累计百分比	百分比	累计百分比
非常不同意	2.0	2.0	2.2	2.2	2.5	2.5
不同意	24.5	26.5	23.1	25.3	25.4	27.9
中立	18.2	44.7	13.3	38.6	10.2	38.1
同意	52.1	96.8	56.1	94.7	55.2	93.3

续表

	学习很努力		课堂集中精力		写完作业再玩	
	百分比	累计百分比	百分比	累计百分比	百分比	累计百分比
非常同意	3.2	100	5.3	100	6.6	100

图 4 - 14 就父母的受教育程度与儿童在课堂上集中精力学习的情况做了简单描述，我们发现父母的受教育程度在大专及以上的儿童中约有 78.37% 能够集中精力学习，而在父母的受教育程度为小学及以下的儿童中，这一比例仅为 57.52%。

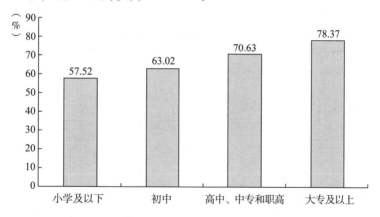

图 4 - 14　父母的受教育程度与儿童在课堂上集中精力学习的比例

(五)家庭社会经济地位对儿童学习成绩的阶段差异

表 4 - 7 通过结构方程模型进一步比较家庭背景对儿童学习成绩影响的阶段差异。从中我们可以发现，家庭背景对小学生成绩的影响远大于对初中生的影响。与小学生相比，初中生的学习成绩更多地取决于其自身的教育期望和学习行为。由此，我们认为，家庭背景对儿童学习成绩的影响在起点（小学）上比较重要，随着儿童年龄的增长，家庭背景的直接影响逐渐减弱。但是这并不意味着家庭背景变得不重要了，而是其影响机制可能发生了转变。家庭更多的是通过儿童自身的期望和行为来发挥作用，因为这时家庭基本上已经完成了对儿童教育期望和学习行为培养的任务。

表 4 – 7　家庭背景影响路径的就读阶段比较

	社会经济地位		家长教育期望		家长行为支持		就读学校类型		是否上辅导班		儿童教育期望		儿童学习行为		残差	
	小学	初中	小学	初中	小学	初中	小学	初中	小学	初中	小学	初中	小学	初中	小学	初中
社会经济地位															0.25	0.34
家长教育期望	0.38*	0.25*													0.86	0.94
家长行为支持	0.49*	0.47*	0.17*	0.29*											0.67	0.63
就读学校类型	0.25*	0.24*													0.94	0.94
是否上辅导班	0.53*	0.50*													0.72	0.75
儿童教育期望	0.15*	0.32*	0.29*	0.18*	0.12	0.04									0.80	0.81
儿童学习行为	0.36*	0.06			0.07*	0.06	-0.05	0.06	-0.03	0.05	0.04	0.13*			0.99	0.91
儿童考试成绩											0.21*	0.31*	0.25*	0.24*	0.73	0.75

模型指标	小学	初中
N	674	195
χ^2/df	1.58	1.24
P – Value	0.00	0.12
RMSEA	0.03	0.02

注：* 表示标准化影响系数的 t 值在 2 以上，即在 0.05 水平及以下是显著的。

五 结论与讨论

作为儿童成长和发展最初和最重要的环境，家庭对儿童的学习行为和学业成就具有非常重要的影响。以往关于家庭背景与儿童学业成就的讨论，往往直接将家庭社会经济地位与儿童考试成绩联系起来进行相关或回归分析，并没有揭示社会经济地位对儿童学业成就影响的具体机制。本研究在前人研究的基础上，进一步勾画了家庭背景的影响路径。通过对 CFPS 2010 的数据分析，我们发现，即便是在诉求社会公平的义务教育阶段，家庭背景仍然对儿童的学业成就有较大的影响。

第一，家庭社会经济地位对儿童的教育机会有较大的影响。无论是体制内提供的重点学校机会还是市场提供的教育服务都受到家庭社会经济地位的影响。在重点学校机会的获取上，较高社会阶层出身的儿童有显著的优势，而市场提供的教育服务则主要受到家庭支付能力的影响。

第二，家庭社会经济地位对家长的教育期望和教育支持行为均有显著影响，父母受教育程度越高，对子女抱有的教育期望也越高；家长的具体教育支持行为也呈现阶层差异，在对儿童学习行为的督促和指导方面，社会经济地位较高的家长有明显优势。

第三，家长的教育期望和教育支持行为对儿童的教育期望有显著的影响，家长的教育期望具有传递性，父母的教育期望越高，儿童对自己的教育期望也越高。

此外，家庭背景对小学生成绩的影响远大于对初中生的影响，与小学生相比，初中生的学习成绩更多地取决于其自身的教育期望和学习行为。在小学入学阶段，基本上不存在基于儿童考试成绩的筛选机制，虽然就近入学原则限制了家庭对儿童教育机会选择的空间，但是家庭可以通过缴纳择校费等方式影响儿童就读学校的类型。此外，在小学时，儿童的性格尚未养成，其教育期望和学习行为比较容易受到家庭环境的影响。因此，我们认为，教育机会差异和家庭环境培养儿童品格的差异共同导致了小学生的成绩在较大程度上受到家庭背景的影响。而在初中阶段，教育机会的获取主要依赖儿童小学时的考试成绩，家庭社会经济地位的选择在一定程度上受到限制。而此时，家庭也基本上完成了对儿童性格培养的任务，因此，儿童的学习行为更多地受到自身教育期望和学习行为的影响，但是儿童的教育期望是由家长教育行为内化而来的。

由此，我们得出结论，家庭对个人教育获得的影响更多的是在起点上发挥作用的，随着就读阶段的提升，家庭更多的是通过个人内化的品格来影响教育获得的过程。对于促进教育公平而言，任何社会都不可能消除家庭背景在培养儿童品格方面的影响，这是因为家庭作为人类成长和发展的初始环境，对个人的价值、信念、行为方式等性格品质均会有潜移默化的影响。关于教育机会的影响，国家可以通过减少差异或改变教育机会的分配机制来降低优势阶层的选择空间。

专题二： 青少年家庭教养与亲子关系

刘保中[*]

家庭是儿童社会化的主要机构。早在 1689 年，英国哲学家约翰·洛克在其《人类理解论》一书中，就曾提出孩子的心灵本是一块白板，纯洁而又质朴，在其社会化的过程中，父母、家庭和社会的价

---

* 刘保中，中国社会科学院社会学研究所助理研究员。

值观、态度、信仰等逐渐传递给孩子。因此，家长的教养方式（parenting styles）、养育质量和亲子关系非常关键，对子女的身体健康、认知发展、学习成绩、性格培养、自我效能、心理健康等多方面都具有重要而长远的影响。处于经济社会和文化观念转型中的中国，加上中国计划生育政策带来的家庭少子化现象以及家庭结构的变化，传统的家庭教养方式和亲子关系也在发生变化。

本部分将使用由北京大学中国社会科学调查中心主持的"中国家庭追踪调查"（CFPS）2012年的数据，从三个方面展开分析：一是描述16岁以下儿童家庭教养的主要参与者情况；二是分析16岁以下儿童家庭教养的主要内容及其特征、亲子关系的表现等；三是尝试分析不同的家庭教养因素以及亲子关系状况对子女教育发展的影响。

一 家庭教养的主要参与者

传统意义上家庭的分工模式是"男主外，女主内"，即女性多以家庭内部事务为中心，而男性多侧重于工作和家庭外事务，子女的教育则多由母亲承担。随着经济社会的发展、男女性别平等意识的加强以及女性社会地位的提升，越来越多的女性走向社会步入职场成为常态，"男主外，女主内"的传统分工模式正在逐渐被解构，这种变化也带来了家庭教养者构成的变化：一方面，越来越多的男性也正在参与到家庭事务尤其是子女教育上来；另一方面，由于父母双方外出工作，祖辈隔代教养正在成为越来越普遍的养育方式。

表4-8的分析结果显示，对于12岁以下的儿童来说，无论是白天还是晚上，母亲照管的比例最高，分别为45.0%和62.1%，其次是爷爷/奶奶，分别为27.8%和24.0%；对于12~15岁的儿童来说，自己照管的比例在白天和晚上分别为61.7%和58.8%，母亲照管的

比例分别下降到 19.8% 和 26.4%，祖辈中爷爷/奶奶照管的比例分别下降到 8.3% 和 6.7%。以上分析表明，在当前儿童照管人的构成中，仍以家庭教养为主，机构教养的比例较低，家庭照料者中又以母亲为主；尤其是对于低年龄的儿童来说，母亲承担了最主要的教养职责，隔代教养的现象也比较明显；在 12~15 岁较高年龄段的儿童群体中，由于大部分儿童具备了自主自立能力，因此自己照看的情况最多，不过母亲仍然扮演着重要的教养角色。

表 4-8   儿童主要照管人

单位：%，人

	0~11 岁		12~15 岁	
	白天	晚上	白天	晚上
爸爸	3.1	4.2	4.3	4.4
妈妈	45.0	62.1	19.8	26.4
爷爷/奶奶	27.8	24.0	8.3	6.7
外公/外婆	3.8	3.5	1.1	0.9
托儿所/幼儿园	9.5	0.3	0.6	0.1
其他	10.7	5.9	4.3	2.7
自己	—	—	61.7	58.8
样本量	6499	6499	2014	2014

通过对我国当前儿童的教养角色构成的分析，可以发现，在子女教育和社会化的过程中，父亲缺位的现象比较明显。传统的"男主外，女主内"的观念使很多家庭都忽视了父亲在子女教养过程中的作用，而实际上，父亲和母亲在教养过程中均承担着不同的角色任务，很多研究已经表明，父亲更多地参与教养对儿童心理、情绪和行为的健康发展影响重大，此外，父亲身上所体现的勇敢、坚强、独立等性格特征对儿童性别角色意识的培养也具有特殊的意义。因此，父亲参与教养不应仅仅局限于提供经济支持，而且要对子女的学习、日常生活、

情感等密切关注，投入更多的时间和精力与母亲一起参与子女的教养。

通过对我国当前儿童的教养角色构成的分析，还可以发现，隔代教养的问题同样不容忽视。在父母均全职工作的前提下，祖辈帮忙照管孩子成为多数家庭的普遍选择。在隔代教养中，相比之下祖辈具有更多照顾孩子的耐心和经验，但是也容易引发溺爱孩子、过度保护等问题。此外，由于祖辈与父辈之间在教养理念和养育方式上的差异，隔代教养过程中爆发的两代之间的养育冲突十分普遍。

通过上面的分析，我们还可以看到目前我国托儿所、幼儿园等机构在照管儿童中发挥的作用比较有限。改革开放以前，我国所有幼儿园和托儿所均由各级政府部门、国有企业事业单位和集体所有制机构负责运营，在市场转型之后，由个人或者团体进行商业化运营的私立早教机构逐渐增多。越来越多的家庭都逐渐重视子女的早期教育，这在一定程度上也大大刺激了私立早教机构的快速发展。但是尽管如此，与国外发达国家相比，我国私立早教机构在照管儿童中发挥的作用仍然十分有限，这主要是由于当前我国机构教养尤其是托儿所、幼儿园等早教机构存在诸多不规范现象，例如频频出现的早教机构虐童事件如"携程亲子园""红黄蓝"等事件均暴露出我国早期教育机构监管不到位、教师专业水平偏低等问题比较严重，此外私立教育机构收费标准也相对偏高。针对这一问题，一方面，国家应大幅提升对学前教育的财政性经费投入，逐步推进学校教育义务教育化进程；另一方面，加大对早教机构的监管力度，引导其科学规范化运营。

二 家庭教养与亲子关系的主要特征描述

（一）学龄前儿童家庭教育

行为模式、个人能力的发展和学习过程始于幼儿时期，并在这个阶段定型。幼儿大脑发育取决于环境刺激，研究表明，0~3岁是人类大脑发育最快的时期，也是婴幼儿体质发育和性格形成的关键时期，并且这种早期发展的影响可持续终生（戴耀华、关宏岩，2004）。Carneiro & Heckman（2003）认为，人力资本投资回报率具有阶段差异性（见图4－15），人力资本投资回报率随着年龄的增长呈现逐渐下降的趋势，儿童期的投资比后期的补救性教育具有更高的成本效益。儿童早期教育投资回报率在所有年龄阶段中最高。

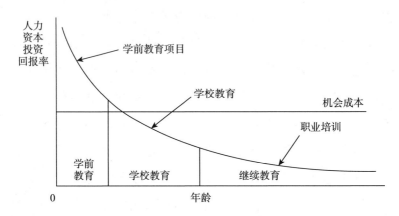

图4－15 人力资本投资回报率的阶段差异

儿童后来在学校里学什么、如何学、学会多少，在很大程度上取决于他们在幼年时期发展的社会、情感能力和认知技能。丰富恰当的诱导环境和有目的、有计划的育儿刺激会对大脑功能和结构的发育产生积极的影响，激发孩子的智力潜能。图4－16描述了家长养育学龄前儿童的情况。前三项针对年龄为1～3岁（包括3岁）的儿童；后四项针对年龄为3～6岁（包括6岁）的儿童。通过分析可以看到，有接近六成或者六成以上的家庭很少（每月仅两三次或者更少）会利用玩具、游戏或其他东西帮助孩子分辨形状、色彩和学习识数，每天都会对孩子进行这些认知能力培养训练的比例均不到两成。

对于3～6岁的儿童，在经常带孩子外出游玩，经常给孩子买书，经常读东西给孩子，经常用玩具、游戏或其他东西帮助孩子识字等方

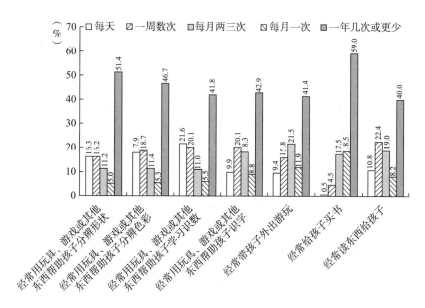

图 4 – 16　家长参与学龄前儿童教养情况

面，超过七成的家长参与的频率都比较低（每月仅两三次或者更少），约六成的家长一年几次或者更少给这一年龄段的孩子买书。仅有三成多一点的家长能够做到每周数次或者每天都给孩子读东西。

　　以上分析表明，我国儿童的家长虽然开始有意识地注重儿童早期教育，但是在养育质量上仍有待提高。除了家长应提高对早期教育重要性的认识之外，政府应提供更多的早期教育与发展的各项指导性服务，比如创办家长学校、母亲学校，或举办各种学习班等，帮助家长掌握科学教育独生子女的基本知识、技能技巧，提高儿童家长的科学育儿能力，大大提升家庭教育的理解与实践水平等。

　　（二）学龄后儿童家庭教育环境和教育参与

　　中国的传统儒家文化一直比较重视教育对于社会流动的作用。"书中自有黄金屋"、"学而优则仕"，以及"朝为田舍郎，暮登天子堂"，这些古语都彰显出教育的重要价值。通过教育带来身份的改变，通过科举的成功改变个人的命运，为个人、家庭乃至整个家族带来荣耀。这种传统教育价值观时至今日仍产生着重要的影响，中国的父母极为重视子女教育上的成功，突出表现就是对于子女学业成绩的重视，期望子女能够获得更高的学历。

图4－17显示，接近九成的孩子都被家长期望能够获得大学及以上学历，大约两成的孩子被家长期望能够获得博士研究生学历，由此可见，中国的家长对子女具有非常高的教育期望水平。近年来，随着大学生就业难问题日益严重，学历的教育回报似乎在下降，"读书无用论"一度甚嚣尘上，但是当前中国家长对子女普遍较高的教育期望水平，反映出当前家庭仍然十分看重教育对于子女未来成长与发展的重要作用。

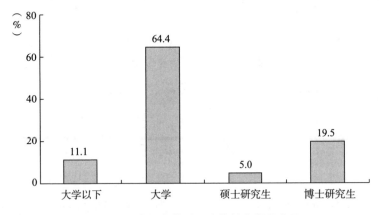

图4－17　中国家长对子女的教育期望水平

参考吴琼、刘保中（2015）的分析，本报告从家庭收入、教育支出、辅导班用时、零花钱数目和营养摄入五个方面描述家庭儿童养育的物质条件与教育投入情况。2012年，16岁以下儿童平均家庭收入约为4.2万元，1岁以上每名儿童的平均教育支出约为2201元，1～15岁儿童平均每周上辅导班或者亲子班的时间约为1小时，10～15岁少儿平均每月零花钱约为70元，每月食用的营养食物（包括肉类、鱼、蔬菜、奶制品、豆制品和蛋）种类平均为4.3种。

当然，受到各地区经济发展水平的影响，各省份间家庭的物质条件与教育投入情况差别较大。表4-9列出了五省市相对于全国平均水平的比例。上海市和辽宁省的各项指标均在全国之上，上海市高出的程度最大。上海市家庭收入和教育支出约是全国少儿所在家庭平均收入的3.0倍，辅导班用时、零花钱数目和营养摄入分别约是全国平均水平的1.2、1.9和1.3倍。辽宁省少儿的所有物质指标也都在全国平均线以上，但呈现与上海不同的特点。辽宁省少儿所在家庭的平均收入只比全国平均水平稍高（1.14倍），但其教育支出、辅导班用时和零花钱数目分别约是全国平均水平的2.0、3.0和2.1倍。与之形成对比的是广东省，其平均家庭收入在全国之上（1.2倍），虽然少儿的教育支出也超过全国平均水平（1.2倍），但其辅导班用时和零花钱数目都远低于平均线，分别是平均水平的0.6倍左右。河南和甘肃两省的家庭收入在全国平均线以下，其各项物质指标也相应地在平均线以下，其中甘肃省五项指标中的四项都在五个省市中处于最低水平，只有辅导班用时超过了广东省。

表4-9 五省市家庭养育的物质条件与教育投入情况相对于全国平均水平的比例

	上海	辽宁	河南	甘肃	广东
家庭收入	2.99	1.14	0.79	0.72	1.20
教育支出	2.96	1.95	0.67	0.42	1.18
辅导班用时	1.24	3.02	0.80	0.76	0.63
零花钱数目	1.89	2.09	0.69	0.57	0.62
营养摄入	1.32	1.06	1.00	0.72	1.06

资料来源：吴琼、刘保中（2015）。

图4-18是从孩子的画报、图书或其他学习资料等物质投入的角度，来判断父母关心孩子教育的程度。这一问题既反映了家庭是否为子女购买了更好的教育资源，某种程度上也反映了家庭是否提供了理想的激发学习的环境，家庭中图书等丰富的文化资料增加了子女接触

认知刺激的机会，这种认知刺激有利于激发子女的学习兴趣、提高子女的认知能力。从全国范围平均来看，在学习环境的投入上，全国半数以上（55.1%）的家庭都是比较关心子女教育的，但存在地区差异[1]，上海和辽宁重视教育的家庭环境比例都要高于全国，分别是57.9%和59.3%，而河南、甘肃和广东的比例则要低于全国，分别是45.4%、50.1%和53.3%。

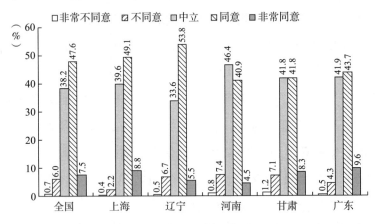

图 4 – 18　重视教育的家庭环境

　　家庭参与子女教育还体现在家长对孩子平时学习活动的监督和管教上。有研究表明，家长对孩子家庭作业、学校生活和看电视等一系列放学后活动的关心有利于孩子作业的完成和学习上的进步。表 4 – 10 所示行为是家长根据近一个月来的表现所做出的判断，分析显示，总体来看，家长对子女学习的关心和监督行为，表现最好的是"要求孩子完成家庭作业"，表现最差的是"限制孩子所看电视节目的类型"，仅有不到四成的城乡家庭会限制孩子所看的电视节目，这说明对孩子观看电视节目的指导不够。这也可能是由于家长较多阻止或终止孩子看电视（六成以上家庭），所以造成该选项比例偏低。同时，

---

① 五个地区的卡方检验结果为 Pearson χ^2 = 76.0867（df = 16, Pr < 0.001）。

我们可以注意到，虽然城乡两类家庭里超过85%的中国家长均能够做到经常督促孩子完成家庭作业，但是能够经常检查孩子作业的家长比例则相对较低，对孩子提供进一步的学习帮助表现还不够理想。城市中接近六成的家长能够做到经常和孩子讨论学校里的事情，农村家长的这一比例约为47.6%，不到一半。

从城乡差异来看，城市家长对子女学习的关心行为明显好于农村，在经常检查孩子家庭作业上相差最多，城市家长比农村家长高出了16.2个百分点，其次是与子女的沟通以及放弃看自己喜欢的电视节目。虽然农村家庭的绝大多数家长（86.1%）也积极要求孩子完成作业，但是仅有不到一半（48.6%）的家长能够经常检查孩子的家庭作业，这种现象和城乡家庭家长的工作时间、照顾精力和文化水平的差异有关系。此外，城市家庭有近六成的家长能够做到经常和孩子讨论学校里的事情，而农村家长的这一比例不足五成。在阻止看电视以及限制所看电视节目的类型上，城乡差异最小。可以说，城市家庭除了在家庭经济投入上明显高于农村家庭之外，在教育参与上也明显好于农村家庭，教育参与在很大程度上成为城乡教育差距的重要分层机制。

表4-10　父母对子女学习上的关心和监督行为

	经常（每周2次以上）		
	城市（%）	农村（%）	城乡差
当看电视与孩子学习冲突时，会放弃看电视节目以免影响孩子学习	77.4	66.1	11.3
和孩子讨论学校里的事情	59.0	47.6	11.4
要求孩子完成家庭作业	88.2	86.1	2.1
检查孩子家庭作业	64.8	48.6	16.2
阻止或者终止孩子看电视	62.6	61.6	1.0
限制孩子所看电视节目的类型	36.2	34.6	1.6

(三)家长教养方式

Darling 和 Steinberg（1993）认为，家长的教养方式是家长传递给儿童的情感表达态度，以及家长在教养行为中营造的情感气氛。美国心理学家 Diana Baumrind（1971）区分了三种主要的家庭教养类型：权威型（authoritative）、专制型（authoritarian）、放任型（permissive）。

权威型的父母通常采用关切和支持的方式对待孩子，支持孩子的兴趣探索和对爱好的追求，这一类型的父母对孩子的成长具有高成熟度的需求，并懂得在日常养育实践中如何通过与子女平等积极地沟通、引导来表达这些期望，鼓励孩子独立自主。

专制型的父母对待孩子的方式不是关怀式和回应式的，往往要求孩子严格服从家长的权威，而不能容忍孩子自私或者不适当的行为。在家庭社会化的过程中，专制型的父母对子女也具有较高的要求与期待，却通过规则和命令的方式而不是沟通的方式教育子女。与权威型的父母相比，专制型的父母对子女的控制欲比较强，缺乏关爱、回应和相互间的平等沟通。

放任型的父母对待孩子比较温和，虽然不像权威型的父母那样表现出积极的关切，但是也不会像专制型的父母那样看起来比较"法西斯化"。不过，这一类型的父母对待孩子的要求却过于宽松，在社会化的过程中，父母对孩子的行为是否适当也通常漠不关心。规则缺失下的孩子往往缺少目标，有时甚至"胡作非为"。

CFPS 数据向少儿自身询问了他们对其父母在图 4 - 19 中所示的行为的赞同程度，受访者的回答包括"总是"、"经常"、"有时"、"极少"和"从不"。分析结果显示，超过一半（56.1%）的孩子认为他们的家长经常喜欢跟他们说话交谈，约有七成（70.5%）的孩子认为家长在同自己说话时常常比较和气，但是不足五成（44.9%）的孩子认为他们的家长在面对自己的不当行为时，经常能够问清楚原因，同时仅约有两成的孩子回答他们的家长能够做到经常表扬他们。这说明中国的家长，至少在孩子看来，比较"吝啬"自己的表扬，大部分家长还不懂得如何"赞美"孩子。在社会心理学家看来，恰当的表扬能够培养孩子的胆量与自信。

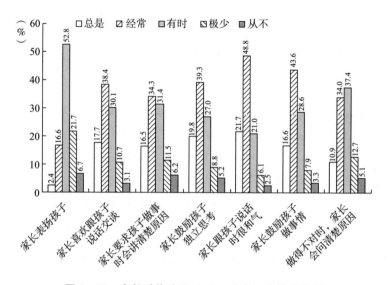

图 4-19　家长对待孩子（10~15 岁）的情感态度

在 Baumrind 区分的三种教养类型中，权威型教养是科学教养的理想类型。本报告经过对上面一组问题的信度检验（Cronbach's Alpha 系数为 0.77，内部一致性较好），把七个问题项的分数进行了累加并计算平均值作为教养方式的评分，得分越高，表示教养方式越偏向权威型教养；得分越低，表示教养方式越偏离权威型权威。图 4-20 显示，城市家庭的父母更偏向权威型教养类型，农村家庭的父母更偏离权威型教养类型，这和父母的受教育水平明显相关，父母受教育水平越高，父母的教养方式越偏向权威型教养。

（四）亲子关系

亲子关系是家庭中父母与子女所构成的人际关系。研究表明，良

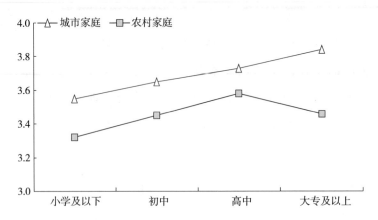

图 4 – 20　家长受教育程度与积极教养方式评分

好的亲子关系能够促进青少年子女的正确行为和价值观的培养，能够帮助青少年建立良好的人际关系，而不良的亲子关系则可能会影响青少年的心理健康并导致问题行为的出现，例如抑郁、犯罪倾向等。青春期是亲子关系的关键阶段，由于这一时期青少年的身心发展迅速又充满矛盾，青春期的躁动最容易导致亲子冲突。亲子冲突是指亲子间由于认知、情感、行为、态度等的不相容而产生的心理或外显行为的对抗状态（王云峰、冯维，2006）。

本报告从家长对子女的关注程度、家长和子女吵架的次数两个方面来反映亲子关系的状况。前者是询问儿童"当你不在家时，父母知道你和谁在一起吗？"这一问题，儿童的回答分为"从不知道"、"偶尔知道"、"有时候知道"、"大部分时候知道"和"总是知道"五种程度，本报告将"总是知道"和"大部分时候知道"归类为高关注度，将"有时候知道"和"偶尔知道"归类为中关注度，将"从不知道"归类为低关注度。图 4 – 21 显示，从全国范围来看，超过六成的家长对孩子的行踪关注度较高，当孩子不在家时，这些家长大部分时候都知道孩子去了哪里。另有接近 1/3 的家长在孩子不在家时，有时候知道孩子在哪里；还有 6.7% 的家长在孩子不在家时，几乎不知道孩子的行踪，对孩子的行踪关注度较低。从地区来看，上海和辽宁两个省市的家长对孩子的行踪关注度较高，这两个省市只有非常少的家长（分别为3.8%和2.8%）摸不清楚孩子的行踪。相比之下，其他三个省市的家长对孩子的行踪关注度偏低，其中广东的家长关注程度最低，有接近1/10的家长在孩子不在家时不知道他们去了哪里。

本报告的数据分析还显示，在家长对子女行踪关注程度上还存在显著的城乡差异，大约有73.2%的城市家长表现出对孩子的高关注度，而农村家长表现出高关注度的比例仅约为57.1%。

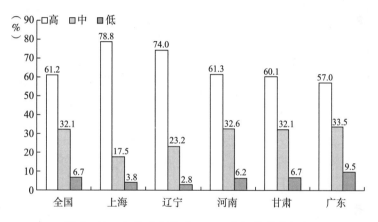

图4-21 家长对孩子（10~15岁）的关注程度

本报告以"过去一个月父母和孩子的争吵次数"来反映亲子冲突的情况。图4-22显示，各地区一半以上的家庭在过去的一个月，孩子和父母都未争吵过，上海市未出现此种情况的比例最低（51.3%），而一个月吵架次数4次及以上的，上海最高，为14.1%，甘肃省未出现争吵的比例最高（76.3%），一个月吵架4次及以上的比例在五个省市中也最少（3.1%）。这说明越发达的地区，家长和孩子的吵架次数越可能会增加。

分性别和城乡看，吵架次数和儿童的性别在城乡两类家庭里均无

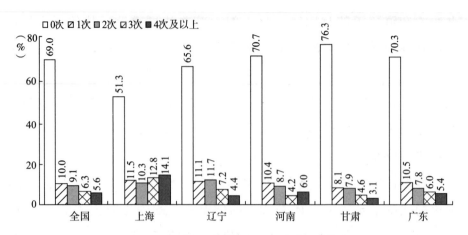

图 4-22 过去一个月家长和孩子吵架的次数

显著差异①，但和城乡有关系，城市家庭未吵架的比例比农村家庭低了大约 10 个百分点，而吵架 4 次及以上的城市家庭的比例几乎是农村家庭的两倍。从吵架次数这个指标上看，城市家庭里表现出来的亲子冲突明显高于农村家庭，但这不足以说明城市家庭的亲子关系比农村家庭的亲子关系更糟糕。结合上面对子女关注度的分析可以发现，城市家庭的家长对孩子关注度明显更高，而由此引发亲子冲突的机会也大大增加了（见表 4-11）。

表 4-11 分城乡、性别的父母与孩子吵架次数分类

单位：%

	城市			农村		
	男孩	女孩	合计	男孩	女孩	合计
0 次	57.1	61.9	59.5	72.2	67.6	70.0
1 次	16.2	11.2	13.7	8.2	11.4	9.7

① 儿童性别在过去一个月父母和孩子吵架次数无差异的卡方检验结果为：城市家庭 Pearson chi² （4）=2.2278，Pr = 0.694；农村家庭 Pearson chi² （4）= 6.2123，Pr = 0.184。城乡家庭在过去一个月父母和孩子吵架次数无差异的卡方检验结果为：Pearson chi² （4）= 19.8588，Pr = 0.001。

	城市			农村		
	男孩	女孩	合计	男孩	女孩	合计
2 次	10.0	10.2	10.1	8.6	9.3	8.9
3 次	7.3	7.6	7.5	6.9	6.1	6.5
4 次及以上	9.4	9.1	9.3	4.2	5.6	4.9

三 家庭教养、亲子关系对青少年发展的影响

家庭教养和亲子关系的不同方面究竟对青少年学业和成长会产生怎样的影响？参考吴琼和刘保中（2015）的分析，本报告从青少年学业成绩和心理健康两个方面来衡量家庭教养和亲子关系产生的影响。其中，学业成绩由数据中字词测试和算术测试的百分等级得分取平均数得到。心理困扰由 K6 量表（Kessler et al.，2003）来测量，询问被访儿童在最近的 1 个月，感到情绪沮丧、精神紧张、坐卧不安、感到未来没有希望、做任何事情都感到困难和认为生活没有意义的频率。心理困扰的得分由 K6 量表总分转换成的百分等级得出，得分越高，心理困扰的程度越高，心理健康状况越差。

在家庭养育的不同方面，选择了物质基础、学习环境和沟通环境三个方面进行测量。物质基础综合分是将家庭收入、教育支出、辅导班用时、零花钱数目和营养摄入五个指标的百分等级分数取平均后得到的结果。学习环境综合得分是将父母教育水平、早期家庭教育、家长教育参与变量各自生成百分等级分数，然后再取平均数。沟通环境综合得分是由父母的关注度、孩子与父母的良性沟通程度，以及采访员观察父母是否经常和孩子沟通这三个变量的百分等级分数综合而来。

表 4 - 12 显示了家庭教养、亲子关系对青少年（10～15 岁）发展影响的回归模型结果，在控制了相关变量后，可以看到，家庭环境

中的亲子沟通状况对青少年发展的三个方面均具有积极影响：亲子沟通的状况越好，孩子的学业成绩越好，发生的心理困扰情况越少。家庭物质基础和学习环境虽然对学业成绩产生重要影响，但是对心理健康状况的影响并不显著。因此，在青少年的养育过程中，家庭能够提供良好的物质基础和学习环境、重视教育、增加教育投入固然重要，但是良好的亲子关系、父母与子女的沟通状况更能够促进青少年的全面成长。

表4-12　家庭教养、亲子关系对青少年（10~15岁）发展影响的回归模型

	学业成绩		心理困扰	
	简化模型	全模型	简化模型	全模型
物质基础	0.43 ***	0.21 ***	0.01	0.06
学习环境	0.35 ***	0.18 ***	-0.02	0.05
沟通环境	0.31 ***	0.16 ***	-0.15 ***	-0.15 ***

注：1. 简化模型指的是在控制青少年年龄和性别的情况下，只分析某一个单一变量与结果变量的关系；而全模型是同时控制家庭结构和家庭环境中各因素对青少年发展结果的影响。

2. $*p<0.05$，$**p<0.01$，$***p<0.001$。

资料来源：吴琼、刘保中（2015）。

专题三：青少年人际交往的现状、问题与对策

刘　梅[*]

一　青少年人际交往的状况

（一）青少年人际交往的现状

人际交往是一个不断发展变化的社会互动过程，它是个体与周围

---

*　刘梅，北京大学社会学系博士研究生。

人之间的一种心理和行为的沟通过程，是人们在社会中进行各种活动的基础。人际交往来源于人的合群倾向，这种合群倾向是人际交往的心理基础（傅丽萍、陈庆良，1999）。马克思指出"一个人的发展取决于和他们直接或间接进行交往的其他一切人的发展"，我国心理卫生学家丁瓒先生也指出"人类的心理适应最主要的是对人际关系的适应，所以人类的心理病变，主要由于人际关系的失调而引发"（张献岭，2003）。人们通过交往而产生的人际关系是一切社会关系的基础，这些交往行为和人际关系发生在特定的社会情景中，必然受到社会环境、个人认知以及个性特征等的影响。因此，人际关系对于人的心理发展、情感变化以及人格发展都有着重要的作用。

自出生之日起人际交往能力就开始发展，但在不同年龄阶段，人们的人际交往能力具有不同的特征。青少年群体是未来社会发展的主力，人际交往能力的提高是青少年成长和教育的重要内容。青少年的人际关系，主要是指其在校期间与周围有关的个体或群体的相处及交往所形成的关系，主要包括同学关系、师生关系、与家人关系及与其他人关系等多个维度。这一时期的青少年自我意识开始觉醒，同辈群体交往日益增多并逐渐成为交往重心，交往方式日趋多元化，高科技的交往工具极大地拓展了青少年的交往范围。青少年的交往也十分单纯，仅仅依靠自己的审美观、共同的兴趣爱好等原因。对青少年来说，同伴交往可以说是最重要的人际关系。

青少年正处于生理、心理发展的关键时期，其人际关系质量直接影响青少年的成长与发展。人际交往活动能够帮助青少年在人际比较中形成客观的自我认识和自我评价，从而形成恰当的自我认知。良好的人际关系能够为青少年的成长与发展提供信息和情感支持，能够满足青少年合理的需要和精神需求，增强青少年内心的安全感和自由感，有助于形成积极、乐观的交往心态和精神气质，培养完善的人格，使他们比较客观地认识自我和外部世界，从而能够促进青少年健康发展。

但是，在这一时期青少年世界观、人生观、价值观正处于逐渐形成阶段，他们尚不具备明辨是非的能力，十分容易受到他人的影响。他们的自我意识不断增强，独立意识也显著提高，非常渴望得到他人的尊重与认可，特别容易站在自己的角度、以自我为中心去理解和要求他人，而且经常会根据一时的好恶去判断和否定他人，因此青少年特别容易产生人际交往问题，并且一旦产生，往往难以及时调整和消除，致使人际交往困扰在一段时间内甚至长期存在，轻则会造成一系列的生活困扰，重则会影响青少年的身心健康，引发各种问题（吴锡改、刘亚慧，2014）。此外，不良的人际关系则会滋长不良行为的发生，形成多种多样的青少年亚文化和青少年小团体。

（二）青少年人际交往的特点

1. 交往需求增大

青少年在儿童阶段，主要活动范围局限在家里和社区，主要交往对象为父母、亲戚、邻居等；进入青少年阶段后，活动范围逐步从家庭、邻里扩大到学校和社会。并且在这一阶段自我意识逐渐增长，越来越渴望寻找朋友，建立友情。他们开始萌生独立的思想，力求摆脱父母的干涉和控制，并且开始追求自己的交往圈子，但他们的社会阅历有限，社会经验不足，因此在他们的人际交往中不可避免地显示出成人式的独立性以及儿童式的幼稚性，常常会表现出理想的独立与实际依赖的矛盾特性。由于青春期的到来，青少年逐渐产生叛逆心理，不愿意与父母进行沟通，而是开始有自己的内心活动，并且急于想要建立外部同伴关系，寻找可以倾诉的亲密关系。这一时期对青少年来说，与同辈群体的亲近和与父母的疏远的矛盾问题是青少年人际交往中需要解决的主要问题。

2. 交往方式多样化

随着科技的发展，青少年人际交往发生了很大的变化，尤其是青少年的人际交往方式和途径方面。当前青少年人际交往方式日益多样，除了面对面的传统人际交往方式外，微信、QQ、微博以及各大游戏平台和直播平台等日益普遍。中国互联网络信息中心的数据显示，截至 2017 年 12 月，中国网民规模达到 7.72 亿人，普及率达到 55.8%，其中，19 岁以下的网民群体占 22.9%，大约为 1.77 亿人。[①]交往方式和途径日益多元化，高科技、多样化的交往工具打破了时空限制，大大拓展了青少年的交往范围，但是也在一定程度上有损传统的语言沟通和文字沟通。

3. 交往圈子从现实拓展到网络

当今青少年的交往圈子不仅有现实生活中的兄弟姐妹、学校同学以及各种朋友，还有很多存在于网络中的交往对象。正是通过互联网及各路移动终端设备，通过聊天、游戏等各种软件结识网友。这些存在于虚拟网络中的网友，既有与现实重合的同学和朋友，也有因为游戏、偶像等共同兴趣爱好结识的新朋友。

已有研究显示，在网络这个虚拟的社区与空间构成的圈子中，密切交往与交流沟通的主要对象是同学和朋友，很多青少年在网络上构建的社交圈子仍以现实中的朋友、同学、父母、亲戚为主，青少年现实交流圈子与网络的交流圈子重合度较高。这说明当今青少年对网络的使用和依赖程度较高，也说明网络逐渐成为当下青少年主要的社交平台（胡蕊，2014）。因此，充分开发和利用网络平台，对了解和与青少年进行对话具有十分重要的意义。

---

① 中国互联网络信息中心：《第 41 次中国互联网络发展报告》，2018 年 3 月 15 日，http://www.cnnic.net.cn/hlwfzyj/hlwxzbg/hlwtjbg/201803/P020180305409870339136.pdf。

4. 交往困扰日益增多

一方面，青少年独立自主意识日益增强，但另一方面青少年生理、心理发展尚不成熟，十分容易产生各种困惑和矛盾心理，引起心理失衡。比如，有可能在人际交往过程中，由于缺乏对自己和他人正确的认知，缺乏与他人交往的经验和技巧等，而产生人际关系矛盾和冲突。或者是由于交往圈子较小，在遇到困难和挫折的时候难以找到可以倾诉之人，所遇到的问题就难以解决，长期下去，容易引起青少年心理失调、性格偏激，进而引发种种过激行为等。再者，青少年处在整个人生发展的重要时期，往往会面临升学、就业等的压力，在紧张的学习或就业环境下，无暇顾及处理这些人际矛盾，然而在长期积累下，很容易引起心理失衡、性格孤僻，严重影响青少年的心理和人格发展。

(三)青少年人际交往面临的问题/主要障碍

1. 青少年人际交往障碍

在日常生活中，人们总是希望通过彼此接触和交流来沟通思想、分享情绪，从而来获得认同、情感支持。一旦出现人际交往困扰或是人际交往障碍，就会滋生不良情绪，致使青少年产生对他人的不信任感，在人际交往中敏感多疑，交往积极性降低，就不能很好地融入集体，难以与他人真诚交流；沟通不畅，就会产生种种消极的情绪体验，造成心理压力，进而影响心理健康。人际困扰一经产生，常常会引起心理失衡，产生各种心理问题，甚至会出现攻击、自残、自杀等情况。

青少年的人际交往障碍通常表现在心理和性格特点上，其中一种常见的心理障碍的表现形式是人际交往上的敏感与退缩，具体表现为独来独往，极少参与群体互动，内心十分敏感和自卑，害怕与他人接触和交往。因而在人际交往中被动、胆小，容易害羞，害怕在公共场合抛头露面，甚至会发展到躲避与人交往（杨文婧、刘云艳，2008）。除此之外还表现在难以处理与他人的关系，包括与父母、同伴和老师等的关系，不注意倾听他人，对他人的讲话表现出不耐烦，甚至是不尊重、排斥他人；不愿意坦诚沟通，通过撒谎的方式来逃避沟通。

2. 现实与网络间巨大差异的双重表现

一方面，社交网络平台为青少年群体搭建了多样的人际交往平台，在某种程度上满足了青少年群体渴望人际交往的需要，实现了青少年自我建构与群体认同的功能。社交网络平台有效地实现了个人空间与公共空间的结合，有效地通过个人将不同层次的人际关系交织在一起，搭建了一个更为多样化的人际交往平台。青少年是社会中最具朝气的群体，这一群体个性鲜明、富有好奇心和新鲜感，有着强烈的人际交往需求，而且学习能力强，对各类社交网络平台具有较强的接纳能力。同时，主体只有在社会交往系统中通过与他者的社会交往行动才能真正构建自我，在这个过程中通过不断地"寻找－定位"完成自身群体文化心理的塑造，建构个人关于群体身份的认同。青少年群体十分容易受到各类社交网络平台的吸引，通过在其间自我呈现，实现与其他用户良好的互动和沟通，并强化了青少年对其所属群体的认同感和归属感（孟芳兵，2010）。

另一方面，社交网络平台容易导致现实生活人际交往的淡化，诱发和助长人际交往中的不良习惯及个性，有可能产生违背社会公德的人际交往行为。青少年群体对新鲜事物具有强烈的好奇心和探索欲，十分容易沉迷于社交媒介提供的表层信息和通俗娱乐中，而忽略现实空间的学习与生活，更可能忽视、淡化正常生活中人与人之间的交往。与此同时，社交媒介缺乏相应的规范化管理，容易导致青少年群体在思想上我行我素、淡化社会责任感和公德意识，使青少年在对各类网络平台的不当使用中滋长了不良习惯和个性，从而产生许多违背法律和道德的不良行为（孟芳兵，2010）。

网络的无序、虚拟和隐蔽的特性，以及网络上不良信息的大量传播，势必影响青少年的思想道德价值取向，使他们出现思想混乱、道德感弱化、责任感下降、网络成瘾甚至网络犯罪等问题。网络交往的主要方式还是人机对话，缺乏亲和感，难以形成真实、可靠、安全的人际交往关系，使青少年在网络中的行为与现实中的表现有很大的差异，致使一部分青少年以自我为中心，出现双重人格类型的极端表现，产生心理疾病（王鑫，2012；毛剑、刘召利，2010）。

3. 抑郁症

一些青少年由于性格内向、心理敏感、自卑等因素，加之缺乏外部环境的引导和支持，就容易不愿意出门，将自己封闭起来，听不进去别人的话也不愿意表达自己，进而形成孤僻苦闷的性格。遇到难以解决的问题，既不愿意向身边人倾诉，也不会向他人开口求助，这就十分容易导致他们出现不同程度的抑郁症状。

4. 各类人际关系矛盾和危机

青少年人际关系主要是与他人的关系，因此根据交往对象不同，青少年可能产生与父母、亲属、同学、同伴等各种人际矛盾和问题。在与父母的关系上，在父母教育孩子方式不当、父母与孩子之间的代沟等多种原因作用下，青少年容易产生行为上摆脱父母的控制、情感上逐渐脱离对父母的依赖、与父母难以达成共识等问题。由于种种问题，青少年难以与父母共处，亲子之间产生心理隔阂。即使父母及时表达关心和想要提供帮助的意愿，也会遭到青少年的抵触和反对。在与同伴的关系上，由于青少年自身性格敏感内向或强势、脾气火暴、以自我为中心，或是认知能力和交往能力有限，十分容易与同伴产生矛盾，主要表现在交往意愿较低，不愿意融入集体，或者被群体孤立。因而对青少年来说，这一阶段遭遇的人际关系问题对其健康成长十分不利。

二　青少年人际交往问题产生的原因

人际交往是青少年形成自我认知、对他人认知和发展人格的基本形式。善于人际交往，建立有效人际关系，有利于青少年自我认知的发展，反之则可能引起青少年不能客观地认识自己、他人和社会，进而引发许多心理问题，影响青少年健康发展。目前，已有研究表明，可能引发青少年人际交往障碍的主要原因有认知因素、情绪因素、人格因素、交往技能因素等（刘亚慧、吴锡改，2013）。从根本上说，青少年在人际交往中的表现除了青少年自身原因之外，深层次上还取决于家庭环境、学校环境、社会环境等复杂因素。

（一）青少年自身原因

1. 以自我为中心的性格特点

由于当下许多青少年是家庭中的独生子女，父母甚至是祖父母长期以来较为疼爱娇惯，使许多青少年缺乏与他人分享的体验，因而造成青少年以自我为中心的性格特点。主要表现在面对事情时不考虑他人的感受、处境和利益，习惯性地以自己为出发点，从自己的兴趣和利益来思考和解决问题，当自己的兴趣和利益无法满足时就会表现出强烈的不满情绪，行为思想表现得较为自私，难以与他人达成合作。已有研究表示，青少年以自我为中心突出表现在两个方面，一个是自负自满心理，另一个是自我封闭。前者表现在一些家庭出身优渥的青少年在人际交往中，常常处于高人一等的核心地位，以自己的喜好和情绪参与交往，很少顾及他人的感受，不接受他人的建议，难以和他人达成共识；后者则表现在这类青少年通常将自己封闭在自己的世界中，与他人和外界具有清晰的界限划分，不愿意接触他人甚至逃避社会（汪金英、陈小雨，2015）。

2. 交往主动性不足

交往主动性，是指人在与个体或社会相互作用中表现出来的主观能动性、积极性和创造性，是自觉与同伴或成人交往的倾向。青少年通常具有较为强烈的交往欲望，但大多处于被动等待状态，交往主动性不足。这一时期的青少年或是性格较为内向，或是缺乏必要的交往能力和沟通技巧，因而害怕主动联系他人，害怕一旦自己主动邀请会遭到他人的拒绝，害怕自己无法融入想进的圈子，担心自己在一段交往关系中变得尴尬，因此变得十分被动。还有的青少年内心较为自卑，认为自己处处不如别人，因而在交往过程中过于谨慎、不自信，从而影响人际关系的发展。长久下去，这些青少年常常会变得不自信、消极、孤僻，更加难以融入集体，对其心理健康发展具有不利的影响。

3. 不可避免的认知偏差

青少年处于身心快速发展中，尚未形成成熟、系统的人生观和价值观，而且心智发育不全，容易受到他人的影响，因此在人际交往中，难免会对自己和他人产生认知上的偏差。常常表现在缺乏对自己和他人合理的定位，忽视与他人交往的重要性，在与不同的人交往中实行多重标准，甚至有的青少年具有明显的功利主义交友观，只去结交那些在某些方面条件优越的同伴，而对条件不如自己的则一概不理。青少年在这一时期往往会受到来自同伴、家庭、社会等各方面价值观的影响，很难把握人际交往的规则和尺度，容易产生认知偏差。

（二）家庭环境

家庭环境是青少年从出生起最早接触到，也是最重要的环境，通常家庭环境主要从物质和精神两个方面对孩子产生影响。前者包括青少年成长的衣食住行各方面的物质环境，后者则体现在父母教养、父母对子女的教育观念和教育方式、家庭氛围是否融洽和睦、家庭人际关系以及家庭生活方式等，主要从家庭成员的精神面貌、气质修养、兴趣爱好、言行举止等体现出来，因此一般来说，家庭环境对青少年性格、兴趣、人格特征、言行等具有十分重要的影响。尤其是家庭人际关系、家庭氛围以及父母教育方式，对青少年人际交往、对青少年成长都具有极其重要的影响。较为专制家庭的青少年通常在人际交往中表现得十分强势、以自我为中心，或是表现得十分胆怯害羞。而较为民主、家庭氛围和睦的家庭出来的孩子则表现得十分阳光、友善、乐于助人和自信，往往能够收获良好的人际关系，建立较多的人际圈子。

（三）学校环境

学校是青少年除了家庭以外最主要的社会生活场所，学校环境与孩子的身心发展具有密不可分的联系。在学校中，蕴含师生关系、同学关系以及同伴关系，甚至还包括隐含的教师与父母的关系等，校园文化和校园环境也十分重要。学校以教育为主要目的，通常在校园文化影响下，青少年往往承受着较大的学业压力，由此一来，一方面容易使青少年在学业压力下，过于重视学习成绩，而忽视了人际关系的发展。另一方面，庞大的学生规模使教师群体难以将所有精力放到每一个学生身上，因而，很容易造成老师重视学生学业，重点关注学习成绩较为优良的，而忽视那些学习成绩不太好的，更是缺乏对青少年如何建立和谐的人际关系的指导以及相关心理咨询。师生间缺乏交流，使一些学生间的人际冲突无法得到有效的调解，部分青少年产生的心理困惑也难以得到帮助和疏解，从而影响了青少年人际交往的正常发展。同时，校园里学生数量较多，不可避免会产生一些小团体，而教师教学任务紧张，学生小团体、校园暴力等逐渐成为校园管理中的突出问题，多起校园暴力事件日益引起人们对校园中小团体的重视。这些小团体的兴起和活动，无疑对青少年人际交往产生了十分重要的作用。

（四）社会环境

社会和文化环境是个体心理发展必须依赖的外部条件，是青少年人际交往的客观环境，社会环境和文化环境与青少年的身心发展密切相关。社会环境主要通过社会文化、价值观念以及社会风气等来影响青少年，一些社会的文化和价值观念通过网络及媒体等媒介的传播，在家庭、学校和社区等直接对人们产生影响。和谐的社会环境有利于青少年的身心发展与个人修养的提高；而社会中的一些不良风气则会使青少年在耳濡目染下沾染不良习惯，对青少年的世界观、人生观和价值观产生消极影响，从而不利于其心理发展。一些功利主义的价值观和拜金主义的社会风气，常常会使青少年在人际交往中变得十分功利，或是表现得十分物质，过分关注物质上的炫耀和享乐，忽视精神上的满足。青少年的个性差异主要体现在价值观体系上。社会环境将价值观外化为行为规范，形成一定的社会导向，承载一定价值观的社会群体通过舆论和其他因素使个体接受这种价值观并内化为个体需要。由于个体所处的社会环境的不同，其价值观也出现一定的差异。青少年由于受其心理发展水平的限制，往往缺乏适当的独立思考和辨别是非的能力，因此社会上一些社会风气和文化观念会对青少年的思想和人际交往产生影响。

三 促进青少年人际交往的主要对策

（一）建立良好的外在环境

青少年生活在家庭、学校以及社会环境中，能够与他们直接接触的是亲人、同伴、老师等，同时也会受到周围的文化环境、价值观念和国家政策等的影响，这些因素都会对青少年的健康发展产生至关重要的影响。因此，关注和改善青少年的亲子关系、同学关系和师生关系等，对打破青少年人际交往障碍、促进青少年有效的社会交往具有十分重要的作用。

1. 亲子关系

亲子关系是个体一生中最早接触到的关系，也是交往相对频繁、较稳定、较持久、影响较为深远的交往类型。亲子之间的相互作用和情感联系会影响儿童对以后的社会关系的期望和反应。已有研究表明，家庭环境的矛盾性与青少年人际交往困扰程度存在显著的相关性，家庭中的矛盾很多是由亲子关系不协调造成的，因此亲子关系的困扰是青少年人际关系困扰的重要组成部分（牛宙、金勇、彭建国，2010）。同时双亲对子女的接纳和拒绝的教养态度会影响儿童在学校中积极人际关系的形成，家庭环境质量会影响儿童在学校中的自信心和同伴关系（李胜男、岑国桢，2001）。良好的亲子关系使成长中的个体习得基本知识、技能、行为及价值观，促使其成功地发展各种人际关系，有效的沟通是父母与孩子保持和谐关系的关键；而不良的亲子关系则影响孩子的心理健康并导致问题行为的出现，其中最显著的表现是父母与孩子之间缺乏交流，缺乏有效沟通的亲子关系会在一定程度上影响青少年以后发展人际关系的能力（王云峰、冯维，2006）。

因此，父母应该转变绝对权威的角色，多关注子女的日常行为动态，积极寻求平等对话，增加沟通交流，增加对青少年的理解和鼓励，促进青少年健康发展。重视孩子的人际交往，引导他们结交好友，鼓励并帮助其建立良好的人际关系。增加同孩子的心灵交流和情感沟通，并以身作则建立温馨和睦的家庭氛围，培养青少年在尊重、体谅和理解他人中正确处理人际关系的能力。

2. 同伴关系

学校为青少年提供教育和社会化的重要的成长环境，是青少年人际交往的重要场所，是青少年参与集体生活的开始，是他们学习适应社会生活、学习与人交往的最好的场所。学校为青少年学习和建立良好的人际关系提供了平台，在这里能够遇到各种各样的同伴，同伴关系是青少年在学校中最重要的人际关系。不同于亲子关系和师生关系，同伴关系往往建立在地位对等、兴趣一致、行为相似的基础上，同伴之间往往能够建立良好的沟通和合作关系，对青少年世界观、价值观及兴趣爱好、人格发展具有十分重要的影响。学校应当重视和加强对学生不良交往行为的控制，同伴之间的交往能为青少年提供发展诸多技能的机会，得到同伴的接纳与积极互动，也是其寻求归属与安全的需要，建立良好的同伴关系对青少年的健康发展十分重要。

3. 师生关系

传统的师生关系是典型的教学关系，这种地位不对等的师生关系极易产生矛盾和冲突。教师应转变传统的师生关系模式，积极与学生保持良好的关系，较好的师生关系对正确引导青少年发展人际交往能力具有非常积极的作用。有学者认为，由于学生在学校与同学和老师一起度过的时间较长，师生交往模式会成为学生在学校环境中建立同伴交往模式的基础，并且良好的师生依恋关系能够对安全性低的亲子关系起到某种程度上的补偿作用（Howes et al.，1992）。

4. 校园环境

校园文化是全体师生相互作用形成的物质和精神文明的统一体，它以一种宏观的方式影响着学生的言行，陶冶着学生的情操，对青少年的人际交往起着潜移默化的促进作用。和谐的校园环境能够成为青少年人际交往的重要平台，为青少年提供丰富多样的人际交往活动，使青少年在活动中不断提高自己的人际交往技能。学校还应该建立完备的心理咨询和教育机制，宣传和提倡青少年主动进行心理咨询，改变以往形式单一、内容枯燥的说教，在平等对话的基础上寻求心灵的共鸣，以专业的心理学知识正确疏导青少年的心理困扰，从而真正帮助和引导青少年建立良好的人际交往圈，为其提供正确处理人际关系的建议。

5. 网络环境

在网络这个虚拟空间中，各类人员混杂且流动性强，网络匿名性较强，青少年希望能够在网上寻找到自己的兴趣圈子及各类社群，以达到现实中难以完成的交流和交往。然而，青少年在面对各式各样的社交媒体及交往对象的不确定性时，很容易受到网络中不良风气的影响，因此家长、老师、学校以及社会各方都亟须密切关注并引导青少年安全、健康上网，国家也应创造健康、积极向上的网络环境，严格排查网络中的色情、暴力等不良信息。

(二)发挥青少年自身的主观能动性

1. 主动与人交往，在锻炼中提高人际交往技能

当前，许多青少年都是独生子女，平时接触最多的就是家里的父母和学校的同学。家长对青少年无微不至的照顾，使他们很少能够参与到家庭以外的社会活动中，这使他们无法从家庭生活以外充分学习到关于人际交往的必要能力，失去很多学习怎样与人相处的机会以及与人交往的信心，导致部分青少年性格怪异、孤僻，总是不善于交流、不合群。因此在某种意义上说，青少年应该努力克服交往障碍，多多参与社会活动，积极寻求自己的同伴，建立自己的交往圈子，增加与人交往的机会，锻炼人际交往能力和解决问题的能力。因此，青少年应该主动发挥自身能动性，学会用积极、乐观的态度去面对生活，主动与他人交往，提高自己的人际交往能力。

2. 培养健康的交往心态

青少年在交往过程中，首先应该抱有健康的心态，培养自己形成正确的价值观，摒弃自我中心思维，学会正确认识自己和他人。在交往过程中，既要相信自己也要相信他人，善于发现他人的优点和长

处，善于观察生活中的美好，保持积极乐观的心态，保持交往中的良性互动。理解他人、信任他人，学会站在对方的立场上考虑问题。人际交往是一个互惠的过程，通过沟通和交往，建立一定的联系，使双方的情感需求都能够得到满足。只有双方不断调整自己的观点和言行，以适应彼此的需要，交往才能继续。如果双方或某一方以自我为中心，不顾及他人的感受，不懂得尊重对方，就容易遭到他人的排斥和厌烦（薛亚萍，2014）。因此青少年在交往中，要时刻调整自己的言行，学会换位思考，体会他人的感受，尊重他人，既要学会接纳自己的优点和缺点，也要宽容待人，以合理的标准要求自己和他人，建立良好的交往互动关系。

3. 掌握合理的交往方法

运用合理的交往技巧往往能够使双方的交往产生事半功倍的效果，首先在于塑造自身良好的形象，给对方留下良好的第一印象，着装整洁、行为得体、待人真诚，建立彼此间的友好、信任感。通过得体的言行举止和真诚的态度，缩短与对方的距离，减少陌生感。同时还要注重自己的表达方式，善于表达是人际交往的重要手段，交往时要真诚，不卑不亢。耐心倾听他人的讲话，表达时既要善于发现对方的优点，学会欣赏对方、赞美对方，又要把握谈话分寸，既要合理表达自己的观点，也要控制语速和讲话内容，营造一个轻松愉快的谈话氛围。

4. 学会处理人际矛盾与冲突

青少年时期是个体自我意识和个性发展的关键时期，在青少年的日常人际交往中，不可避免会产生一些人际冲突，而这些冲突能否得到有效解决对青少年人际关系的建立和心理发展有着重要的影响。善于处理人际关系冲突，对化解人际关系矛盾、提高人际交往技巧具有重要的作用。青少年应该在交往中锻炼自己，并学习化解冲突的技巧。首先应认识到人际交往中，冲突是不可避免的，不要害怕出现矛盾，在冲突出现后要正视而非逃避；此外还要审视自己，学会从自己身上找原因；用宽容、体谅之心去尝试进行沟通，并在沟通过程中始终保持真诚、耐心倾听；学会欣赏对方的优点和闪光点，控制自己的不良情绪，尽可能与对方寻求共同合作，从而化解冲突、改善关系。

5. 正确看待和使用互联网络

随着网络技术的不断发展，青少年能够在虚拟网络中接触到更多的人，但是由于网络生活的虚拟性和不确定性，青少年往往缺乏辨别的能力。网络这把双刃剑可以拓宽青少年的视野和交往范围，同时也带来了诸多消极因素。青少年应合理上网，自觉抵制网络不良因素的影响，增强自身明辨是非的能力，拒绝沉迷网络，加强现实生活中的人际交往，建立真实、可靠、安全的人际关系，培养和树立正确的世界观、人生观和价值观。

专题四：　青少年家庭成员关系与同伴关系

——基于中国教育追踪调查（CEPS）数据

梁　辰[*]

一　研究背景

同伴关系主要指同龄人间或心理发展水平相当的个体间在交往过程中建立和发展起来的一种人际关系，它在儿童、青少年的发展和社

＊　梁辰，山东大学哲学与社会发展学院研究生。

会适应中具有成人无法替代的独特作用（张文新，2002）。相对儿童期而言，青少年与同伴共度的时间显著增加，同伴关系的重要性也随之增加。许多研究发现，青少年期相对儿童期而言，学生们与同伴共度的时间显著增加，彼此的互动更为频繁、复杂。在青少年期，同伴的影响首次超过了父母，如果缺少朋友或同伴关系不良，青少年就会感到孤独、自卑，因此，同伴关系在青少年期比儿童期显得更为重要。实际上，可能在生命中没有哪个阶段的同伴关系会像青少年阶段那么重要。

在社会中，任何一个个体都是在周围人际环境的相互作用中存在和发展的，在儿童和青少年所处的社会关系中，家庭成员关系和同伴关系占据着不可忽视的地位。家庭是青少年社会化的重要因素之一，儿童的家庭关系为青少年期的同伴关系提供了强有力的情感基础，青少年早期家庭生活中形成的很多品质会被带到同伴关系中去。父母关系和亲子关系是家庭中最重要的两种关系，是决定家庭氛围是否和谐的关键，也对子女的心理健康起到至关重要的作用。在中国，目前独生子女和多子女家庭模式都占有一定比例，因此兄弟姐妹对青少年的成长也具有一定的影响。

深入研究家庭成员关系对青少年同伴关系的影响，不仅可以增进我们对青少年同伴关系的了解，而且有助于帮助他们建立良好的同伴关系、更好地适应学校生活，从而为其成年后的社会适应奠定一定的基础。

二 文献综述和研究假设

目前，国内外有诸多研究同伴关系的文献，研究视角主要聚焦在同伴关系的影响因素、同伴关系的发展历程，以及同伴关系和其他变量的相关研究上，具体到家庭成员关系对同伴关系的影响上，部分文献有一定的涉及，但并不详细。了解家庭成员关系有哪些是把握其对同伴关系影响的第一步。

家庭成员关系主要包括三大系统，即在家庭这个大的系统中，包含父母系统、亲子系统和兄弟姐妹系统。很多研究表明，同伴接受性差的儿童，其家庭功能通常也存在问题，表现为家庭成员的亲密性与适应性较差，家庭问题解决、沟通、情感反应、行为控制等能力及总体的家庭功能显著落后于一般家庭。有研究发现，小学儿童的同伴接受性与家庭功能有显著的正相关，即家庭功能越好，同伴接受性也越好（俞国良、辛自强、罗晓路，2000）。

从亲子关系的维度来看，亲子关系是由父母教育孩子并塑造孩子行为的过程，父母作为青少年生活中的重要他人，与孩子情感联系密切，接触最早、最多，对其生活的参与管理也最频繁，因而对于青少年生活的各个方面都有重要作用。进入学校后，随着年龄的增长，亲密的好朋友成为重要的社会支持系统，同伴在陪伴、提供建议和支持与反馈等方面发挥着越来越重要作用，同时，青少年与父母关系朝着更加平等和互动的方向变化，并且父母的权威开始被看成可以讨论和商量的。因此，同伴对个体面临的事件、赶时髦和休闲活动的影响越来越大，但更重要的事实却是青少年在与父母和朋友探讨人际关系时，他们从父母那里获取主要的生活价值观（陈会昌、叶子，1998）。

此外，有研究表明，父母的教养观念、教养行为及其对儿童的情感表现与儿童的同伴关系具有不同程度的相关性（Brown and Bakken，2011）。家长富有情感的、民主的教育方式可以促进儿童对他人的友好倾向，其子女表现出较多的亲社会行为，在与同伴交往中多为受欢迎儿童。有鉴于此，我们在这里提出本研究的第一个假设，即亲子关系会影响青少年的同伴关系。

从父母关系的维度来看，在日常生活中，子女感知到的父母关系影响孩子发展过程的方方面面，受到研究者的诸多关注。父母关系是从子女的角度出发，对家庭中夫妻关系的感知。父母互相理解、沟通顺畅，会形成和谐的父母关系；父母关系紧张常会导致父母双方心情烦躁、发脾气，类似的行为会破坏家庭氛围，使孩子情绪随之紧张。尽管绝大多数家庭都存在某种形式的冲突，但当冲突逐步上升到敌意、暴力、未解决的问题或冷漠时，便会形成有害的环境，使子女担心他们的自身安全和家庭幸福，从而敏感多疑、自卑、偏执、回避、焦虑水平较高（章滢，2005）。

情绪安全理论认为，处于父母冲突中的孩子最重要的目标就是保持安全感。目睹父母破坏性的冲突会通过降低孩子在各种家庭关系中保持情绪安全的能力来增加他们对心理问题的易感性。

马斯洛认为，安全感是从焦虑和恐惧中分离出来的，充满信心、安全和自由的体验，是一种能满足个体现在与未来已有和可能有的各种需要的感觉。他还认为"安全感是决定心理健康的最重要的因素，可以被看作心理健康的同义词"。由此我们可以看到，青少年感知父母关系的优劣，会影响他们的安全感、自信心等多方面的品质，从而影响他们的环境适应能力和处理问题的能力。在此，我们做出第二个假设，即父母关系会影响青少年的同伴关系。

从兄弟姐妹系统的维度来看，有无兄弟姐妹（是否为独生子女）问题，一直是社会各界学者关注的焦点。早在20世纪80年代，对独生子女是不是问题儿童曾引发大规模的争论。人们虽然没有直接指出独生子女是问题儿童，但研究所得出的主要是负面的结论，例如自私、任性、挑食挑衣、不尊敬长辈、不懂关心别人、生活上自理能力差等。但风笑天教授认为，从总体上看，两类青少年之间在性格特征上相似性多于相异性。独生子女在新的环境中很快结识新朋友的比例明显高于非独生子女，与人交往的能力明显比非独生子女强，好朋友数目明显多于非独生子女，孤独感明显低于非独生子女。这一结果对社会中流行的独生子女"孤僻""不合群""处处以个人为中心""难以与人交往"的看法给予了否定的回答（风笑天，2002）。

独生子女是伴随我国计划生育政策的实施而产生的一个社会群体，独生子女相对非独生子女来说，其生活和成长的环境的确存在特殊性，比如，较多的关爱和期望、相对优越的生活条件和受教育条件、缺少玩伴，等等。许多研究结果也显示，独生子女与非独生子女在身体发育、智力、与同伴交往能力等方面存在差异（栾茂峰，2008）。为此，这里提出本研究的第三个假设，即是否为独生子女会影响青少年的同伴关系。

三 数据与方法

（一）数据和变量

本研究采用中国教育追踪调查（China Education Panel Survey，CEPS）数据。CEPS 是由中国人民大学中国调查与数据中心设计与实施的，是具有全国代表性的大型追踪调查项目。以 2013～2014 学年为基线，以初中一年级（七年级）和初中三年级（九年级）两个同期群为调查起点，以人口平均受教育水平和流动人口比例为分层变量，从全国随机抽取了 28 个县级单位（县、区、市）作为调查点。调查的执行以学校为基础，在入选的县级单位中随机抽取了 112 所学校、438 个班级进行调查，被抽中班级的学生全体入样，基线调查共调查了约 2 万名学生。问卷调查的内容包括：学生的基本信息、户籍与流动、成长经历、身心健康、亲子互动、在校学习、课外活动、与老师/同学的关系、社会行为发展、教育期望以及家庭成员基本信息等。

根据前述的三个研究假设，我们选取三类自变量进入模型分析。

父母关系对应调查问卷中的问题为：B1003. 你的父母之间关系很好吗？1. 不是这样的　2. 是这样的（生成 0 - 1 虚拟变量，1 代指父母关系很好）。

　　亲子关系对应调查问卷中的问题为：B25. 你和父母的关系怎么样？1. 和妈妈的关系　不亲近（1）　一般（2）　很亲近（3）2. 和爸爸的关系　不亲近（1）　一般（2）　很亲近（3）（由于样本中选择"不亲近"和"一般"的数量较少，因此将其合并成一类，从而生成 0 - 1 虚拟变量，1 代指关系亲近）。

　　是否为独生子女对应调查问卷中的问题为：B1. 你是独生子女吗？1. 是　2. 不是（生成 0 - 1 虚拟变量，1 代指独生子女）。

　　因变量为同伴关系，对应同伴关系中的问题为：C1706. 关于学校生活，你是否同意"班里大多数同学对我很友好"这一说法：完全不同意（1）　比较不同意（2）　比较同意（3）　完全同意（4）。

　　控制变量为个体的年龄、性别、户口所在地，其中性别、户口性质做虚拟变量，本研究数据分析部分所使用变量的描述统计见表 4 - 13。

表 4 - 13　变量的描述统计（$N = 17378$）

变量	内容描述	频数	百分比
同伴关系好	完全不同意	772	4.44
	比较不同意	1485	8.55
	比较同意	7288	41.94
	完全同意	7833	45.07
是否为独生子女	是	7672	44.15
	不是	9706	55.85
父母关系好	不是这样的	2834	16.31
	是这样的	14544	83.69

续表

变量	内容描述	频数	百分比
和妈妈的关系	不亲近	404	2.32
	一般	4183	24.07
	很亲近	12791	73.60
和爸爸的关系	不亲近	736	4.24
	一般	5777	33.24
	很亲近	10865	62.52
性别	男	8838	50.86
	女	8540	49.14
年龄	12	188	1.08
	13	4412	25.39
	14	3786	21.79
	15	4780	27.51
	16	3393	19.52
	17	705	4.06
	18	114	0.66
户口性质	农业户口	9299	53.51
	非农户口	4607	26.51
	居民户口	3435	19.77
	没有户口	37	0.21

由图4-23，通过绘制是否为独生子女、父母关系、母子关系、父子关系与同伴关系的直方图，可以初步了解到各自变量与因变量可能存在的关系。独生子女的同伴关系均值略高于非独生子女，两者相差不大，并且均值都在3分以上，这表明青少年的同伴关系总体良好；父母关系良好的青少年，其同伴关系的均值高于父母关系欠佳的青少年；亲子关系对同伴关系的影响表现为：无论母子关系还是父子关系，同伴关系均值的得分都随着亲近程度的增加而提高，也就是说，与父母关系越好的青少年可能同伴关系越好。

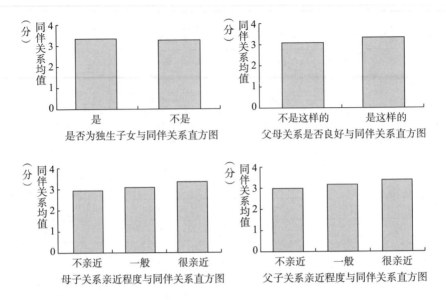

**图4-23 是否为独生子女、父母关系、母子关系、父子关系
与同伴关系的直方图**

(二)研究方法

对于同伴关系这一因变量的研究，选用两种研究方法：一种视因变量为连续变量，选用多元线性回归；另一种将因变量二分，将"完全不同意"和"比较不同意"视作一类，为"不同意"，将"比较同意"和"完全同意"合为一类，为"同意"，生成0-1虚拟变量，1代表"同意"，选用Logit模型。

四 数据分析

根据本研究提出的三个假设：（1）是否为独生子女会影响青少年的同伴关系；（2）父母关系会影响青少年的同伴关系；（3）亲子关系会影响青少年的同伴关系。本研究建立了4个模型（见表4-13、表4-14）：模型1纳入了是否为独生子女变量；模型2纳入了父母关系变量；模型3纳入了亲子关系变量，即和母亲的关系及和父亲的关系；模型 4 是综合模型，是将变量是否为独生子女、父母关系、亲子关系一并纳入模型。运用多元线性回归和 Logit 模型两种研究方法，根据模型之间的嵌套关系，比较了模型间在解释力上的差别。

模型 1 是为了检验是否为独生子女对同伴关系的影响。表 4 - 14 和表 4 - 15 的系数分别为 0. 0672、1. 177，显著性水平分别为 $p < 0.001$、$p < 0.01$。具体来说，在控制了性别、年龄、户口所在地因素后，独生子女与非独生子女相比，同伴关系具有显著差异。这里的结果证实了研究假设 1，即是否为独生子女会影响青少年的同伴关系，独生子女的同伴关系显著优于非独生子女。

表 4 - 14　同伴关系的各因素多元线性回归模型（$N = 17378$）

	模型 1	模型 2	模型 3	模型 4
性别（男性 = 1）	- 0. 119 *** (- 9. 81)	- 0. 109 *** (- 9. 07)	- 0. 109 *** (- 9. 18)	- 0. 111 *** (- 9. 35)
年龄	- 0. 0165 *** (- 3. 37)	- 0. 0155 ** (- 3. 18)	- 0. 00808 (- 1. 66)	- 0. 00583 (- 1. 20)
户口所在地（农 = 1）	- 0. 0661 *** (- 5. 04)	- 0. 0952 *** (- 7. 86)	- 0. 0895 *** (- 7. 46)	- 0. 0705 *** (- 5. 47)
是否为独生子女 （是 = 1）	0. 0672 *** (5. 10)			0. 0593 *** (4. 57)
父母关系		0. 248 *** (15. 29)		0. 177 *** (10. 73)
母子关系			0. 177 *** (11. 18)	0. 159 *** (10. 02)
父子关系			0. 164 *** (11. 38)	0. 144 *** (9. 96)
常数项	3. 583 *** (49. 62)	3. 401 *** (46. 91)	3. 264 *** (45. 27)	3. 074 *** (41. 59)

注：括号里的数字为 t 值。

　*$p < 0.05$，**$p < 0.01$，***$p < 0.001$。

模型 2 是为了检验父母关系对同伴关系的影响。表 4 - 14 和表 4 -

15 的系数分别为 0.248、2.097，显著性水平均为 $p < 0.001$。具体来说，在控制了性别、年龄、户口所在地因素后，父母关系对同伴关系的影响非常显著。这里的结果证实了研究假设 2，即父母关系会影响青少年的同伴关系，即父母关系对同伴关系具有显著的正向影响，父母关系越好，同伴关系也越好。

模型 3 是为了检验亲子关系对同伴关系的影响。表 4 – 14 和表 4 – 15 的显著性水平均为 $p < 0.001$。具体来说，在控制了性别、年龄、户口所在地因素后，亲子关系对同伴关系的影响也非常显著，并且母子关系对同伴关系的影响大于父子关系对同伴关系的影响。这里的结果证实了研究假设 3，即亲子关系会影响青少年的同伴关系，并且母子关系的影响比父子关系更大。

通过表 4 – 14 和表 4 – 15，可以看到，多元线性回归和 Logit 模型两种研究方法所传达的信息具有共性，即是否为独生子女、父母关系、亲子关系三个变量都显著影响青少年的同伴关系。独生子女的同伴关系显著优于非独生子女；青少年感知到父母关系融洽有益于他们发展更和谐的同伴关系；亲子关系良好，即与母亲、父亲相处良好也会促使同伴关系向积极的方向发展，同时还可以发现，母子关系相对于父子关系而言，对青少年的同伴关系影响更大，这可能与父母在家庭生活中扮演的角色有关，一般而言，母亲对青少年的生活起居照顾得更多，与孩子相处的时间更长，感情更为密切。

表 4 – 15 同伴关系的 Logit 回归模型 （$N = 17378$）

	模型 1	模型 2	模型 3	模型 4
性别（男性 = 1）	0.632 *** （−9.92）	0.647 *** （−9.39）	0.645 *** （−9.41）	0.640 *** （−9.51）
年龄	1.032 （1.72）	1.038 * （2.03）	1.061 ** （3.15）	1.068 *** （3.50）

续表

	模型 1	模型 2	模型 3	模型 4
户口所在地（农 = 1）	0.867 ** （ -2.88）	0.803 *** （ -4.73）	0.817 *** （ -4.34）	0.849 ** （ -3.27）
是否为独生子女 （是 = 1）	1.177 ** （3.28）			1.162 ** （2.98）
父母关系		2.097 *** （13.93）		1.754 *** （10.22）
母子关系			1.633 *** （8.69）	1.542 *** （7.62）
父子关系			1.531 *** （7.79）	1.436 *** （6.58）

注：1. 取幂系数；括号里的数字为 t 值。

2. $*p < 0.05$，$**p < 0.01$，$***p < 0.001$。

分析综合模型，可以发现，在三个变量中，独生子女对同伴关系的影响较为独立，被其他变量解释掉的部分很小，母子关系和父子关系被其他变量解释掉的部分也相对较小，父母关系被解释掉的部分最多，这可能是由于父母关系与亲子关系之间具有共性，一般而言，父母双方感情深厚、相处融洽，家庭氛围会更加民主，对于孩子的关注和照顾更多，教育和培养方式会趋于一致，从而使亲子关系更加和谐。独生子女的同伴关系相对非独生子女而言显著更好，可能是因为，大部分独生子女在城市，他们的家庭经济条件相对较好，父母对子女给予较多的关心和期望，会尽可能地满足他们的愿望，包括交往的愿望，独生子女的个性得到较为充分的发展。

总体来讲，家庭成员关系对于青少年的同伴关系具有极为显著的影响，良好的家庭成员关系有益于青少年同伴关系的发展。

五　结论与讨论

本研究利用中国教育追踪调查（CEPS）数据，将家庭关系分为父母关系、亲子关系（包括母子关系和父子关系）、兄妹数量（是否为独生子女），探讨同伴关系是否受到家庭关系的影响。研究发现可归纳为以下几点。

首先，家庭中兄弟姐妹的数量，也就是说是否为独生子女会影响孩子的同伴关系，在这个研究中，独生子女对于同伴关系的满意程度要高于非独生子女。这一结论支持了独生子女与人交往的能力明显比非独生子女强、好朋友数目多于非独生子女的观点，反驳了社会中流行的独生子女"孤僻""不合群""难以与人交往"的负面看法。虽然这与大众的看法不同，但可能与独生子女的实际生活相符合。独生子女由于没有兄弟姐妹的陪伴，对于同伴关系的渴求可能更为明显，尤其对于青少年群体而言，随着青春期的来临，同伴关系的功能显得尤为重要。

其次，父母关系对同伴关系有影响，青少年感知到的父母关系越好，父母感情越和谐，其同伴关系也表现得越好。这说明父母关系、家庭氛围是影响青少年外在交往行为的重要因素，良好的夫妻关系有利于营造和谐的家庭环境，对于青少年的健康成长具有积极作用。

再次，亲子关系对于青少年的同伴关系具有明显影响。与父母的关系越亲近，同伴关系表现得越好，并且母子关系的这种影响大于父子关系。这可能是由于父母双方在家庭生活中所扮演的角色不同，母亲往往承担着更多的家庭事务，对于青少年的陪伴与照顾更多，母子之间的感情连接可能略多于父子之间。

最后，总的来说，是否为独生子女、父母关系、亲子关系都会显著影响青少年的同伴关系，在控制其他变量的情况下，对同伴关系的影响从大到小依次为：父母关系、母子关系、父子关系、是否为独生子女。并且，是否为独生子女对同伴关系的影响较为独立，亲子关系被其他变量解释掉的部分较小，父母关系被解释掉的部分相对较多，这可能表明父母关系与亲子关系之间具有共性，一般而言，夫妻感情深厚、相处融洽，家庭氛围会更加民主，亲子关系更为和谐。

综合来看，家庭关系对青少年同伴关系的影响是不可忽略的。家庭和学校是青少年的主要活动场所，随着年龄的增长，青少年将生活重心逐渐由家庭转向学校，最终走向社会，这就启示我们把握好青少年成长的关键期，做好家庭的保障和支持工作，为青少年更好地发展和适应社会奠定基础。作为家长，首先，应该不断提高自身素质，努力为孩子营造民主和谐的家庭氛围，夫妻双方的交流方式、解决问题的方法可能潜移默化地影响着青少年与同伴的相处模式，因而父母应该注意在孩子面前的表现，维系良好的夫妻关系，保障青少年的安全感；其次，虽然父亲和母亲在青少年的生活中扮演的角色不同，但两者都是不可或缺的，父母应该保障亲子之间的沟通、关注与陪伴，及时发现青少年的各种问题与困难，适当地做出干预与引导；最后，由于独生子女的比重较大，家庭应该提供更多的机会，学校应该创新方式、组织各类活动，让孩子接触更多的同龄人，寻找伙伴、锻炼社交技能，减轻青少年的孤独感，同时，社会各界应当共同努力，为青少年提供一个阳光健康的生活环境，尤其在社会舆论上，应当避免对青少年，尤其是对独生子女的偏见，有效预防青春期敏感问题的扩大化。

本研究的局限在于未控制家庭收入、父母受教育程度等变量，这些因素可能会影响家庭关系对同伴关系的作用，因此，研究结果的精确性还有待优化。同时，对于同伴关系的研究仅停留在个体水平，即个体对自己社交状况的主观评价这一层面，对同伴关系的人际互动水平、群体水平等没有进行更为全面细致的研究。未来如果有机会，可以尝试在以下方面进一步完善研究：第一，加入人格特征变量，探讨家庭关系之外的人格特质等个人内部原因对同伴关系的影响，挖掘影响同伴关系的内在深层原因；第二，探寻不同文化背景、不同家庭教养方式等因素下的同伴关系差异。

专题五： 中国流动儿童发展状况

刘　梅[*]

流动儿童是指居住地与户口登记地所在的乡镇街道不一致且离开户口登记地半年以上的 0～17 周岁的儿童，扣除市辖区内人户分离者。伴随改革开放的深入以及中国城市化进程的加快，大批农村剩余劳动力涌入城市。城市流动人口的家庭化特征日益突出，由此形成了越来越多的伴随农村劳动力而来的流动儿童。2010 年第六次全国人口普查数据显示，0～17 周岁流动儿童规模为 3581 万人，其中有 2291 万的流动儿童的年龄在 0～14 岁，从 2000 年到 2010 年，我国流动儿童人口规模增长在加速（段成荣等，2013），未来流动儿童数量将进一步增加，流动儿童等已成为转型期中国社会予以关注的特殊群体。从数量上看，流动儿童规模较大，增长十分迅速；从生命历程上看，儿童期是人生发展的关键时期，是人社会化的最初起点，该阶段的儿童可塑性和模仿性强，处于身心发育和接受教育的黄金时期（张翼、风笑天，2003）。这些流动儿童或被父母从家乡带到城市，或在流入地出生成长，由于生活环境和社会环境的改变，以及户籍制度的阻隔，流动儿童以"外来者"身份在城市环境中成长。相比于非流动儿童，他们在家庭、学校和同辈群体等方面处于劣势地位，这些不利

---

* 刘梅，北京大学社会学系博士研究生。

因素在他们的社会化过程中可能造成负面影响（张翼、风笑天，2003）。他们生活在社会底层，是社会的弱势群体（陆玉林、张羽，2007），导致这些流动儿童的生存、教育、身心健康、人际交往问题逐渐凸显。

一　健康状况

根据世界卫生组织（WHO）的定义，"健康指不但没有身体疾患，而且有完整的生理、心理状态和社会适应能力"。生命历程理论把健康看作贯穿于生命阶段的动态变化和优势/劣势的累积过程，儿童期的生活条件、健康状况将对他们以后生命阶段的健康产生深远的影响（Greenfield & Marks，2009；Conroy，Sandel，& Zuckerman，2010）。我国制定的《"健康中国2030"规划纲要》对个体健康的服务和干预也立足于生命周期，提出应针对生命周期的不同阶段的健康问题，确定干预措施，实施贯穿生命周期的健康保障。并且将儿童健康问题列为重点，儿童健康直接影响"健康中国"的建设，因此对城市流动人口及流动儿童健康问题的关注是当下不容忽视的社会问题之一，对提高个体全生命周期以及我国整体人口的身体素质具有重要作用。

（一）身体健康

为了了解流动儿童的健康情况，有学者对广州市4所外来子弟学校4256名学生进行体格检查，最终结果显示，与户籍儿童相比，流动儿童体格发育水平较低，各个年龄阶段的流动儿童的营养不良、生长迟滞、消瘦、沙眼的检出率较高，而其身高和体重却较低；流动儿童的视力不良的检出率超过70%，另外，流动儿童的龋齿充填率也远低于户籍儿童（陈静仪，2014）。通过对江苏省昆山市9923名14岁以下的流动儿童进行健康体检，体检项目包括身高、体重、胸围、头围、血红蛋白、乙肝表面抗原（HBsAg）、内科疾病等，体检结果发现流动儿童的健康水平明显低于户籍儿童，前者的生长发育迟缓、营养不良、肥胖的平均发生率分别为7.41%、6.55%、1.02%，HBsAg的检出率为4.19%，另外，流动儿童的贫血、沙眼、龋齿患病率分别为16.25%、15.97%、32.56%（罗晓明，2005）。也有研究发现，随着生活环境的变化以及饮食习惯城市化，流动儿童逐渐融入城市生活，他们的身高、体重等与户籍儿童的差异缩小（叶心明、肖巧俐，2017）。

罗序峰等（2017）通过把0～7岁户籍儿童疾病谱与流动儿童的疾病谱对比分析，发现这两个儿童群体的疾病谱存在显著差异，虽然户籍婴儿组（1～12月）和流动婴儿组常见疾病前五位是相同的，依次是上呼吸道感染、肺炎、小儿肠炎、中枢神经系统感染、泌尿道感染，但是流动婴儿的发病频率相对较高；流动幼儿组（1～3岁）的常见疾病最高的依次是上呼吸道感染、肺炎、小儿肠炎、意外伤害、过敏性疾病；流动儿童组（3～7岁）常见疾病依次是上呼吸道感染、小儿肠炎、意外伤害、肺炎、过敏性疾病。从发病率变化来看，1岁及以下的流动儿童的发病率显著高于户籍儿童，但是随着年龄的增长，流动儿童与户籍儿童的疾病也具有差异性，前者的意外伤害发生率随年龄的增长而逐渐增高，后者过敏性疾病发生率随年龄增长而逐渐增高（罗序峰等，2017）。由于流动儿童的家庭居住环境较差，其居住的社区交通秩序差、车辆多、流浪动物多以及流动儿童父母工作繁忙而疏于对其看护等，这些因素容易导致流动儿童意外伤害的发生。研究发现，流动儿童交通伤害、烧烫伤、锐器伤、动物咬伤以及意外窒息的发生率高于户籍儿童（徐韬等，2011）。

造成流动儿童的整体健康水平低于户籍儿童的原因来自多个方面。在家庭方面，流动儿童的家庭居住条件较差，流动人口大多选择在城中村、城乡接合部等房租较低、环境较差的社区定居，人均住房面积较小，住房的日照、通风、保温、隔热、防火、防爆等条件较差，安全隐患较大，环境污染严重，对身体健康造成不利影响（赵丽峰、曹辉，2006）。流动儿童的家庭经济状况（包括父母文化程度、父母职业、家庭生活指数和家庭居住的社区环境）显著差于户籍儿童（侯娟等，2009），流动儿童在获得及时的医疗保健服务方面缺乏较好的经济基础，因此，相比于户籍儿童，流动儿童获得社会公共服务的机会较少，这些都会导致流动儿童产生较高的健康风险。另外，流动人口对卫生保健重视不够，卫生保健需求较低，缺乏计划免疫对儿童预防传染病重要性的认识，流动儿童父母等监护人对免疫接种相关知识的平均知晓率、接种积极态度以及接种行为显著低于户籍儿童父母，学前流动儿童的计划免疫存在建证和建卡率低、单苗合格率低和四苗覆盖率低的问题（国务院妇女儿童工作委员会办公室、中国儿童中心，2005；杨晓等，2016）。

　　虽然我国出台相关政策将流动儿童保健纳入当地社区儿童保健的管理体制，但是对流动儿童的保健系统管理水平依然较低，计划免疫接种率低，由于医疗保障范围有限以及异地报销难等原因，流动儿童面临疾病威胁时不能够得到全面保障，户籍制度限制了他们享有医疗和康复设施等（裴劲松、高琼，2013）。从流动儿童的健康保健手册建立情况来看，我国2015年全国流动人口卫生计生动态监测调查数据分析，如图4-24所示，0～6岁的流动儿童中有89.3%已经建立了保健手册，有3.1%尚不清楚是否已经建立保健手册，但值得关注的是，仍有7.6%没有建立保健手册。从流动儿童母亲的受教育水平来看，如图4-25所示，母亲的受教育水平越高，其流动子女已经建立保健手册的比例越高，而未建立和不清楚是否已经建立保健手册的比例越低。其中，大专及以上的女性的流动子女尚未建立保健手册的比例约为5.2%，低于全国平均水平，而受教育水平在小学及以下的女性的流动子女尚未建立保健手册的比例最高，为14.4%，后者约是前者的 3 倍。受教育水平在小学及以下的女性不清楚其流动子女是否建立保健手册的比例为 4.7%，约是大学专科及以上的女性的 2 倍。另外，受教育水平为初中的女性和高中/中专的女性的流动子女尚未建立保健手册的比例分别约为 8.6%、6.8%。由此可以看出，0~6 岁流动儿童保健手册的建立情况与其母亲的受教育水平高度相关（$p < 0.001$），这说明受教育水平越高的女性越关注流动子女的健康管理情况。

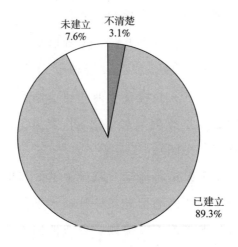

未建立
7.6%

不清楚
3.1%

已建立
89.3%

图 4 - 24 0 ~ 6 岁流动儿童保健手册建立情况

分民族来看 0~6 岁的流动儿童保健手册情况，如图 4 - 26 所示，汉族的流动儿童建立保健手册的比例为 88.6%，高出少数民族流动儿童 2 个百分点。分户口类型来看，户籍所在地在农村的流动儿童建立保健手册的比例 87.9%，低于城市户籍的流动儿童约 4 个百分点。经过卡方检验，0~6 岁流动儿童保健手册的建立情况存在民族差异和户籍类型差异（二者 $p < 0.001$）。因此，流入地政府应该重点关注那些少数民族、乡－城流动儿童的保健手册的建立和管理。另外，流动儿童的保健手册建立情况存在明显的流入地区差异，由图 4 - 27 可以看出，西部地区的 0~6 岁的流动儿童没有建立保健手册的比例最高，约为 10.3%；东北地区的 0~6 岁的流动儿童没有建立保健手册的比

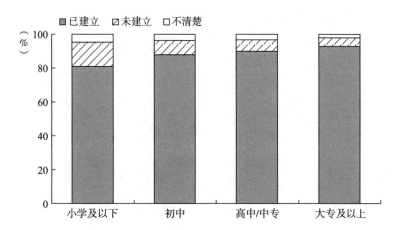

图 4 - 25　不同受教育水平女性的流动子女保健手册建立情况

例最低，仅为 3.2% ；中部地区和东部地区的 0 ~ 6 岁的流动儿童没有建立保健手册的比例处于二者中间，分别为 7.2% 、6.3% 。

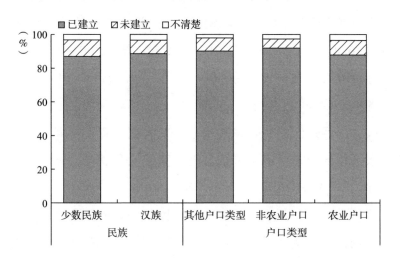

图 4 - 26　分民族、分户口类型的 0 ~ 6 岁流动儿童保健手册建立情况

儿童定期健康检查对于监测他们生长发育情况、早期发现体格和智力发育异常情况，进而及时进行干预和治疗有着重要意义。2015年全国流动人口卫生计生动态监测调查数据显示，大约有 30.8% 的 0 ~ 6 岁的流动儿童在过去一年中尚未接受免费健康检查。从各个省份

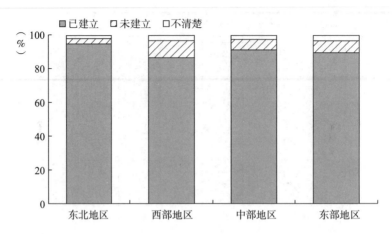

图 4 - 27　分地区的 0 ~ 6 岁流动儿童保健手册建立情况

的流动儿童获得免费健康检查状况来看（见图 4 - 28），0 ~ 6 岁的流动儿童在过去一年中接受免费健康检查的比例最高的依次是江苏、辽宁、湖南、福建和宁夏，其比例分别是 82.3%、79.4%、79.3%、77.0% 和 76.8%。在 31 个省份中，有 25 个省份的 0 ~ 6 岁的流动儿童接受免费健康检查的比例在 50% 以上，而剩余的比例在 50% 以下的 6 个省份（内蒙古、甘肃、山西、陕西、西藏和河北）多数分布在西北地区，这些地区的经济发展水平较低、医疗资源不足、提供的医疗服务水平较低，这可能影响了流动儿童接受免费健康检查的可及性和可得性。

从图 4 - 29 可以看出，是否接种目前年龄应该接种的所有国家规定疫苗的流动儿童的户口类型以及其母亲的受教育水平存在显著差异（二者 $p < 0.001$）。流动女性的受教育水平越高，其子女接种所有国家规定疫苗的比例越高，而受教育水平为小学及以下的女性的 0 ~ 6 岁流动子女，其没有接种所有国家规定疫苗的比例最高，约为 3.45%，大专及以上女性的 0 ~ 6 岁流动子女没有接种所有国家规定疫苗的比例约为 1.19%，前者约高出后者 2 倍。受教育水平为

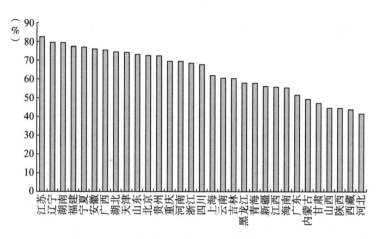

图4-28 各个省份的0~6岁流动儿童接受免费健康检查的比例

高中/中专的女性和初中的女性的流动子女接种所有国家规定疫苗的比例分别为1.26%和1.37%。从流动儿童的户口类型来看，城-城流动的0~6岁儿童没有接种所有国家规定疫苗的比例最低，约为1.06%，而乡-城流动的0~6岁儿童没有接种所有国家规定疫苗的比例最高，约为1.59%。因此，为了预防和控制儿童传染病的发生和流行，流入地政府应该完善流动儿童预防接种管理制度，重点加强农村户籍、女性受教育水平较低的流动子女的免疫接种工作，为流动人口、流动儿童提供预防接种服务，提高服务质量，开展健康讲座和健康知识宣传，为流动儿童父母提供预防接种相关知识咨询服务，普及免疫规划知识，着重落实流动儿童登记、查漏和补种工作，提高流动儿童免疫计划接种率和疫苗补种率，控制和预防流动儿童传染病的发生。

（二）心理健康

流动儿童的心理首先表现在对自己的身份认同上，流动儿童倾向于将自己归类为农村人，这种外来身份让他们感到自卑，这是一种从心理上对自己的否定。同时这种外来身份也不可避免会给他们带来一

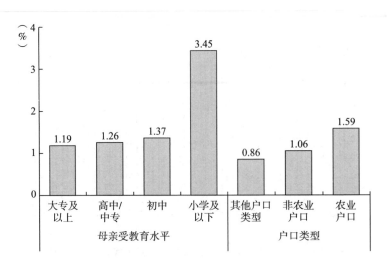

**图4－29　不同户口类型以及母亲不同受教育水平的 0～6 岁
流动子女未接种疫苗情况**

些外部环境的歧视，加之其在城市中较差的生活环境以及艰难的生活
状况，严重影响其心理健康。相反，那些能够从内心深处认同自己身
份，肯定自己存在价值的流动儿童，往往表现得更为乐观和勇敢，在
学校的交往中也更加友善，越宽容就越能够避免走向极端。

　　Seligman 等人认为积极的心理品质具有缓冲器的作用，能够在应
激状态下使个体建立良好的应对方式以适应环境（Seligman et al.,
2005）。有学者指出，流动儿童可能遵循"处境不利—心理弹性—适
应良好"的发展轨迹，在一些心理特征上流动儿童并不比城市儿童差
（俞益兵、邹泓，2008）。比如，流动儿童与城市儿童在自律性、外化
问题行为的检出率等方面并没有显著差异（陈美芬，2006；李晓巍、
邹泓、金灿灿等，2008）。也有学者通过城市流动儿童适应困难现状
及影响因素研究，发现流动儿童沿着"处境不利—压力—适应不良"
的直线模型，与城市儿童相比，存在更为消极的人格品质（陈美芬，
2006）、较低的自尊水平（李小青、邹泓、王瑞敏等，2008）、更低
的自我意识（安芹、贾晓明，2006）和较差的师生关系质量等（谢

尹安、邹泓、李小青，2007）。流动儿童存在不同程度的社交焦虑、孤独感（工中会，2015）。

另外，流动儿童的心理健康状况具有学校类型差异，有学者通过比较打工校、混合校和公立校这三种不同学校类型的儿童的人格特质发现，打工校的流动儿童在掌控感、乐观等正性人格特质上的得分最低，其次是混合校流动儿童；而得分最高的是公立校的城市儿童，他们在负性人格特质（情绪性）上三者得分和正性特征得分高低与混合校和打工校儿童方向相反（王瑞敏、邹泓，2008）。从孤独感和抑郁感来看，研究发现流动儿童学校中的流动儿童的心理状况比公立学校中的流动儿童和本地常住儿童要差，三类儿童的孤独感和抑郁感得分从高到低依次是：流动儿童学校中的流动儿童、公立学校中的流动儿童和本地常住儿童（周皓，2010）。从安全感和学校归属感来看，公办校流动儿童和城市户籍儿童的安全感和归属感明显高于打工校流动儿童，然而公办校流动儿童和城市户籍儿童之间却不存在显著差异（温颖等，2009）。

在流动儿童群体内部，其心理健康状况存在明显的性别、年级等方面的差异。

有研究显示，流动男童在对待生活的态度上普遍比流动女童表现得更为乐观，在消极倾向上未显示出显著的性别差异，但在年级上却存在显著差异，其中初一年级与初二年级具有鲜明的对比，初一年级的悲观倾向得分最低，而初二年级或许是流动儿童中最为消极悲观的（余益兵、邹泓，2008）。而如果仅从孤独感和抑郁感来看流动儿童的心理状况，三年级学生的心理状况比五年级学生差，男生比女生的心理状况差，非独生子女的心理状况比独生子女差（周皓，2008）。

流动儿童心理状况较差是家庭支持弱、社会不公、社会歧视以及环境适应不良等多方面的原因。父母与流动儿童之间的良好亲子互动、流动儿童与周围同辈人较好的人际交往能够降低流动儿童的孤独感与抑郁感（周皓，2010）。流动儿童自身应对压力的能力也是影响其心理健康的重要因素，由于学习和升学压力等应激事件不断增多，以及儿童自身社会接触能力的提高和自我意识的不断增强，内外环境的改变和矛盾可能使青少年出现更多的心理健康问题（张京晶等，2009），那些对外界环境变化适应能力较差的流动儿童可能更容易产生心理健康问题。另外，处于不同阶段的流动儿童由于其所面临的压力水平不同，心理健康水平具有差异性。有研究发现，学生心理健康水平总体上呈现随年级的升高而降低的趋势，初中生与小学高年级学生相比有较多的心理健康问题（张雅明、俞国良，2004）。流动儿童的心理状况在很大程度上受他们自身所感受到的外界对他们的态度和接纳程度的影响。城市流动人口经常会被贴上"农民工""边缘人"等标签，他们的子女也常被称为"农民工子弟"，不仅无法和城市中的儿童享受同等的教育资源，而且经常不为城市所容纳，被歧视现象严重。调查发现，有24.7%的流动儿童父母反映其子女受到歧视，歧视会对儿童心理健康产生极大危害，不仅使儿童形成退缩、不自信等不良人格，而且使他们更易于对周围人和社会产生敌意，导致危险行为的发生（邹泓等，2004）。研究发现，歧视知觉对个体的自尊具有不利的影响，打工学校的流动儿童比公立学校的流动儿童具有更高的歧视知觉，并且流动儿童的歧视知觉随年级升高呈增加趋势，男孩比女孩更易于产生被歧视感，随着在城市居住时间的增加，流动儿童对城市生活越来越适应，他们的被歧视感会降低（刘霞、申继亮，2010）。另外，随着社会政策和公众媒体对平等和谐的宣传，学校会逐步消除对流动儿童的歧视现象，这将为流动儿童成长营造良好的校园和社会环境，有益于他们的心理健康发展。研究发现，男性、年龄较大、高年级、居留时间较差的流动儿童群体表现出较高的社交焦虑和抑郁感（袁晓娇等，2012）。

（三）社会适应

流动儿童在社会适应的外显行为方面（包括行为问题和学业成绩），其表现状况比本地户籍儿童差（曾守锤，2010）。在家庭生活的适应方面，80%以上的流动儿童能够适应居住地的饮食习惯、气候环境，并且对生活现状的总体满意度很高，甚至对居住地的满意度高于户籍所在地。在学校适应方面，超过90%的流动儿童表示对就读的学校很满意（徐金刚等，2015）。流动儿童的评价可能局限于对居住地生活条件、公共设施和教育资源的主观感受，在这些方面，居住地的水平比户籍所在地要高，学校物质生活环境可能给流动儿童提供比较舒适的感受。但是从情感和精神方面，他们表现出社会适应困境，在亲子关系方面，父母在工作压力下，没有时间和精力为孩子提供生活指导、学习辅导等，调查显示仅有30%的父母经常为孩子在学习上提供帮助，有将近20%的流动儿童与父母存在沟通不畅问题。在学校里，虽然他们中的大多数与同学关系融洽，但是与城市户籍儿童相比，流动儿童参与活动的积极性不高，课程的参与度也相对较低，并且他们参与辅导班的频率远低于本地户籍儿童（徐金刚等，2015；徐大茂，2017）。学习成绩可能从侧面反映了流动儿童的学校适应状况，研究发现，流动儿童适应状况呈现不同学科学业成绩的差异性，他们的语文和数学平均成绩与年级的整体平均成绩相差不大，但是他们在英语这一科目上的适应状况较差，与城市户籍儿童的英语成绩差距明显（曾守锤，2009）。

通过探讨影响流动儿童社会适应的因素发现，流动儿童个体人口特征、家庭状况、学校、社会关系网络、社会制度方面对其都有影响。从人口特征来看，年龄、性别、自我控制双系统（冲动系统和控制系统）、普通话水平、生活态度等因素对流动儿童社会适应有显著影响，年龄越大的流动儿童越容易感到社会排斥和歧视，他们就越难融入当地生活，流动女童的社会适应状况好于男童，自我控制能力越强、生活态度越积极乐观的流动儿童的适应水平越好（周皓、章宁，2003；曾守锤，2010；魏勇刚、张希希，2013；陈晓军等，2017）。从家庭层面来看，流动儿童的家庭经济地位（表现在学历、职业、收入等方面）、亲子关系、家庭教育、居住环境等对其社会适应产生重要影响（徐金刚等，2015）。研究发现，流动儿童的家庭经济地位越高、与父母的亲子互动关系越好，其社会适应状况就越好（陈晓军等，2017）。家庭内部缺少亲子互动是对流动儿童社会适应产生不利影响的关键因素，而父母对流动儿童过高的学业期望往往会给流动儿童造成心理压力，教育方式不当，会对其城市社会的适应产生不利影响；如果流动儿童父母频繁更换工作导致家庭住址的变动，会中断流动儿童的社会关系网络，增加他们适应城市生活的困难（白慧、陈伙平，2011；徐大茂，2017）。从学校层面来看，学校教师对流动儿童的接纳意愿越强，流动儿童对学习环境的满意度越高，越容易适应学校生活（徐金刚等，2015）。从人际关系层面来看，流动儿童与同辈群体的关系越好、朋友的数量越多，其社会适应的状况就越好（曾守锤，2010；陈晓军等，2017）。从社会制度层面来看，有学者认为不公平的制度性因素是流动儿童城市生活适应不良的根本原因，主要是流动儿童父母在政治方面的工人身份不被承认、经济方面不能与当地正式员工同工同酬、就业方面遇到制度障碍、在劳动报酬和子女教育方面等权益得不到保障，这些因素直接或间接影响了流动儿童对城市生活的适应状况（陈怀川，2006）。

二 教育

流动儿童处在接受教育的关键时期，如果他们得不到良好的教育，将直接对个体向上流动发展的机会以及社会建设的和谐发展产生不利影响。并且儿童时期的小学和初中阶段的义务教育既是他们的权利又是他们的义务，因此，必须高度重视和关注流动儿童的教育问题。

长期以来，中国的户籍制度一直是控制人口、维持社会稳定的重要政策因素，改革开放以后，虽然户籍制度对人口流动的制约减弱，但户籍制度依然在流动人口的教育、就业、医疗等各个方面起限制作用。尤其是对那些跟随父母流动的儿童，其面临的直接问题就是在城市中的受教育问题，囿于户籍身份限制，难以获得同等的受教育机会。户籍制度给流动儿童在学校教育方面带来了入园难、入学难、择校难的状况。在流动儿童学前教育方面，流动儿童学前教育的入园水平存在显著省际区域差异，西部地区省份和一些东部地区省份的学前流动儿童入园比例偏低，前者主要是学前教育资源供给的绝对不足导致的，后者主要是户籍制度壁垒背景下的流动儿童学前教育资源供需矛盾的相对不足导致的；西部地区流动儿童入园比例与当地城市学前儿童入园比例相差不大，二者入园比例均不高，这主要是因为西部地区经济社会发展水平较低，限制了学前教育的财政投入，导致学前教育资源供给不足，无法满足当地城市学前儿童和流动儿童的入园需求；而东部地区流动儿童入园比例与城市学前儿童入园比例相差较大，如北京、上海等地区的城市学前儿童入园比例都超过了95%，但北京学前流动儿童入园比例仅为59.2%，导致东部地区这两个儿童群体差距较大的原因并非教育资源的供给不足，而是户籍制度和教育成本较高等（宋月萍、李龙，2013）。目前，我国尚未制定全国统一的有关随迁子女学前教育的管理规范，也未将其纳入基本公共服务范畴，使外来务工人员子女的学前教育机会难以得到保障，学前教育品质难以得到有效提升。

在儿童义务教育阶段，流动儿童在当地公办学校接受义务教育的比例仅为88.1%；由于户籍制度、升学制度和高考制度的限制，流动儿童高中阶段教育机会显著低于本地户籍儿童，其中，在普通高中方面，我国本地户籍儿童的总体就读率约为58%，远远高于流动儿童约37%的比例（国家卫生和计划生育委员会流动人口司，2014）。《流动儿童蓝皮书：中国流动儿童教育发展报告（2016）》的结果和国家卫计委的结果基本上相一致，其义务教育阶段流动儿童约有21%的比例未在城市公办学校就读，超过200万的流动儿童只能在民办学校或条件简陋的打工子弟学校就读。

研究发现，流动儿童的学习成绩受个体、家庭、学校、当地政策和社会环境等多元主体的影响。就流动儿童个体而言，女童比男童的学业成绩更好，转学对流动儿童的学业成绩产生不利的影响。父母社会经济地位（包括父母受教育水平、职业、收入等方面）对流动儿童的学业成绩起到正向的作用。流动儿童父母的经济资本、文化资本和社会资本直接影响他们的教育机会、教育质量和教育环境，如果流动儿童家庭处于资本贫乏状态，则流动儿童将有更大的风险处于教育的边缘化地位（陈成文、曾永强，2009）。在家庭教育方面，《流动儿童蓝皮书：中国流动儿童教育发展报告（2016）》指出，外来人员子女家庭教育功能弱化对孩子的教育十分不利。一方面，家长对孩子期待很高，但因教育观念落后，再加上综合素质能力较低、投入低，无法提供有效的支持。另一方面，外来务工人员教养方式单一，注重结果，轻视过程，孩子在学习方面出现问题时，家长往往采用说教甚至打骂等批评方式，因此对孩子的教育产生不好影响。在社会制度方面，学生对教师的满意度越高，其学业成绩越好；学校的社会经济地位越高，流动儿童的数学成绩越好（张绘等，2011；刘桂荣、滕秀芹，2016；张云运等，2016）。公立学校较高的收费标准，使流动儿童家庭无力承担，迫使更多的流动儿童进入硬件设施较为简陋的打工子弟学校就读。另外，户籍制度给流动儿童在流入地接受义务教育带来了诸多限制，高考制度迫使流动儿童返回户籍所在地参加高考，而新环境、新教材等的重新适应对他们的高考成绩造成不良影响（张秋凌等，2003）。

三 中国流动儿童发展的相关政策

随着我国城市化进程的发展，流动人口的家庭化趋势日益凸显，16岁以下的随迁流动儿童越来越多。为解决流动人口随迁子女的健康、教育等问题，保障流动人口及其随迁子女的生活，我国政府始终将流动人口及其随迁子女问题作为一项长期工作，早在20世纪末就出台一系列专门解决流动儿童的针对性政策文件。这些政府文件主要涉及流动儿童的健康和教育方面，充分体现了我国政府对流动儿童的重视，为保护流动儿童的合法权益做出了一定的努力。

（一）健康政策

早在1998年，我国政府就开始重视流动儿童的健康管理，即出台了《特殊人群计划免疫工作管理方案》（以下简称《方案》），随后全国各地相继制定了流动儿童计划免疫的政策。针对当时麻疹暴发流行主要集中于流动儿童的情况，《方案》明确指出流动人口中的免疫接种工作已成为计划免疫工作中的突出问题，其中流动儿童群体庞大，居无定所，往往得不到免疫接种，成为计划免疫针对性疾病发病的主要原因之一。因此，规定应将流动儿童纳入本地计划免疫工作管理，合理制订流动人口免疫接种服务计划，并规定每3个月进行查漏补种活动，实行形式多样的免疫服务，包括入户接种、在流动人口集聚地设立固定或流动接种点等。2006年，国务院出台《国务院关于解决农民工问题的若干意见》，再次把农民工疾病预防控制和适龄儿童免疫工作提上日程，明确规定要将农民工子女纳入当地的免疫工作计划，各地采取有效措施提高免疫计划疫苗的接种率。

2001年国务院印发《中国儿童发展纲要（2001~2010年）》，明确指出要解决流动儿童的保健、教育和保护问题，逐步提高流动儿童中的儿童保健覆盖率，将城市流动人口中的孕妇和流动儿童逐步纳入保健管理体系中。而在之后的《中国儿童发展纲要（2011~2020年）》中，对流动儿童的健康管理做了进一步的规定，包括降低流动儿童中婴儿和5岁以下儿童的死亡率，明确流入地社区在流动儿童保健管理中的责任以及要基本满足流动儿童和留守儿童的基本公共服务需求等。

此后，国务院在2014年和2016年相继出台了一系列的规划和计划，凸显了我国政府对进城流动人口及其随迁子女的关注。其中，国家卫生计生委（现为国家卫生健康委）在2014年制定《全民健康素养促进行动规划（2014~2020年）》，明确提出将妇女、儿童、老年人和流动人口等作为重点人群，并针对其不同特点来开展健康素养传播活动。此外，国家卫生计生委联合民政部、财政部等五部门出台了《关于做好流动人口基本公共卫生计生服务的指导意见》，将流动人口基本公共卫生计生服务均等化工作纳入基层综治中心、社区卫生计生服务中心等的职责。此指导意见涵盖了民政部、财政部、国家卫生计生委等各级部门，将重点放在城市街道办和社区居委会层面，着重强调实现服务资源共享。并明确提出了要全面落实流动人口11类基本公共卫生服务项目，优先落实好流动儿童预防接种、健康档案、健康教育等6项基本公共服务。指导意见还提出到2020年要达到的具体目标，即流动儿童预防接种率达到95%、流动人口育龄妇女避孕节育免费服务目标人群全覆盖等。由此可以看出，我国政府切实推进流动人口基本公共服务均等化、保障流动儿童健康的重要举措。2017年，国家卫计委制定了《"十三五"全国流动人口卫生计生服务管理规划》，规定持续重点关注流动儿童预防接种率和健康管理方面，指出提升流动人口聚集地区的妇幼保健服务能力，做好流动产妇和儿童的各项服务，不仅加强在流动儿童集中的学校开展健康教育培训，同时还针对流动青少年，提出建立互助网络，推进"青少年友好服务"和开展同伴教育，这一举措旨在提高 10～24 岁青少年和未婚青年的生殖健康及艾滋病防治等健康水平。

为进一步推进流动人口基本公共服务均等化，促进流动人口健康素养和健康水平的提升，全国各地政府在国家有关流动儿童健康政策的指导下，也根据本地特殊情况，纷纷制定《流动人口健康教育和促进行动计划（2016～2020 年）》，并将流动儿童列入重点人群，使当地教育部门与学校配合，在流动人口子女集中的学校开展健康教育课、举办健康知识竞赛等活动，传播一些预防常见病和意外伤害等健康知识，旨在提高流动学龄儿童健康意识和自我保健能力。有些省份专门针对流动儿童群体制定了具体的相关健康政策。例如，四川省《关于做好流动儿童和农村留守儿童健康关爱工作的实施意见》（川卫发〔2017〕38 号）和《四川省卫生和计划生育委员会办公室关于开展流动儿童和农村留守儿童健康关爱示范学校建设的通知》（川卫办发〔2017〕76 号），规定结合流动儿童和农村留守儿童身心健康特点和需求，有针对性地开展"健康校园"主题活动，评定"健康关爱示范学校"。

目前我国实施的与流动儿童健康相关的政策，很多是针对流动儿童的身体健康措施，主要是把包括育龄妇女、流动儿童等在内的流动人口逐步纳入流入地的公共卫生服务项目，政府或社区为其提供的服务内容也较为单一，主要是预防接种、健康档案、健康教育等，并且这些服务主要针对解决流动人口健康所面临的紧迫性问题，以及完善流入地政府的保健管理体制。但是流动儿童健康相关政策并没有形成全面、具体的系统，相比于身体保健服务政策，涉及促进流动儿童心理健康、增强其对当地社会适应等方面的政策较少，没有为流动儿童提供全面保障身体、心理、社会适应等内容，并且流动人口、当地户籍人口以及社团组织等主体的政策参与度不足，应该注重发挥当地社会的多方力量为流动儿童提供多种服务，促进他们的身心健康发展和社会融合。

（二）教育政策

长期以来，我国的义务教育具有十分明显的"户籍为主"的属地性质，我国的《义务教育法实施细则》规定，学龄儿童的入学应由其户籍所在地的政府负责，义务教育经费由地方财政负担。由此一来，流入地政府对流动学龄儿童的入学并没有法律上的责任，流动儿童享有的义务教育权利难以得到有效保证。

除了部分收入水平较高的流动人口有能力跨越"门槛"让其子女在城市公办学校借读外，大部分低收入家庭的流动儿童面临就学困难、辍学率高的问题，面对难以负担的高额借读费，许多农民工群体选择将其孩子送入农民工子弟学校，这些学校许多都不具备办学资格，条件十分简陋，师资力量弱，存在许多安全隐患。但这些学校十分受流动人口的欢迎，原因是这些学校不仅收费较低，而且入学、退学没有复杂麻烦的手续，校内都是流动儿童，因此不会遭到城市本地儿童的歧视等。

20世纪90年代以后，随着社会经济的快速发展，流动人口规模不断扩大，由于现行户籍制度的限制，流动人口子女在城市接受义务教育问题日益凸显。因此，我国从20世纪末就已经开始关注流动儿童的教育问题。1996年，原国家教委首次制定了《城镇流动人口中适龄儿童少年就学办法（试行）》（以下简称《就学办法》）。《就学办法》规定了流入地政府负有为本地适龄流动儿童少年提供义务教育的责任，并初步确立了民办打工子弟学校的合法地位。在 1998 年的《流动儿童少年就学暂行办法》中，又重新规定了流出地政府的责任，表示"流动儿童少年常住户籍所在地人民政府应严格控制义务教育阶段适龄儿童少年外流"。此条内容显示出我国政府对流动儿童外流的限制。2001 年国务院发布了《关于基础教育改革与发展的决定》（国发〔2001〕21 号），明确规定流动儿童就学问题由流入地政府管理，并以全日制公办中小学为主的就学方式。这一规定，初步确立了解决流动人口子女教育问题的"两为主"政策，力图使城市中这部分弱势群体能够接受更好的教育。紧接着，国务院和教育部等六部门在 2003 年分别发布了《关于进一步加强农村教育工作的决定》和《关于进一步做好进城务工就业农民子女义务教育工作的意见》。前者针对当时我国流动人口群体内部发生的分化现象，首次将"进城务工就业农民子女"从"流动人口子女"中分离出来，确立了农民工子女为真正的弱势群体，要针对该群体实施更有效的教育权利保障措施；后者则将进城务工就业农民子女教育工作所具有的战略意义提升到了一个新高度，不仅坚持"一视同仁""教育机会平等"原则，而且从财政经费保障方面来切实解决农民工子女的教育问题、规范民办打工子弟学校的办学等多项规定。

2004 年，中共中央、国务院发布了《关于进一步加强和改进未成年人思想道德建设的若干意见》，该意见将解决进城务工就业、流动儿童教育与未成年人思想道德建设联系起来。2006 年《关于解决进城务工农民问题的若干意见》明确提出流入地政府应将农民工子女教育费用列入本地教育经费预算，接收农民工子女的公办学校不得向农民工子女收取借读费等多项规定。2006 年修订的《义务教育法》，从法律意义上明确规定了流动儿童、少年的就学问题，为今后做好进城务工就业农民子女接受义务教育工作提供了最有力的法律依据。2010年我国制定《国家中长期教育改革和发展规划纲要（2010～2020年）》，对十年间的教育发展的总体战略、发展任务和目标、体制改革以及保障措施进行了详细的规定，把公平作为国家基本教育政策，并多次强调教育的机会平等，并提出要确保流动儿童平等接受义务教育，包括让流动儿童在当地参加义务教育阶段的升学考试等。2015年，为了保障义务教育经费机制适应城镇化建设、户籍制度改革不断推进以及学生流动性加大的新形势，国务院发布了《关于进一步完善城乡义务教育经费保障机制的通知》（国发〔2015〕67号），提出要建立城乡统一的经费保障机制，推进教育信息化管理，实现教育经费随学生流动的可携带性。

从我国与流动儿童教育相关的政策的发展来看，政府在解决流动儿童教育问题上体现出我国政府对教育公平的重视，对农民工子女教育问题越来越关注，认识也越来越深刻，改革越来越深入。一方面，在对流动儿童和农民工子女的界定、进城流动儿童的就学方式、各式各样的办学形式、教育管理原则、收费标准和形式等问题上，国家政策的相关规定越来越明确、具体和全面；另一方面，在流入地政府、流出地政府、监护人、学校、社区等主体共同解决农民工子女义务教育问题的责任上，国家政策对各方责任主体义务的规定越来越清晰。

农村劳动力从乡村流动到城市，其生活环境和生活方式都发生了重大的变化，这些外出流动人口的思想观念自然而然地发生了变化，包括对子女的教育观念的改变。越来越多的流动人口趋向于让其子女随之迁移，在所在城市接受教育。随着城市中流动儿童规模日益扩大，其教育问题逐渐成为所在地政府面临的重要问题。切实解决好流动适龄儿童教育问题对满足城市中低收入群体流动人口子女教育需求、全面普及九年制义务教育、促进城乡教育均等化具有十分重要的意义。

　　促进教育公平，是政府发展教育过程中最应担负的责任，其中首要责任即是保障公民公平、平等地接受义务教育的基本权利。为了确保流动儿童能够享受平等的受教育权，需要各级政府切实担负起义务教育的责任，继续推进户籍制度的深化改革、改革高考制度、打破义务教育的地域限制，降低公办学校入学的准入门槛，降低教育收费标准，切实保障流动儿童享受义务教育的权利，允许流动儿童在流入地接受义务教育；流入地政府加大对流动儿童教育经费的投入和支持，切实保障其就学条件、环境设施、师资条件和教育质量等多方面有所改善和提高。

参考文献

安芹、贾晓明，2006，《外来务工人员子女自我意识的现状分析》，《中国健康心理学杂志》第 4 期。

白长虹、王红玉，2017，《以优势行动价值看待研学旅游》，《南开学报》第 1 期。

白宏太、田征、朱文潇，2014，《到广阔的世界中去学习——教育部中小学"研学旅行"试点工作调查》，《人民教育》第 2 期。

白慧、陈伙平，2011，《城市流动儿童社会适应困境的家庭因素分析》，《当代教育论坛》第 9 期。

蔡国枫，2000，《德国青年政策》，《中国青年政治学院学报》第 4 期。

陈爱生，2005，《香港青少年事务管理的现状及其启示》，《中国青年研究》第 11 期。

陈成文、曾永强，2009，《农民工子女教育的边缘化：一个资本分析的视角》，《学习与探索》第 6 期。

陈纯柱、刘娟，2017，《网络主播监管中的问题与制度构建》，《探索》第 6 期。

陈怀川，2006，《农民工子女城市生活不良适应的社会学分析》，《兰州学刊》第 5 期。

陈会昌、叶子，1998，《青少年对家庭影响和同伴群体影响的接受性》，《心理科学》第 3 期。

陈静仪，2014，《广州市在校流动儿童体质健康状况》，《中国学校卫生》第 11 期。

陈美芬，2006，《外来务工人员子女人格特征的研究》，《心理科学》第 1 期。

陈瑞华，2017，《直播社群：青少年网络社交的关系具象》，《中国青年研究》第 8 期。

陈涛，2003，《中国青少年社会政策：文本内容分析》，《青年研究》第 5 期。

陈晓军、陶婷、王利刚等，2017，《流动儿童社会适应现状及影响因素》，《中华行为医学与脑科学杂志》第 3 期。

陈笑颜、李家成，2015，《户外营地教育中营地教师和学校教师的合作》，《基础教育研究》第 11 期。

陈友芳，2016，《学科任务导向的思想政治学科核心素养测试策略——基于信息不对称博弈理论的思考》，《课程·教材·教法》第 9 期。

陈云广，2018，《由〈国家宝藏〉谈讲好"寄递翼"好故事》，《中国邮政报》第 4 期。

陈子仪，2017，《〈国家宝藏〉热播 文化遗产要讲好新故事》，《中国青年报》第 2 期。

崔以泰，2002，《赴瑞典考察性教育状况的报告》，《中国性科学》第 4 期。

村松博雅、冈本一彦，1988，《世界各国的性教育及其特征》，《国外社会科学文摘》第 12 期。

戴利尔、戴宜生，2005，《美国未成年人司法制度的发展》，《青少年犯罪问题》第 4 期。

戴耀华、关宏岩，2014，《儿童早期综合发展》，载《第七届全国（内地、港、澳）"儿童发育与行为科学"研讨会论文集》。

邓大松、王作宝，2011，《美国未成年人福利与救助政策及启示》，《国家行政学院学报》第 4 期。

丁稳，2018，《李逢春：为智力障碍群体开设公益性岗位保障残疾人健康就业》，大众网，1 月 20 日。

丁运超，2014，《研学旅行：一门新的综合实践活动课程》，《中国德育》第 9 期。

杜选、高和荣，2017，《西方未成年人社会福利政策研究》，《重庆科技学院学报》（社会科学版）第 3 期。

段成荣、赖妙华、秦敏，2017，《21 世纪以来我国农村留守儿童变动趋势研究》，《中国青年研究》第 6 期。

段成荣、吕利丹、王宗萍、郭静，2013，《我国流动儿童生存和发展：问题与对策——基于 2010 年第六次全国人口普查数据的分析》，《南方人口》第 4 期。

风笑天，2002，《中国独生子女研究：回顾与前瞻》，《江海学刊》第 5 期。

封安保，2015，《研学旅行课程标准化建设的探索》，载安徽省教育厅、安徽省台办编《第四届皖台基础教育论坛交流文集》。

傅丽萍、陈庆良，1999，《青少年人际交往特点浅析》，《贵州师范大学学报》（社会科学版）第 1 期。

高峰，2000，《韩国教育与青少年工作面面观》，《青少年学刊》第 4 期。

高峡，2017，《推动研学旅行成为学校教育重要环节》，《基础教育参考》第 2 期。

高颜、任然、王昀，2017，《浅析大学生短期支教中的问题及对策——以菏泽医学专科学校支教为例》，《现代职业教育》第22期。

高英东，2014，《美国少年法院的变革与青少年犯罪控制》，《河北法学》第12期。

顾晓芳，2014，《营地教育破题中国教育改革——首届中国国际营地教育研讨会举行》。

管杰，2018，《从北京市第十八中学看国家校园足球的改革发展》，http://www. moe. gov. cn/jyb _ xwfb/xw _ fbh/moe _ 2069/xwfbh _ 2018n/xwfb_20180201/sfcl/201802/t20180201_326160. html。

管士寒、陈春琳，2010，《美国少年司法制度的未成年人保护》，《云南大学学报》（法学版）第3期。

郭宝仙，2017，《核心素养评价：国际经验与启示》，《教育发展研究》第4期。

郭志刚，2017，《中国低生育进程的主要特征——2015年1%人口抽样调查结果的启示》，《中国人口科学》第4期。

国家发展改革委、国务院足球改革发展部际联席会议办公室（中国足球协会）、体育总局、教育部，2016，《关于印发中国足球中长期发展规划（2016～2050年）的通知》，http://www. sport. gov. cn/n316/n336/c718723/content. html。

国家教育委员会，1995，《中学德育大纲》。

国家旅游局规划财务司，2016，《关于公布首批"中国研学旅游目的地"和"全国研学旅游示范基地"的通知》（旅发〔2016〕8号），http://www. cnta. gov. cn/zwgk/tzggnew/gztz/201601/t20160125 _ 759013. shtml。

国家体育总局，2005，《第二次国民体质监测公报》，http://www. sport. gov. cn/n16/n1077/n1467/n1587/616932. html。

国家体育总局，2010，《2010 年国民体质监测公报》，http://www. sport. gov. cn/n16/n1077/n297454/2052709. html。

国家体育总局，2015，《2014 年国民体质监测公报》，http://www. sport. gov. cn/n16/n1077/n1227/7328132. html。

国家统计局人口和就业统计司，2016，《2015 年全国 1% 人口抽样调查资料》，中国统计出版社。

国家卫生和计划生育委员会，2013，《中国卫生和计划生育统计年鉴 2013》，中国协和医科大学出版社。

国家卫生和计划生育委员会，2014，《中国卫生和计划生育统计年鉴 2014》，中国协和医科大学出版社。

国家卫生和计划生育委员会，2015，《中国卫生和计划生育统计年鉴 2015》，中国协和医科大学出版社。

国家卫生和计划生育委员会，2016，《中国卫生和计划生育统计年鉴 2016》，中国协和医科大学出版社。

国家卫生和计划生育委员会，2017，《中国卫生和计划生育统计年鉴 2017》，中国协和医科大学出版社。

国家卫生和计划生育委员会流动人口司，2014，《中国流动人口发展报告 2014》，中国人口出版社。

国务院妇女儿童工作委员会办公室、中国儿童中心，2005，《中国流动人口中儿童状况抽样调查》，《中国妇运》第 6 期。

国务院人口普查办公室、国家统计局人口和就业统计司，2001，《中国 2000 年人口普查资料》，中国统计出版社。

国务院人口普查办公室、国家统计局人口和就业统计司，2011，《中国 2010 年人口普查资料》，中国统计出版社。

韩章，2017，《岳阳市德馨助残服务中心志愿者陪护智力残疾人游君山》，《长江信息报》7 月 10 日。

贺立樊，2017，《海南首个智障青年就业点满月 残障员工月工资2000＋》，《南国都市报》2月13日。

侯娟、邹泓、李晓巍，2009，《流动儿童家庭环境的特点及其对生活满意度的影响》，《心理发展与教育》第2期。

胡佩诚，1997，《对青年性教育与咨询的思考——从瑞典的经验谈起》，《青年研究》第8期。

胡佩诚，2001，《瑞典性教育的经验与启迪》，《青年研究》第8期。

胡蕊，2014，《"M一代"青少年微博使用与人际交往》，《农业网络信息》第6期。

黄含韵，2015，《中国青少年社交媒体使用与沉迷现状：亲和动机、印象管理与社会资本》，《新闻与传播研究》第10期。

霍华德·威廉姆森、董艳春，2011，《关于欧洲的青年政策》，《青年探索》第3期。

霍华德·威廉姆森、余娟娟、陈晶环，2012，《欧洲共同体背景中的青年政策》，《青年探索》第2期。

贾锋，2013，《我国青少年劳动保护之法制构建——基于德国、日本、英国、美国的法制比较》，《中国青年政治学院学报》第2期。

江广平，2008，《联合国青年事务》，中央编译出版社。

姜宇、辛涛、刘霞、林崇德，2016，《基于核心素养的教育改革实践途径与策略》，《中国教育学刊》第6期。

蒋乃珺、彭婷、孙秀萍、陈甲妮、潘亮，2013，《国外性教育：美国重禁欲，瑞典靠漫画》，《生命时报》第1期。

教育部，2017，《2016年全国教育事业发展统计公报》，http://www.moe.edu.cn/jyb_sjzl/sjzl_fztjgb/201707/t20170710_309042.html。

教育部，2018，《2017年全国教育事业发展统计公报》，http://

www. moe. gov. cn/jyb_ sjzl/sjzl_fztjgb/201807/t20180719_343508. html。

教育部，2018，《全国青少年校园足球工作发展报告（2015～2017年）》，http://www. moe. gov. cn/jyb_xwfb/xw_fbh/moe_2069/xwfbh_2018n/xwfb_20180201/sfcl/201802/t20180201_326157. html。

教育部，2018，《深入学习贯彻党的十九大精神启动校园足球新征程》，http://www. moe. gov. cn/jyb_xwfb/xw_fbh/moe_2069/xwfbh_2018n/xwfb_20180201/sfcl/201802/t20180201_326164. html。

教育部等11部门，2017，《关于推进中小学生研学旅行的意见》。

靳琰，2007，《中国与瑞典、美国学校性教育的比较研究》，华东师范大学硕士学位论文。

课堂内外创新作文（高中版），2018，《央视综艺节目〈国家宝藏〉受热捧》第2期。

雷蕾，2017，《当代俄罗斯国家青年政策的建设与发展》，《比较教育研究》第11期。

冷剑丽，2006，《瑞典中学性教育的实践及启示》，西南大学硕士学位论文。

李春梅，2008，《走向系统、福利、务实的青少年政策——我国青少年政策的现状与完善》，《青年探索》第6期。

李春雨，2016，《俄罗斯青年政策的理论与实践》，《当代青年研究》第4期。

李军，2017，《近五年来国内研学旅行研究述评》，《北京教育学院学报》第6期。

李鹏，2009，《联合国青年政策的文本解读与评析》，中国青年政治学院硕士学位论文。

李胜男、岑国桢，2001，《生态环境说、人生历程说——儿童心理发展的两种新理论》，《宁波大学学报》（教育科学版）第6期。

李小青、邹泓、王瑞敏等，2008，《北京市流动儿童自尊的发展特点及其与学业行为、师生关系的相关研究》，《心理科学》第 4 期。

李晓巍、邹泓、金灿灿等，2008，《流动儿童的问题行为与人格、家庭功能的关系》，《心理发展与教育》第 2 期。

李煜，2006，《制度变迁与教育不平等的产生机制》，《中国社会科学》第 4 期。

李志红，2005，《韩国的腾飞向我们展示了什么——访韩启示》，《青少年研究与实践》第 4 期。

李忠路、邱泽奇，2016，《家庭背景如何影响儿童学业成就？——义务教育阶段家庭社会经济地位影响差异分析》，《社会学研究》第 4 期。

联合国教科文组织，2018，《国际性教育技术指导纲要》。

廉思、唐盘飞，2018，《社会安全阀视域下的网络直播功能探析——基于北京网络主播青年群体的实证研究》，《中国青年研究》第 1 期。

梁茂信，2001，《战后美国就业和培训政策体系的形成》，《世界历史》第 5 期。

梁艳，2014，《我国教师支教研究综述》，《西北成人教育学院学报》第 6 期。

林崇德，2016，《21 世纪学生发展核心素养研究》，北京师范大学出版社。

林燕，2006，《德国青年就业政策及对我国的启示》，《北京青年政治学院学报》第 4 期。

刘程，2015，《美国青少年移民社会融合政策的演变》，《当代青年研究》第 6 期。

刘芳，2016，《浅谈如何提高智障儿童生活自理能力》，《中国市场》第 45 期。

刘桂荣、滕秀芹，2016，《父母参与对流动儿童学业成绩的影响：自主性动机的中介作用》，《心理学探新》第 5 期。

刘精明，2008，《中国基础教育领域中的机会不平等及其变化》，《中国社会科学》第 5 期。

刘文利，2013，《儿童性教育：必须全民高度关注的教育领域》，《人民教育》第 22 期。

刘文利、元英，2017，《我国中小学性教育政策回顾（1984～2016)》，《教育与教学研究》第 7 期。

刘霞、申继亮，2010，《流动儿童的歧视知觉及与自尊的关系》，《心理科学》第 3 期。

刘晓宇，2013，《"西部支教行动"的践行与思考——基于内蒙古准格尔旗"研究生支教团"项目的参与观察》，中央民族大学硕士学位论文。

刘晓宇、张立军，2012，《日本青少年足球人才培养对中国足球的启示》，《湖北体育科技》第 2 期。

刘学胜，2006，《韩国的青年政策状况》，《中国青年研究》第 11 期。

刘亚慧、吴锡改，2013，《论青少年常见人际困扰》，《基础教育研究》第 19 期。

柳夕浪，2016，《素养为纲：学校课程从粗放到精致的转型》，《中小学管理》第 10 期。

鲁长芬、曾紫荣、王健，2017，《美国〈青少年身体活动提高战略〉研究》，《体育学刊》第 3 期。

陆庆祥、程迟，2017，《研学旅行的理论基础与实施策略研究》，《湖北理工学院学报》（人文社会科学版）第 2 期。

陆士桢、陆玉林、吴鲁平，2004，《社会排斥与社会整合——城市青少年弱势群体现状与社会保护政策研究》，《中国青年政治学院学报》第5期。

陆士桢、王剑英，2012，《我国青少年政策与事务》，《中国青年政治学院学报》第1期。

陆士桢、王玥，2010，《青少年社会工作》，社会科学文献出版社。

陆士桢、宣飞霞，2002，《关于中国社会城市青少年弱势群体问题的研究》，《青年研究》第7期。

陆玉林，2000，《浅析我国的青少年教育政策》，《中国青年政治学院学报》第5期。

陆玉林、张羽，2007，《我国城市弱势青少年群体增权问题探析》，《中国青年政治学院学报》第3期。

路彤，2017，《呼应时代 回归价值 文化类综艺节目再掀热潮》，《中国产经新闻》第8期。

栾茂峰，2008，《论大学生社会责任感的培育机制》，《滁州职业技术学院学报》第4期。

罗晓明，2005，《经济发达地区流动人口子女学校学生基本健康状况调查》，《微创医学》第6期。

罗序峰、刘玉玲、付四毛等，2017，《0~7岁流动儿童与户籍儿童疾病谱分析》，《国际医药卫生导报》第4期。

马怡远，2017，《九大国家级博物馆27件文物珍品央视〈国家宝藏〉开播引观众热追》，《遗产与保护研究》第7期。

毛剑、刘召利，2010，《论网络对大学生健康成长的影响及对策》，《中国科教创新导刊》第29期。

孟芳兵，2010，《SNS平台对青少年群体人际交往影响的实证研究》,《长安大学学报》(社会科学版) 第 3 期。

孟令豹,2017,《瑞典是如何开展中小学性教育的》,《教育家》第 41 期。

孟庆龙,2016,《营地教育对青少年发展的实例研究——以好青年营地为例》,江西财经大学硕士学位论文。

闵乐夫、王大凯,2001,《国际青春期性教育现状、发展趋势及其对我国的启示》,《教育科学研究》 第 11 期。

闵叶子、张梓钰,2015,《大学生短期支教对受教学生发展的影响研究》,《科技经济导刊》 第 13 期。

牟利明,2013,《美国"总统青少年健身计划"的启示》,《体育文化导刊》 第 7 期。

牛宙、金勇、彭建国,2010,《特区中学生校园人际关系困扰与家庭环境的相关研究》,《中小学校长》 第 3 期。

裴劲松、高琼,2013,《中国农民工随迁子女医疗保障存在的问题及解决对策》,《经济研究导刊》 第 22 期。

任文珺,2016,《以青年志愿者队伍为载体的短期支教活动模式及管理策略研究》,《文教资料》 第 22 期。

瑞典全国教育委员会,1981,《人际关系导言》。

邵朝友、周文叶、崔允漷,2015,《基于核心素养的课程标准研制:国际经验与启示》,《全球教育展望》 第 8 期。

申红燕,2017,《研学旅行:研学旅行:学生核心素养培育的新路径》,《教师教育论坛》 第 10 期。

师曼、刘晟、刘霞,2016,《21 世纪核心素养的框架及要素研究》,《华东师范大学学报》(教育科学版) 第 3 期。

宋月萍、李龙,2013,《我国流动儿童学前教育的区域差异:省域及城市层面的考察》,《中国人民大学教育学刊》第 3 期。

搜狐教育，2016，《2016中国教育行业白皮书》，http://www.sohu.com/a/123945717_484992。

苏兰、苏春，2016，《论新中国成立后我国青少年文化教育政策的发展》，《江西青年职业学院学报》第6期。

苏小红，2006，《以中部地区为例研究我国高中性教育管理问题》，华东师范大学硕士学位论文。

孙丽芳，2017，《一个"蜗牛家庭"的记者情怀》，《红网论坛》11月。

谭刚，2012，《日本青少年足球发展策略对中国足球发展的启示》，《南京体育学院学报》第1期。

腾云，2006，《如何解答孩子的性问题》，中华妇幼网，http://baobao.sohu.com/20061107/n246241382.shtml。

万明钢、王亚鹏、王舟，2001，《5-7岁幼儿的同伴关系、社会行为与其母亲教养方式》，《心理科学》第5期。

汪金英、陈小雨，2015，《青少年人际交往问题及其心理疏导》，《长沙大学学报》第1期。

王晨，2017，《德国儿童与青少年权利保障体系构建及启示》，《理论导刊》第2期。

王登峰，2018，《从有到强：校园足球工作的发展与展望》，http://www.moe.gov.cn/jyb_xwfb/xw_fbh/moe_2069/xwfbh_2018n/xwfb_20180201/sfcl/201802/t20180201_326161.html。

王冬，2007，《韩国青少年研究机构现状初探》，《中国青年政治学院学报》第3期。

王甫勤、时怡雯，2014，《家庭背景、教育期望与大学教育获得——基于上海市调查数据的实证研究》，《社会》第1期。

王惠，2017，《教育部出台〈关于推进中小学生研学旅行〉后，如何做好"旅游 + 教育"》，搜狐教育，http://www.sohu.com/a/191160254_99937221。

王昆欣，2015，《研学旅游：青少年成长的大课堂》，《中国旅游报》5 月 20 日。

王蕾、许慧文，2017，《网络亚文化传播符码的风格与转型——以哔哩哔哩网站为例》，《当代传播》第 4 期。

王蕾、许慧文，2018，《青年亚文化视角下的网络"鬼畜"文化——基于迷群文本生产的研究》，《编辑之友》第 2 期。

王瑞敏、邹泓，2008，《流动儿童的人格特点对主观幸福感的影响》，《心理学探新》第 3 期。

王鑫，2012，《关心青少年人际交往，预防青少年犯罪》，《法制与经济》（下旬）第 9 期。

王亚芳，2011，《从留学生弑母案例反思我国社会教育变革的必要性与方向——兼论德国社会教育预防青少年成长危机对我国的启示》，《青少年犯罪问题》第 4 期。

王一斌，2017，《构筑具有"合肥印记"的素质教育平台——合肥市研学旅行活动实施概况综述》，《中国教师》第 9 期。

王云峰、冯维，2006，《亲子关系研究的主要进展》，《中国特殊教育》第 7 期。

王中会，2015，《流动儿童的社会认同与融合：现状、成因及干预策略》，中国社会科学出版社。

王宗俊，1998，《性教育的必要性和意义》，《首都师范大学学报》（自然科学版）第 2 期。

威廉·安吉尔，2002，《世界青年现状及联合国世界青年政策与纲领》，中国青少年研究会。

微博、艾瑞咨询，2018，《中国校园红人产业研究报告》，http://

www. iresearch. com. cn/report/3137. html。

魏波，1986，《诺贝尔的故乡——瑞典》，《世界知识》第 11 期。

魏勇刚、张希希，2013，《进城农民工子女城市社会适应性的影响因素研究》，《重庆师范大学学报》（哲学社会科学版）第 3 期。

温颖、李人龙、师保国，2009，《北京市流动儿童安全感和学校归属感研究》，《首都师范大学学报》（社会科学版）第 4 期。

巫蓉、倪明威，2015，《大学生短期支教对改善农村教育的效果调查——以如皋地区农村为例》，《科技创业月刊》第 7 期。

吴庆，2005，《演变、定位和类型——中国大学生就业政策分析》，《当代青年研究》第 2 期。

吴琼、刘保中，2015，《家庭与少儿发展》，载《中国民生发展报告 2015》，北京大学出版社。

吴涛，2017，《红色研学旅行中的社会主义核心价值观教育研究》，《湖北理工学院学报》（人文社会科学版）第 2 期。

吴锡改、刘亚慧，2014，《论青少年人际困扰与心理健康》，《现代中小学教育》第 8 期。

吴晓燕，2013，《瑞典、美国中小学性教育的比较研究》，首都师范大学硕士学位论文。

吴愈晓，2013，《教育分流体制与中国的教育分层（1978－2008）》，《社会学研究》第 4 期。

郗杰英，2003，《我国青少年事务与政策的理论与实践》，《中国青年研究》第 5 期。

肖扬，2000，《青春期性教育：全球青年发展的重要议题》，《中国青年研究》第 5 期。

谢尹安、邹泓、李小青，2007，《北京市公立学校与打工子弟学校流动儿童师生关系特点的比较研究》，《中国教育学刊》第 6 期。

兴趣部落、橘子娱乐、艾瑞咨询，2018，《中国青年人兴趣社交白皮书》，http://report. iresearch. cn/report/201801/3129. shtml。

徐大茂，2017，《流动儿童城市适应困境探究——基于南京、苏州、杭州、绍兴四地的调查》，《当代经济》第 25 期。

徐金刚、赫林、汪斌等，2015，《城镇化视角下农民工子女社会适应研究——基于绍兴市 298 位流动农民工子女的多层面调查》，《山西农业大学学报》（社会科学版）第 6 期。

徐金山、陈效科、金嘉燕，2002，《对日本青少年足球发展进程的研究》，《中国体育科技》第 5 期。

徐娜、肖甦，2017，《俄罗斯国家青年政策的发展特点》，《中国青年政治学院学报》第 4 期。

徐韬、张瑞、梁艺，2011，《北京市 4 社区 0~6 岁流动儿童意外伤害的流行病学特征研究》，《中国儿童保健杂志》第 8 期。

许洁霜、钱序，2013，《我国青少年生殖健康政策回顾和发展趋势分析》，《中国卫生政策研究》第 2 期。

薛保红、南燕，2014，《发达国家营地教育发展及其启示》，《重庆交通大学学报》（社会科学版）第 6 期。

薛亚萍，2014，《青少年人际交往的积极作用及其指导策略》，《基础教育研究》第 11 期。

杨成伟，2015，《美国青少年体质健康政策的演进及执行路径研究》，《西南师范大学学报》（自然科学版）第 8 期。

杨素萍，2007，《从安全性行为到"性纯洁"——论美国性教育策略的变革》，《外国中小学教育》第 6 期。

杨文婧、刘云艳，2008，《从人类发展生态学视角看青少年人际交往障碍形成的原因——以一位人际交往障碍者为例》，《中国特殊教育》第 9 期。

杨向东，2017，《核心素养测评的十大要点》，《人民教育》第Z1 期。

杨晓、张洪泉、张贤等，2016，《流动儿童与本地儿童监护人计划免疫知识、态度和行为的对比分析》，《现代预防医学》第 22 期。

杨艳利，2014，《研学旅行：撬动素质教育的杠杆——访上海师范大学旅游学系系主任朱立新教授》，《中国德育》第 17 期。

姚建平、朱卫东，2005，《美国儿童福利制度简析》，《青少年犯罪问题》第 5 期。

叶心明、肖巧俐，2017，《我国学龄城市儿童、流动儿童、留守儿童体质健康比较研究》，《武汉体育学院学报》第 4 期。

衣新发、衣新富，2017，《研学旅行与学生创造心智培养》，《创新人才教育》第 1 期。

余闯，2015，《营地教育：一种体验式学习》，《中国教育报》5月 6 日。

余益兵、邹泓，2008，《流动儿童积极心理品质的发展特点研究》，《中国特殊教育》第 4 期。

俞国良、辛自强、罗晓路，2000，《学习不良儿童孤独感、同伴接受性的特点及其与家庭功能的关系》，《心理学报》第 1 期。

袁建林、刘红云，2017，《核心素养测量：理论依据与实践指向》，《教育研究》第 7 期。

袁晓娇、方晓义、刘杨等，2012，《流动儿童压力应对方式与抑郁感、社交焦虑的关系：一项追踪研究》，《心理发展与教育》第 3 期。

袁圆，2016，《大学生短期支教志愿者教学能力问题与对策研究——以哈尔滨 G 大学 BJX 支教团为例》，哈尔滨师范大学硕士学位论文。

曾守锤，2009，《流动儿童的社会适应：追踪研究》，《华东理工大学学报》（社会科学版）第 3 期。

曾守锤，2010，《流动儿童的社会适应状况及其风险因素的研究》，《心理科学》第 2 期。

翟振武、李龙、陈佳鞠，2016，《全面两孩政策下的目标人群及新增出生人口估计》，《人口研究》第 4 期。

张春泥，2017，《当代中国青年父母离婚对子女发展的影响——基于 CFPS 2010－2014 的经验研究》，《中国青年研究》第 1 期。

张帆，1995，《世纪之交的欧洲青年和青年政策》，《当代青年研究》第 1 期。

张华，2016，《论核心素养的内涵》，《全球教育展望》第 4 期。

张绘、龚欣、尧浩根，2011，《流动儿童学业表现及影响因素分析——来自北京的调研证据》，《北京大学教育评论》第 3 期。

张京晶、李宁秀、邓奎、林雁，2009，《城市流动儿童、青少年健康综合评定及其影响因素分析》，《现代预防医学》第 9 期。

张娜，2017，《学生发展核心素养：国际组织研究比较与启示》，《内蒙古师范大学学报》（教育科学版）第 6 期。

张秋凌、屈志勇、邹泓，2003，《流动儿童发展状况调查——对北京、深圳、绍兴、咸阳四城市的访谈报告》，《青年研究》第 9 期。

张威，2017，《德国〈社会法典〉第八部／〈儿童与青少年专业工作法〉的核心精髓及其启示》，《社会政策研究》第 1 期。

张文新，2002，《儿童社会性发展》，北京师范大学出版社。

张雯雯、陈小晨、李荷慧，2017，《人力资源管理视角下短期支教大学生的选拔与激励研究——以烟台市为例》，《中国市场》第 20 期。

张献岭，2003，《试论大学生心理健康问题及对策》，《西藏民族学院学报》（哲学社会科学版）第 3 期。

张雅明、俞国良，2004，《青春期前期学生心理健康发展趋势和性别差异》，《中国临床心理学杂志》第 4 期。

张翼、风笑天，2003，《社会不可忽视的一个新群体——论流动儿童所面临的畸形社会化》，《当代青年研究》第 1 期。

张玉玲，2018，《青少年营地教育综述》，《内江科技》第 1 期。

张月云、谢宇，2015，《低生育率背景下儿童的兄弟姐妹数、教育资源获得与学业成绩》，《人口研究》第 4 期。

张云运、骆方、董奇等，2016，《学校群体构成对流动儿童数学学业成就的影响：一项多水平分析》，《心理发展与教育》第 1 期。

章滢，2005，《大学生利他行为、移情能力及其相关研究》，南京师范大学硕士学位论文。

赵川芳，2015，《残障儿童保护现状、问题及完善对策》，《中国青年研究》第 2 期。

赵丽峰、曹辉，2006，《流动人口的城市住宅调查》，《甘肃科技纵横》第 2 期。

赵晓芳，2015，《国民旅游休闲教育模式构建研究》，《经济问题》第 6 期。

赵延东、洪岩璧，2012，《社会资本与教育获得——网络资源与社会闭合的视角》，《社会学研究》第 5 期。

中国互联网络信息中心，2016，《2015 年中国青少年上网行为研究报告》，http://www.cnnic.net.cn/hlwfzyj/hlwxzbg/qsnbg/201608/P020160812393489128332.pdf。

中国互联网络信息中心，2017，《第 40 次中国互联网络发展状况统计报告》，http://www.cnnic.net.cn/hlwfzyj/hlwxzbg/hlwtjbg/201708/P020170807351923262153.pdf。

中国青年网，2017，《网络直播价值报告出炉》，http://news.youth.cn/jsxw/201705/t20170508_9690784.htm。

中国青年政治学院"中国青少年政策"课题组，2001a，《现状与评价：中国青少年政策研究报告》，《中国青年研究》第1期。

中国青年政治学院"中国青少年政策"课题组，2001b，《现状与评价：中国青少年政策研究报告（续）》，《中国青年研究》第2期。

中国青年政治学院"中国青少年政策研究"课题组，1999，《青少年政策发展研究的国际背景及其启示》，《中国青年政治学院学报》第4期。

中华人民共和国国家统计局，2017，《中国统计年鉴2017》，中国统计出版社。

中华支教与助学信息中心，2016，《民间支教报告》。

钟文正，2010，《日本足球职业化改革成功的文化学剖析——兼论对中国足球职业化改革的启示》，《首都体育学院学报》第3期。

钟琰，2015，《社会实践短期支教存在的问题及对策研究》，《人才资源开发》第4期。

周皓，2008，《流动儿童心理状况的对比研究》，《人口与经济》第6期。

周皓，2010，《流动儿童的心理状况与发展——基于"流动儿童发展状况跟踪调查"的数据分析》，《人口研究》第2期。

周皓、章宁，2003，《流动儿童与社会的整合》，《中国人口科学》第4期。

周文叶，2017，《核心素养的课程转化：以美国为例》，《教育发展研究》第12期。

周志豪、冯钰婷、徐大双、白丽微、袁星宇，2016，《入学生短期支教新模式的构建》，《科技经济导刊》第 25 期。

朱洪秋，2017，《"三阶段四环节"研学旅行课程模型》，《中国德育》第 12 期。

朱佳卉，2017，《大学生志愿者短期支教活动的问题研究》，东北师范大学硕士学位论文。

邹泓、屈智勇、张秋凌，2004，《我国九城市流动儿童生存和受保护状况调查》，《青年研究》第 1 期。

58 同城、花椒直播、数字 100，2016，《网络主播生存现状调查报告》，http://wenku.baidu.com/view/f653481153d380eb6294dd88d0d233d4b14e3f6d.html。

Abela, John R. Z., Darren Stolow, Susan Mineka, Shuqiao Yao, Xiongzhao Zhu and Benjamin L. Hankin. 2011. "CognitiveVulnerability to Depressive Symptoms in Adolescents in Urban and Rural Hunan, China: A Multiwave Longitudinal Study." *Journal of Abnormal Psychology* 120 (4): 765 – 778.

Baumrind, D. 1971. "Current Patterns of Parental Authority." *Deve Lopmental Psychology* 4 (1): 1 – 103.

Brown, B. Bradford and Jeremy P. Bakken. 2011. "Parenting and Re-inving rating Research on Family – Peer Linkages in Adolescence." *Journal of Research on Adolescence* 21 (1): 153 – 165.

Carneiro, P. M., & Heckman, J. J. 2003. "Human Capital Policy." Social Science Electronic Publishing 30: 79 – 100.

Coleman, James S., Ernest Q. Cambell, Caroll J. Hobson, James Mcpartland, Alexander M. Mood, Frederick D. Weinfield, and Robert L. York. 1966. *Equality of Educational Opportunity.* Washinton, DC: U. S. Government Printing Office.

Conroy, K. , Sandel, M. , & Zuckerman, B. 2010. "Poverty Grown up: How Childhood Socioeconomic Status Impacts Adult Health. " *Journal of Developmental & Behavioral Pediatrics* 31 (2): 154 – 160.

Darling, N. and Steinberg, L. 1993. "Parenting Style as Context: An Integrative Model. " *Psychological Bulletin*113: 487 – 496.

Fang, Xiangming, Ruiwei Jing, Guang Zeng, Huan Wan Linnan, Xu Zhu and Michael Linnan. 2014. "Socioeconomic Status and the Incidence of Child Injuries in China. " *Social Science & Medicine* 102: 33 – 40.

Ge, Ting. 2018. "Effect of Socioeconomic Status on Children's Psychological Well-Being in China: The Mediating Role of Family Social Capital. " *Journal of Health Psychology* DOI: 10. 1177/1359105317750462.

Goldthorpe, J. H. 1996 . "Class Analysis and the Reorientation of Class Theory: The Case of Persisting Differentials in Educational Attainment. " *The British Journal of Sociology* 47 (3): 481 – 505.

Goode, Alison, Kostas Mavromaras and Rong Zhu. 2014. "Family Income and Child Health in China. " *China Economic Review* 29: 152 – 165.

Greenfield, E. A. , and Marks, N. F. 2009. "Profiles of Physical and Psychological Violence in Childhood as a Risk Factor for Poorer Adult Health: Evidence From the 1995 – 2005 National Survey of Midlife in the United States. " *Journal of Aging & Health* 21 (7): 943 – 966.

Houri, Daisuke, Eun Woo Nam, Eun Hee Choe, Liu Zhong Min and Kenji Matsumoto. 2012. "The Mental Health of Adolescent School Children: A Comparison among Japan, Korea, and China. " *Global Health Promotion* 19 (3): 32 – 41.

Howes, C. , & Hamilton, C. E. 1992. "Children's Relationships with Caregiver: Mothers And Child Care Teachers. " *Child Development* 63: 859.

Kessler, R. C. , Barker, P. R. , Colpe, L. J. , Epstein, J. F. , Cfroerer, J. C. , Hiri Pi, E. , Howes. M. J. , Normand, Sharon – Liser. , Mander sheid, R. W. , Walters, E. E. , Zaslavsky A. M. , 2003. "Screening for Serious Mental Illness in the General Population." *Archives of General Psychiatry* 60 (2): 184 – 189.

Lai, Fang, Chengfang Liu, Renfu Luo, Linxiu Zhang, Xiaochen Ma, Yujie Bai, Brian Sharbono and Scott Rozelle. 2014. "The Education of China's Migrant Children: The Missing Link in China's Education System." *International Journal of Educational Development* 37: 68 – 77.

Lareau, A. 1987. "Social Class Differences in Family-school Relationships: The Importance of Cultural Capital." *Sociology of Education* 60: 73 – 85.

Liu, Airan and Yu Xie. 2015. "Influences of Monetary and Non-Monetary Family Resources on Children's Development in Verbal Ability in China." *Research in Social Stratification and Mobility* 40: 59 – 70.

Lu, Yao and Hao Zhou. 2013. "Academic Achievement and Loneliness of Migrant Children in China: School Segregation and Segmented Assimilation." *Comparative Education Review* 57 (1): 85 – 116.

Lu, Yao. 2012. "Education of Children Left Behind in Rural China." *Journal of Marriage and Family* 74 (2): 328 – 341.

Meng, Xin and Chikako Yamauchi. 2017. "Children of Migrants: The Cumulative Impact of Parental Migration on Children's Education and Health Outcomes in China." *Demography* 54 (5): 1677 – 1714.

Radloff, Lenore Sawyer. 1977. "The CES-D Scale: A Self-Report Depression Scale for Research in the General Population." *Applied Psychological Measurement* 1 (3): 385 – 401.

Romero-Severson, Ethan Obie, et al. 2015. "Trends of HIV-1 Incidence with Credible Intervals in Sweden 2002 – 09 Reconstructed Using a Dynamic Model of within-patient IgG Growth. " *International Journal of Epidemiology* 44 (3): 998 – 1006.

Seligman M. E. P. , Steen T A. , Park N. and Peterson C. 2005. "Positive Psychology Progress: Empirical Validation of Interventions. " *American Psychologist* 60 (5): 605.

Shen, Ke and Yi Zeng. 2014. "Direct and Indirect Effects of Childhood Conditions on Survival and Health among Male and Female Elderly in China. " *Social Science & Medicine* 119: 207 – 214.

Sun, Hongpeng, Yana Ma, Di Han, Chen-Wei Pan and Yong Xu. 2014. "Prevalence and Trends in Obesity among China's Children and Adolescents, 1985 – 2010. " *PloS One* 9 (8): e105469.

UNESCO. 2018. "Education and Literacy in China". http://uis. unesco. org/country/CN.

World Bank. 2018. "Population ages 0 – 14 (% of total)". https:// data. worldbank. org/indicator/sp. pop. 0014. to. zs? type = shaded&view = map.

Wu, Qiaobing, Deping Lu and Mi Kang. 2015. "Social Capital and the Mental Health of Children in Rural China with Different Experiences of Parental Migration. " *Social Science & Medicine* 132: 270 – 277.

Xu, Yong and Lei Hang. 2017. "Height Inequalities and Their Change Trends in China During 1985 – 2010: Results from 6 Cross-Sectional Surveys on Children and Adolescents Aged 7 – 18 Years. " *BMC Public Health* 17 (1): 1 – 11.

Zhao, Sibo. and Jie Zhang. 2015. "Suicide Risks among Adolescents and Young Adults in Rural China. " *International Journal of Environmental Research and Public Health* 12 (1): 131 – 145.

Zhong, Hai. 2017. "The Effect of Sibling Size on Children's Health and Education: Is There a Quantity-Quality Trade-Off?" *The Journal of Development Studies* 53 (8): 1194 – 1206.

Zich, Jane M. , C. Clifford Attkisson and Thomas K. Greenfield. 1990. "Screening for Depression in Primary Care Clinics: The CES-D and the BDI. " *International Journal of Psychiatry in Medicine* 20 (3): 259 – 277.

图书在版编目（CIP）数据

社会转型中的青少年教育与发展 / 赵克斌主编. --
北京：社会科学文献出版社，2019.7
（上海研究院智库报告系列）
ISBN 978 - 7 - 5201 - 4421 - 6

Ⅰ.①社… Ⅱ.①赵… Ⅲ.①青少年 - 研究报告 - 中
国 Ⅳ.①D432

中国版本图书馆 CIP 数据核字（2019）第 040612 号

·上海研究院智库报告系列·
社会转型中的青少年教育与发展

主　　编／赵克斌
副 主 编／刘保中　张月云　李忠路

出 版 人／谢寿光
责任编辑／杨桂凤
文稿编辑／马甜甜

出　　版／社会科学文献出版社·群学出版分社（010）59366453
　　　　　地址：北京市北三环中路甲 29 号院华龙大厦　邮编：100029
　　　　　网址：www. ssap. com. cn
发　　行／市场营销中心（010）59367081　59367083
印　　装／三河市龙林印务有限公司

规　　格／开　本：787mm × 1092mm　1/16
　　　　　印　张：19.5　字　数：253 千字
版　　次／2019 年 7 月第 1 版　2019 年 7 月第 1 次印刷
书　　号／ISBN 978 - 7 - 5201 - 4421 - 6
定　　价／98.00 元

本书如有印装质量问题，请与读者服务中心（010 - 59367028）联系